高校劳动教育与创新创业教育融合研究

殷莎莎　陈　静◎著

中国商业出版社

图书在版编目(CIP)数据

高校劳动教育与创新创业教育融合研究 / 殷莎莎，陈静著. -- 北京 ：中国商业出版社，2025. 5. -- ISBN 978-7-5208-3418-6

Ⅰ. G40-015；G640

中国国家版本馆 CIP 数据核字第 2025KM8317 号

责任编辑:蔡　凯

中国商业出版社出版发行

(www.zgsycb.com　100053　北京广安门内报国寺 1 号)

总编室:010－63180647　编辑室:010－83114579

发行部:010－83120835/8286

新华书店经销

北京精印堂文化传媒有限公司印刷

*

710 毫米×1000 毫米　16 开　10.75 印张　240 千字

2025 年 5 月第 1 版　2025 年 5 月第 1 次印刷

定价:58.00 **元**

*　*　*　*

(如有印装质量问题可更换)

前 言

建设教育强国是一项复杂的系统工程，需要我们紧紧围绕立德树人这个根本任务，着眼于培养德智体美劳全面发展的社会主义建设者和接班人。强调劳动教育立身、立心、立德中的基础作用，要让“劳动最光荣、劳动最崇高、劳动最伟大、劳动最美丽”的理念在学生心中生根发芽、内化于心、外化于行，激励学生不断提升个人技能和增强社会责任感。劳动教育在新时代被赋予了新的内涵，劳动环境、内容和方式也随之发生了深刻的变革。为了培养知识型、技能型、创新型劳动者队伍，既要求劳动者继承和发扬敬业奉献、精益求精、艰苦朴素的传统劳动精神，还要鼓励劳动者勇于创新、追求卓越，树立工匠精神，在新时代的创业征途中发挥引领作用。高校作为人才培养的主阵地，应重视劳动教育与创新创业教育的深度融合，通过劳动教育激发学生的创新创业活力，同时以创新创业为载体传承劳动精神，着力培育更多具有社会责任感、创新精神和实践技能的优秀人才。

本书系2024年度黑龙江省教育科学规划课题“‘大劳动观’视域下高校劳动教育与创新创业教育融合育人机制研究”（项目编号：GJB1424256）、哈尔滨商业大学思想政治工作研究项目“高校意识形态话语权系统研究”（编号：2020SZY006）哈尔滨商业大学博士科研启动金项目的阶段性成果。本书共分为五章，第一章对劳动教育与创新创业教育融合进行简要概述，介绍劳动教育、创新创业教育的相关概念、特征与理论基础；第二章对高校劳动教育与创新创业教育融合的时代背景、发展历程及融合发展必要性进行分析；第三章对高校劳动教育与创新创业教育的耦合关系、相关问题进行梳理与解析；第四章深入解析高校劳动教育与创新创业教育育人融合机制的内在机理，解析系统的要素、结构与功能，为构建融合机制提供理论支撑；第五章对高校劳动教育与创新创业教育融合系统进行机制探析，探索高校劳动教育与创新创业教育教育有机融合新样态，从实践角度出发构建高校劳动教育与创新创业教育融合育人机制的运行模式，聚合用力，实现劳动教育与创新创业教育融合育人的新跨越。我们期待本书能够激发更多的讨论和思考，为培养更多具有创新精神和实践能力的优秀人才贡献力量，为高校培养满足中国式现代化发展需求高素质劳动者提供参考。其中，第一、四、五章由殷莎莎完成，第二、三章由陈静完成。

在本书的创作过程中，我们广泛参考并引用了国内外相关领域的众多著作、论文、教材等宝贵资料。这些资料为我们提供了丰富的理论支撑和实践案例，对本书的完成起到了至关重要的作用。在此，我们对所有原著作者表示最衷心的感谢和崇高的敬意！然而，我们也深知，对于高校劳动教育与创新创业教育融合的研究，目前仍处于探索和发展阶段，在本书的撰写过程中，尽管我们力求全面、深入地探讨两者之间的融合机制，但仍难免存在一定的不足和局限性。因此，我们诚挚地邀请各位前辈、同人以及广大读者，对本书提出宝贵的意见和建议。您的每一条反馈都将是我们前进道路上的宝贵财富，有助于我们不断修正和完善本书，推动高校劳动教育与创新创业教育融合研究向更深层次、更广领域发展。

目　录

第一章　高校劳动教育与创新创业教育融合概述

随着社会的发展和高等教育的普及，高校教育的目标已不再局限于知识的传授，而更多地强调培养学生的创新能力和实践能力。劳动教育和创新创业教育作为培养学生综合素质的重要组成部分，逐渐引起了人们的关注和重视。党的二十大报告概述坚持以习近平新时代中国特色社会主义思想为指导，全面贯彻党的教育方针，落实立德树人根本任务，培养德智体美劳全面发展的社会主义建设者和接班人。这一方针为新时代高等教育指明了方向，其中劳动教育和创新创业教育作为关键要素，二者融合发展成为当前教育改革的重要课题。

因此，在深入探讨高校劳动教育与创新创业教育融合之前，要将劳动教育与创新创业教育进行概念界定，通过深入分析两者的内在联系和互补性，我们可以探索出更加有效的教育模式。

第一节　高校劳动教育与创新创业教育概念界定

高校劳动教育与创新创业教育是两个既相互独立又紧密联系的重要概念，首先需要对核心概念进行系统的梳理与明确，以便构建一个清晰的理论框架。具体而言，本节开篇将聚焦于“高校劳动教育”与“创新创业教育”这两个核心议题，通过详尽的阐述，揭示它们的本质特征、教育目标以及在现代高等教育体系中的重要地位。

一、劳动教育

（一）劳动教育的概念

学界对劳动教育的概念界定存在着不同的理解。基于德育视角来看，《辞海》将劳动教育定义为德育内容之一，是对学生进行热爱劳动和劳动人民、珍惜劳动成果、树立正确的劳动观点和劳动态度、通过日常生活培养劳动习惯和技能的教育活动。这种观点强调了劳动教育在培养学生道德品质方面的作用，认为劳动教育能够帮助学生树立正确的劳动观念，培养对劳动的热爱和尊重，以及珍惜劳动成果的品质。基于全面发展视角来看，劳动教育被视为促进学生全面发展的重要内容之一。它不仅仅是德育的组成部分，还涉及智育、体育、美育等多个方面。这种观点认为，劳动教育能够培养学生的创新思维、实践能力、团队合作精神等综合素质，促进学生的全面发展。例如，有观点认为劳动教育是通过一系列的教育活动和培训，帮助学生了解劳动的重要性，培养他们良好的劳动态度和劳动技能，促进他们的身心发展和综合素质提升的一种教育方式。基于社会实践视角来看，劳动教育是面向所有教育对象的普通教育，是学生参与社会实践活动的形式之一。这种界定强调了劳动教育与社会实践的联系，认为劳动教育能够帮助学生了解社会、服务社会，培养他们的社会责任感和团队合作精神。通过参与劳动实践，学生能够亲身体验劳动的过程和结果，培养实际操作能力和创造力。基于教育与生产劳动相结合视角来看，马克思、恩格斯等马克思主义经典作家以及苏联教育家如马卡连柯、苏霍姆林斯基等，都强调了教育与生产劳动相结合的重要性。他们认为，劳动教育是将教育与生产劳动相结合的具体实践，是造就全面发展的人的重要途径。这种观点强调了劳动教育在培养学生劳动能力、劳动品质，以及促进教育与生产劳动相结合方面的作用。

综合以上各种观点，从综合视角进行界定，以教育部关于印发《大中小学劳动教育指导纲要（试行）》的通知中劳动教育概念为基本遵循，即劳动教育是发挥劳动的育人功能，对学生进行热爱劳动、热爱劳动人民的教育活动。将劳动教育定义为一种综合性的、跨学科的教育方式，旨在通过培养学生的劳动观念、劳动能力和劳动精神，促进他们认识劳动的意义和价值，促进他们的全面发展和社会责任感的培养。

（二）劳动教育的核心要素

1. 劳动观念

劳动教育首先要帮助学生树立正确的劳动观念，劳动观念是个体对劳动的看法、态度和价值取向，涵盖了人们对劳动本质、劳动价值、劳动与人际关系等方面的认知和理解。正确的劳动观念能够引导人们积极、主动地参与劳动，尊重劳动成果，珍惜劳动机会，从而实现个人价值和社会价值的统一。通过劳动教育，使学生认识到劳动是创造物质财富和精神财富的基本手段，是人类社会存在和发展的基础。通过劳动，人们不仅能够满足自身的基本生活需求，还能实现自我发展和社会进步。劳动的价值在于其创造性和实践性，通过劳动，人们可以不断挖掘自身的潜能，提升技能水平，实现个人价值的最大化。同时，劳动也是社会分工和合作的体现，通过劳动，人们能够增进相互理解和信任，促进社会的和谐与发展。

2. 劳动能力

劳动能力对于个人发展和社会适应至关重要，特别是在快速变化的现代社会中，它更是成为衡量个体能否成功融入社会、实现自我价值的重要标尺。随着科技的迅猛发展和产业的不断升级，社会对于劳动力的需求也在发生深刻的变化，对学生的劳动技能和职业素养提出了更高、更全面的要求。通过劳动教育，学生能够获得基础的劳动知识和劳动技能，在实践中逐步培养出适应未来社会劳动需求的综合能力，同时，劳动教育有助于提升学生的职业素养，在劳动实践中，学生可以通过与他人的合作与交流，学会如何与人沟通、如何协调工作进度、如何承担责任等职场必备技能，提升学生的职业竞争力。

3. 劳动精神

劳动教育要培养学生的劳动精神，劳动精神是一种积极向上、勤奋努力、勇于创造和热爱劳动的内在品质。通过劳动教育，学生可以深刻体会到劳动的乐趣和价值，培养对劳动的热爱。在劳动过程中，学生需要付出辛勤的汗水和不懈的努力，才能取得满意的成果，提高学生的劳动技能，培养他们的毅力和耐力。在劳动实践中，学生需要勇于创造，不断尝试新的方法和技巧，以提高劳动效率和质量，培养学生的创新意识和实践能力，激发他们的想象力和创造力，在未来的生活和工作中，成为他们不断突破自我、实现个人价值的重要支撑。优良的劳动品质将伴随学生的一生，不仅对学生的个人成长有着深远的影响，也将成为他们未来追求幸福生活和实现个人价值的重要动力。

（三）劳动教育的基本特征

1. 鲜明的思想性

劳动教育具有鲜明的思想性，劳动教育强调劳动者是国家的主人，一切劳动和劳动者都应该得到鼓励和尊重。倡导通过诚实劳动创造美好生活、实现人生梦想，反对一切不劳而获、崇尚暴富、贪图享乐的错误思想。这一特征体现了马克思主义劳动观的核心要义，即将劳动视为一切财富和价值的源泉。通过劳动教育，学生将深刻理解劳动的价值和意义，引导学生形成尊重劳动、热爱劳动、珍视劳动成果的正确观念。

2. 突出的社会性

劳动教育具有突出的社会性，劳动教育要求学生走向社会、认识社会，更好地了解社会、服务社会，通过参与社会实践来增强社会责任感。它强调劳动在个人与社会之间的纽带作用，通过劳动实践让学生体验社会主义社会平等、和谐的新型劳动关系。通过劳动教育，学生将学会分工合作，增强团队协作能力和社会责任感。他们将在劳动中体会到自己的劳动成果对社会和他人的价值，从而更加珍惜和尊重他人的劳动。

3. 显著的实践性

劳动教育具有显著的实践性，劳动教育以动手实践为主要方式，让学生在实践中学习和体验劳动技能，引导学生在认识世界的基础上学会建设世界、塑造自己。通过亲身参与劳动过程，学生将学会使用各种工具和设备，掌握基本的劳动技能和方法。在劳动实践中，学生将获得有积极意义的价值体验。他们将通过自己的努力创造出有价值的劳动成果，从而深刻体会到劳动的艰辛与成就，增强自信心和自豪感。劳动教育不仅注重劳动技能的培养，还关注学生的心智发展。在劳动过程中，学生需要思考、计划和解决问题，有助于培养他们的创新思维和解决问题的能力。同时，劳动还能锻炼学生的身体，增强他们的体质和耐力。

二、高校劳动教育

（一）高校劳动教育的含义

高校劳动教育是形成于“劳动教育”概念上的，限定劳动教育实施主体为高校，其教育活动的对象主要是大学生。作为踏入职业社会之前的最后学习阶段，大学是进行系统劳动教育最直接、最有效的场所。高校劳动教育本质上是一种生产性劳动，其根本目的在于认识世界和改造世界，现实目标在于育人，培养德智体美劳全面发展的人。同时，高校劳动教育也是促进学生全面发展的一种手段。

（二）高校劳动教育的特殊性

1. 高校劳动教育与高等教育特性结合

高校劳动教育不仅注重培养基础劳动技能，更注重培养大学生将来从事复杂劳动的能力，特别是脑力劳动和创造性劳动的能力。这与基础教育阶段以体力劳动为主的劳动教育形成鲜明对比，高校劳动教育不只是停留于体力劳动教育层面，而是指向脑力劳动教育的开展，培养学生运用智力创造性解决问题的能力。

2. 劳动精神与专业素养并重

高校劳动教育在更大程度上属于脑力劳动的范畴。高等教育的特殊性在于其围绕高深知识进行专业教育活动，因此高校劳动教育的开展必须与人才培养的方向、质量与规格统一起来，让学生在掌握专业知识的同时，具备实际操作的能力，从而更好地适应未来职业发展的需要。

3. 劳动教育与创新教育融合

创新教育旨在培养学生的创新思维和创新能力，劳动教育则为学生提供了实践的平台和机会，让学生在实践中发现问题、解决问题，从而锻炼创新能力。因此，将创新教育与劳动教育相结合，可以更有效地培养学生的创新意识和实践能力，让学生更好地理解理论知识，并在实践中加以应用，从而提高学生的综合素质和实践能力。

4. 高校劳动教育指向精神生产领域的劳动

精神生产领域的劳动，是指以脑力劳动为主，创造精神财富和价值的活动。精神生产领域的劳动具有高度的创造性、复杂性和长期性等特点，它要求劳动者具备深厚的专业知识、敏锐的洞察力和独特的创新能力，深厚的专业知识是他们进行精神生产的基础和前提，而敏锐的洞察力则能够帮助他们及时发现和捕捉新的思想和灵感。同时，独特的创新能力是使他们能够在精神生产领域中脱颖而出的关键所在，在复杂多变的环境中做出准确的判断和决策。随着社会形态的不断革新，劳动不仅仅体现为物质生产领域的劳动，更多地指向精神生产领域的劳动，而高校劳动教育应具有更深层次的内涵和独特价值，因此，高校劳动教育的价值应更多地指向运用脑力和智能科技等现代工具进行的脑力类生产性劳动和创造性劳动。

（三）高校劳动教育的内容

1. 生活性劳动教育

这是最基本的劳动教育内容，生活性劳动教育是指通过一系列正式的课程设置和非正式的集体活动安排，意在帮助学生掌握基本的生活技能，理解劳动的价值，以及培养独立生活的能力和正确的劳动观念，引导和帮助大学生树立正确的劳动价值观，养成自力更生、艰苦奋斗的独立人格和生活能力。生活性劳动教育不仅关注学生在校园内的学习生活，更强调将劳动教育融入学生的日常生活中，使其成为促进学生全面发展的重要途径。通过生活性劳动教育，可以帮助学生树立正确的劳动价值观，引导学生认识到劳动是创造财富、实现个人价值和社会进步的重要途径，从而激发学生对劳动的尊重和热爱。可以培养学生独立人格，通过生活性劳动教育，学生能够学会自我照顾和管理，形成独立自主的生活态度，为未来的社会生活打下坚实基础。可以培养学生自力更生、艰苦奋斗的精神，通过参与劳动实践，学生能够深刻体会到劳动的艰辛和劳动成果来之不易，从而培养其勤奋努力、不屈不挠的奋斗精神。

2. 生产性劳动教育

生产性劳动教育对于大学生而言，是一种至关重要的教育形式，生产性劳动教育中的“生产性劳动”指的是直接创造物质财富或服务的劳动过程，其核心在于通过让学生参与实际的物质生产性劳动过程，以达到教育目的。物质生产性劳动不仅关注理论知识的传授，更重要的是强调实践能力和综合素质的培养，让大学生将所学理论知识运用到实际情境解决现实问题，感受劳动创造价值。生产性劳动教育强调理论与实践相结合，使大学生能够将课堂上学到的理论知识应用于实际生产中，通过实际操作，大学生能够更直观地理解各种生产流程和工艺，从而更深入地掌握相关知识。注重培养学生解决问题的能力，在生产过程中，大学生会遇到各种实际问题，通过解决这些问题，大学生能够锻炼自己的逻辑思维、创新能力和团队合作精神。聚焦体验劳动创造价值，生产性劳动教育让大学生亲身体验从简单劳动到复杂劳动再到创造性劳动的过程，使他们能够深刻感受到劳动的价值和意义。通过参与生产活动，大学生能够认识到自己的劳动对于社会经济的贡献，从而增强的社会责任感和使命感。

3. 创造性劳动教育

这是高校劳动教育内容安排的关键与核心，通过引导学生参与具有创新性和创造性的劳动活动，来培养其创新思维、实践能力及解决问题的能力。创造性劳动教育注重培养学生的创造性思维，包括发散性思维、逆向思维、侧向思维等。通过引导学生参与各种创新性的劳动活动，如设计、发明、艺术创作等，激发学生的想象力和创造力，培养其独立思考和解决问题的能力。创造性劳动教育强调学生的实践能力，要求学生在掌握理论知识的基础上，通过亲身实践来验证和完善自己的创新想法，锻炼学生的动手能力、观察能力和解决问题的能力，同时也可以加深对理论知识的理解和应用。创造性劳动教育鼓励学生将不同学科的知识进行融合和创新，以解决实际问题，跨学科的知识融合不仅可以培养学生的综合素质和创新能力，还可以帮助他们更好地适应未来社会的发展需求。创造性劳动教育注重培养学生的创新精神和创业意识。通过引导学生参与科研项目、创新创业项目等，激发他们的创新热情和创业激情，培养他们的科研能力和创业能力。创造性劳动教育还注重培养学生的劳动精神和职业素养。通过引导学生参与各种劳动实践活动，如志愿服务、社会实践等，让他们了解劳动的意义和价值，培养他们的勤劳、敬业、创新等劳动精神。

4. 服务性劳动教育

服务性劳动教育是指通过组织学生参与具有社会公益性质的志愿性活动和具有专业性质的服务性劳动，来培养其服务意识、社会责任感和团队协作能力的一种教育方式。服务性劳动教育强调学生在劳动过程中的实践体验，注重培养其独立思考和解决问题的能力。服务性劳动教育包括社会公益活动，如社区服务、环保活动、支教活动等，这些活动主要培养学生的社会责任感和奉献精神。大型赛事和活动志愿服务，如奥运会、亚运会、亚冬会等大型活动的志愿服务工作，这些活动可以锻炼学生的团队协作能力和应对突发事件的能力。专业服务，如医学专业的学生参与社区医疗服务、法学专业的学生参与法律援助、农学专业的学生参与技术指导等，这些活动可以帮助学生将所学知识应用于实践中，提升其专业素养。校园服务，如校园食堂、图书馆的志愿服务等，这些活动可以培养学生的服务意识和团队协作能力。通过参与服务性劳动，可以培养学生的服务意识，让学生深刻体会到服务他人的重要性和意义；可以不断增强学生的社会责任感，帮助学生了解社会、关注社会；可以不断提升学生团队协作能力，促进个人成长，锻炼自己的意志品质、提升自信心和自尊心。

三、创新创业教育

（一）创新创业教育的概念

2010 年 5 月，《教育部关于大力推进高等学校创新创业教育和大学生自主创业工作的意见》中强调，创新创业教育是适应经济社会和国家发展战略需要而产生的一种教学理念与模式，它是一个综合性的概念，涵盖了创新教育和创业教育两个方面。创新教育以培养具有创新思维和创新能力的人才为目标，而创业教育则使受教者具备从事创业活动所需要的综合能力。创新创业教育通过一系列的教育活动和实践，激发学生的创新思维，提升学生的创业素养，培养他们的创业意识和创业能力，以适应未来社会的需求，为未来的职业发展和推动经济社会的持续发展打下坚实的基础。

创新创业教育是以培养具有创业基本素质和开创型个性的人才为目标的教育，它不仅仅关注在校学生的创业意识、创新精神、创新创业能力的培养，也面向全社会，针对那些打算创业、已经创业、成功创业的创业群体，分阶段、分层次地进行创新思维培养和创业能力锻炼。其目标是激发学生的创新潜能，培养他们成为有创造力和创业能力的人才，使他们具备在一个日新月异的世界中立足的能力。

（二）创新创业教育的基本特征

1. 创新性

创新创业教育不仅仅关注学生的创业技能和实践能力，更重要的是培养学生的创新意识和创新思维，使他们具备勇于尝试新事物、提出新想法的能力。在创新创业教育中，鼓励学生跳出传统思维的框架，挑战既定的规则和观念，以全新的视角审视问题，并寻找创新的解决方案。强调学生的主动性和创造性，注重培养学生的批判性思维和解决问题的能力，鼓励他们通过自主学习、团队合作和实践活动，不断探索和发现新的可能性。

2. 创造性

创造性是创新创业教育的另一重要特征，强调学生将创新思维转化为实际行动的能力，即通过实践和创新，创造出新的产品或服务。创新创业教育不仅培养学生的创新意识，更重要的是教会他们如何将这种意识转化为具体的创新行动。在创新创业教育过程中，鼓励学生将所学的知识和技能应用于实际问题中，通过不断的尝试和实践，探索新的解决方案，使学生能够将创新思维转化为具体的产品或服务，从而满足市场需求，创造社会价值。

3. 实践性

创新创业教育注重实践，它强调通过实践活动来锻炼和提升学生的创业能力。创新创业教育不仅仅停留在理论知识的传授上，更重要的是让学生通过亲身实践，将所学知识转化为实际技能，从而在未来的创业或职业生涯中更好地应对挑战。在创新创业教育中，实践性主要体现在鼓励学生参与“互联网＋”大学生创新创业大赛等各种创新创业竞赛、参加校企合作实践项目、参与模拟创业实训等多个方面。

（三）创新创业教育的发展趋势

1. 与专业教育融合

创新创业教育与专业教育的融合是当前教育发展的重要趋势之一，二者融合旨在培养既具备专业知识又拥有创新创业能力的高素质人才。随着社会的快速发展和技术的不断进步，创新创业已成为推动社会进步和经济发展的重要力量。而创新创业的成功往往离不开深厚的专业知识和技能。因此，将创新创业教育与专业教育相融合，可以培养学生的创新思维和实践能力，提升他们的综合素质和就业竞争力，为社会培养更多具有创新精神和实践能力的高素质人才。未来，创新创业教育将更加注重与专业教育的融合，形成“专业教育＋职业技能＋创业指导＋就业服务”的“四位一体”教育模式。

2. 与劳动教育融合

随着科技的飞速发展和全球化的加速推进，社会和经济环境正经历着前所未有的变革。在这样的背景下，传统的教育模式已经难以满足当前社会对人才的需求。创新创业教育与劳动教育融合，意在通过培养学生的创新精神、实践能力和劳动素养，使他们能够更好地适应当今社会的变化，成为具有竞争力的高素质人才。通过创新创业教育与劳动教育的融合，学生的创新精神和实践能力得到了显著提升，他们能够更好地适应快速变化的社会和经济环境，成为具有竞争力的高素质人才。同时，劳动教育与创新创业教育融合还有助于培养学生的劳动素养和团队协作精神，为他们的全面发展奠定坚实的基础。然而，在劳动教育与创新创业教育融合过程中也会面临一些挑战，需要教育工作者和相关部门共同努力，加强政策引导和支持，推动劳动教育与创新创业教育融合教育模式的发展和完善。

3. 国际化发展

创新创业教育国际化发展是未来创新创业教育发展重要趋势，全球化进程的加速推进使得国际交流与合作日益频繁，创新创业教育也需要与国际接轨。国际高校和企业在创新创业领域拥有丰富的经验和资源，值得学习和借鉴。通过与国际高校和企业的合作，学生可以接触到不同国家和地区的创新创业文化和实践经验，拓宽自己的视野。通过学习借鉴国际高校和企业在创新创业领域拥有的先进的理念、方法和实践经验，可以提升学生的创新创业能力。通过国际化发展，学生可以更好地适应国际市场的需求和变化，提升自己的国际竞争力。未来，创新创业教育国际化发展将继续深化和拓展，为培养具有国际竞争力的高素质人才作出更大的贡献。

四、高校创新创业教育

（一）高校创新创业教育的定义

高校创新创业教育是指在高等教育机构中开展的，旨在培养学生的创新精神、创业意识和创业能力的教育活动。这种教育不仅关注学生的专业知识学习，还强调培养学生的创新思维、解决问题的能力、团队合作精神及风险承担意识等，以适应快速变化的社会和经济环境。高校创新创业教育通过一系列的教育活动和实践，培养学生的创新思维、创业意识和创业能力。它不仅关注知识的传授，更强调实践能力的培养和创业精神的塑造。其目标是使学生具备在复杂多变的市场环境中识别机会、整合资源、开展创新和创业活动的能力。

（二）高校创新创业教育的基本内容

1. 创新能力的培养

在课程设置上，高校引入创新课程，如创新思维训练、创新方法论等，培养学生的创新思维和解决问题的能力。课程内容涵盖创新思维的基本原理、方法和技巧，以及创新案例的分析和讨论，从而使学生能够更好地理解和掌握创新知识。鼓励学生跨学科学习，通过整合不同学科的知识和方法，培养学生的综合创新能力和跨学科思维。跨学科课程设计可以提高学生的知识广度和深度，为他们提供更多创新的机会和视角。

在教学方法上，鼓励学生进行自主探究和发现式学习，通过自主探索和动手实践来培养他们的创新意识和创新能力。创设真实或模拟的情境，让学生在情境中学习和体验创新过程。鼓励学生对所学知识进行批判性思考，培养他们分析、判断和解决问题的能力。

在实践活动选择上，组织学生参加各类创业竞赛，如全国大学生创新创业大赛等。

通过创业竞赛，学生可以锻炼自己的创新思维和创业能力，也可以了解市场需求和竞争态势。鼓励学生参与科研项目，通过科研项目的研究和实践，学生可以深入了解创新的过程和方法，并提升自己的创新能力。安排学生参加社会实践和实习活动，使学生在实践中更好地了解市场需求和行业动态，同时锻炼自己的创新思维和创业能力。

2. 创业知识的传授

向学生传授创业的基本理论和知识，为学生未来的创业活动奠定坚实的理论基础。具体包括市场分析、商业计划书的撰写、财务管理、法律知识等。市场分析是创业过程中不可或缺的一环，教师在教授市场分析时应涵盖市场细分、竞争分析、消费者行为研究等多方面的内容。商业计划书是创业者向投资者、合作伙伴等展示其商业理念、市场潜力和盈利能力的关键文件，教师在教授商业计划书撰写时要强调清晰明确的目标陈述、详尽的市场分析、财务规划、风险评估与应对策略。财务管理是创业成功的关键因素之一，教授财务管理时，应涵盖财务报表解读、成本控制与预算管理、资本筹集与投资决策等。法律知识对于创业者来说同样至关重要。教授法律知识时，应重点关注知识产权的保护、合同法律事务及公司法与合规经营。通过市场分析，学生可以了解目标市场的规模、竞争态势、消费者需求等关键信息。通过商业计划书的撰写，确保学生能够准确描述商业目标、愿景和使命，基于市场分析的结果，制定详细的市场进入策略和销售预测，引导学生识别潜在风险，并制定应对策略以降低风险。通过学习财务管理相关知识，帮助学生理解资产负债表、利润表和现金流量表等财务报表的基本结构和含义，教授学生如何制定预算、监控成本，并确保项目在预算范围内运行，引导学生了解不同的融资渠道，并评估不同投资项目的风险和回报。通过学习法律知识，可以帮助学生了解专利、商标和著作权等知识产权的基本概念，学习如何保护自己的创新成果。教授学生如何起草、审查和执行合同，以确保商业交易的合法性和有效性。引导学生了解公司法的基本规定，并学习如何遵守相关法律法规，确保公司的合规经营。

3. 创业实践的开展

创业实践的开展是高等教育中培养学生创新创业能力的重要环节。通过创业模拟、创业竞赛、创业项目孵化等活动，学生能够在实践中深入学习和体验创业过程，积累宝贵的创业经验。创业模拟是一种通过模拟真实商业环境来教授创业知识和技能的方法，通常包括角色扮演（学生扮演创业者、投资者、消费者等不同角色，在模拟的商业环境中进行互动，了解各自的立场和需求）、案例分析（通过剖析成功或失败的创业案例，学生可以学习创业过程中的关键决策点、市场趋势和竞争策略）、商业游戏（利用商业模拟软件或在线平台，学生可以在虚拟环境中创建公司、管理资源、制定战略，并面对各种挑战和机遇）等形式。创业竞赛是检验学生创业能力和创意的重要平台。通过参加竞赛，学生可以将自己的创业想法或项目以计划书、演示文稿或视频等形式展示给评委和观众，从评委和同行那里获得宝贵的建议和反馈，帮助完善项目，从而赢得奖金、投资或孵化机会，帮助学生将创业项目推向市场。创业项目孵化是将学生的创业想法转化为实际项目的关键步骤。孵化活动通常包括导师一对一的指导，为学生提供办公空间、设备、网络连接等基础设施，以及法律、财务、市场营销等专业服务。通过种子基金、贷款、投资等方式为学生提供资金支持，帮助他们实现项目目标。

4. 创业精神的培育

培育学生的创业精神是创新创业教育中至关重要的一环，旨在塑造学生勇于尝试、敢于冒险、坚持不懈等关键品质，使他们能够在创业过程中积极面对挑战和困难。树立创业榜样。定期邀请成功或正在创业的校友、行业领袖或企业家来校分享他们的创业经历、成功经验和面对挑战时的应对策略。展示创业成功案例，通过课程、讲座、展览等形式，展示创业成功案例，让学生了解创业成功的多样性和可能性，鼓励学生尝试与创新。提供创新平台，设立创新实验室、创业中心或创意孵化器，为学生提供尝试新想法、开发新产品或服务的空间和资源。开展创新竞赛，组织创新或创业计划竞赛，鼓励学生提出创意，通过竞争激发创新思维和创业激情。培养风险意识与决策能力。进行风险教育，通过案例分析、模拟游戏等方式，让学生了解创业过程中的潜在风险，并使其学会如何评估和管理这些风险。进行决策训练，通过小组讨论、角色扮演等活动，训练学生在不确定环境下做出快速而明智的决策。强化坚韧不拔的精神。设置挑战任务，为学生设置具有挑战性的任务或项目，要求他们在面对困难和失败时保持积极态度，寻找解决方案。鼓励持续学习，强调终身学习的重要性，鼓励学生通过自学、在线课程、研讨会等方式不断提升自己的知识和技能。

5. 创业资源的整合

为学生提供全面的创业资源支持是帮助他们实现创业梦想的关键。创业资源的支持包括创业导师的指导、创业资金的扶持、创业平台的搭建、资源整合与合作等。创业导师的指导：根据学生的创业领域和具体需求，为他们匹配具有丰富经验和专业知识的创业导师。导师可以提供一对一的指导，帮助解决创业过程中的具体问题。同时定期举办导师工作坊和研讨会，邀请导师分享创业经验、行业洞察和实用技巧，增加学生的创业知识，增强创业能力。创业资金的支持：通过学校、校友捐赠和外部投资等方式，设立创业基金，为学生提供融资指导、创业大赛奖金、初创资金支持等，鼓励和支持有潜力的创业项目落地。创业平台的搭建：建立或合作建立创业孵化器，提供办公空间、设备、网络和法律支持等基础设施，降低学生的创业成本。搭建创业交流平台，促进学生之间的合作与资源共享，包括在线论坛、社交媒体群组、定期举办的创业沙龙等。提供系统的创业教育课程和培训，包括创业管理、市场营销、财务规划等方面的知识，帮助学生培养全面的创业能力。资源整合与合作：利用校友网络，为学生提供行业联系、实习机会和创业指导。校友的成功经验和对行业的深入了解可以为学生提供宝贵的资源和指导。与企业建立合作关系，为学生提供实习、项目合作和就业机会。积极争取政府和社会组织的支持，包括创业政策咨询、税收优惠、创业培训等，为学生提供更广泛的资源和支持网络。

（三）高校创新创业教育的重要意义

高校开展创新创业教育的重要意义体现在多个层面，不仅对学生的个人成长有深远影响，也对社会经济的发展起到积极的推动作用。

从学生个人层面来说，可以培养创新精神。创新创业教育强调创新思维的培养，鼓励学生突破传统框架，勇于尝试新方法、新技术，这对于培养学生的创新意识和创造力至关重要。可以提升创业能力，通过创新创业教育，学生可以学习创业的基础知识、技能和经验，增强识别商业机会、制订商业计划、管理创业团队等方面的能力，为未来的创业或职业发展打下坚实基础。可以增强就业竞争力，在就业市场竞争日益激烈的背景下，具备创新创业能力的学生往往更容易受到用人单位的青睐。他们不仅能够适应市场需求的变化，还能在工作中发挥创新思维，为雇主创造更多价值。可以促进个人成长，创新创业教育注重培养学生的自信心、团队合作能力和解决问题的能力。这些能力不仅有助于学生在创业过程中取得成功，还能在日常生活中帮助他们更好地应对挑战和困难。

从学校层面来说，高校开展创新创业教育能够提升教学质量，创新创业教育要求学校不断更新教学内容和方法，以适应社会发展的需要。有助于推动学校教学质量的提升，增强学校的竞争力。创新创业教育鼓励学生积极参与课外科技活动、创业竞赛等，有助于营造浓厚的创新创业氛围，丰富校园文化生活。能够促进产学研合作，创新创业教育强调校企合作、产学研结合，有助于学校与企业建立紧密的合作关系，共同推动科技成果转化和产业升级。

从社会层面来说，高校开展创新创业教育可以推动经济发展，高校作为创新的重要源泉，通过创新创业教育可以培养大量的创新创业人才，为经济发展注入新的活力。这些人才不仅能够创造新的就业机会，还能通过技术创新推动产业升级和经济发展。可以促进社会稳定，创新创业教育有助于培养学生的社会责任感和使命感，使他们更加关注社会问题，积极参与社会公益事业。有助于促进社会和谐稳定，推动社会进步。可以提升国际竞争力，在全球化的背景下，国家的竞争力越来越依赖于创新和创业能力。高校创新创业教育符合国家创新驱动发展战略的要求，有助于培养适应未来社会需求的创新型人才，提升国家的整体竞争力。

第二节　高校劳动教育与创新创业教育融合发展

随着全球化和信息化的浪潮不断推进，社会对人才的需求结构发生了深刻的变化。传统的单一专业技能型人才已难以满足当前社会的多元化需求，取而代之的是那些既拥有深厚专业知识，又具备创新思维、实践能力和良好职业素养的复合型人才，这一转变对高校的人才培养模式提出了新的挑战和更高的要求。高校作为人才培养的摇篮和科技创新的高地，必须紧跟时代步伐，积极应对社会需求的变化，推动劳动教育与创新创业教育的融合发展。

高校应积极推动劳动教育与创新创业教育的融合发展，构建完善的课程体系和实践平台，为学生提供更多元化的学习机会和实践机会。同时，高校还应加强与企业和社会的合作，共同培养学生的创新思维和实践能力，为经济社会发展培养更多优秀人才。

一、高校劳动教育与创新创业教育融合的内涵

劳动教育，旨在培养学生的劳动观念、劳动习惯和劳动技能，是提升学生综合素质的重要途径。通过劳动教育，学生可以更好地理解劳动的价值，学会尊重劳动、热爱劳动，并在劳动中锻炼自己的意志品质和团队协作能力。而创新创业教育，则侧重于激发学生的创新思维和创业精神，培养其发现问题、解决问题的能力，以及将创意转化为现实产品或服务的能力。创新创业教育不仅有助于提升学生的就业竞争力，还能为社会创造更多的就业机会和经济增长点。

劳动教育与创新创业教育融合是一种新型教育模式，将劳动教育与创新创业教育相融合，可以产生“1＋1＞2”的效应。一方面，劳动教育为创新创业教育提供了坚实的实践基础。通过劳动实践，学生可以更深入地了解社会需求和行业趋势，从而激发创新思维和创业灵感。另一方面，创新创业教育也为劳动教育注入了新的活力。在创新创业的过程中，学生需要不断学习和掌握新的知识和技能，进一步提升了其劳动技能和职业素养。具体来说，劳动教育与创新创业教育融合的内涵包括以下几个方面。

（一）教育理念的融合

劳动教育的核心在于通过具体的劳动实践，使学生亲身体验劳动的价值和意义，从而培养他们的实践能力、职业素养和劳动精神，不仅注重技能的传授，更强调通过劳动过程来塑造学生的品格和态度，使他们尊重劳动、热爱劳动，并具有责任感。创新创业教育则更加注重培养学生的创新思维、创业精神和创新能力。它鼓励学生勇于尝试新事物，敢于挑战传统，通过不地探索和实践来发掘新的商业机会和创新点。创新创业教育强调学生的主体性和创造性，鼓励他们在实践中不断学习和成长。

劳动教育与创新创业教育在理念上具有兼容性，在实践性上，无论是劳动教育还是创新创业教育，都强调通过实践来培养学生的能力。劳动教育通过具体的劳动实践来提升学生的实践能力，而创新创业教育则通过创业实践来培养学生的创新思维和创业能力。在创新性上，劳动教育虽然侧重于传统技能的传授，但同样鼓励学生通过劳动实践来探索和创新。而创新创业教育则更是将创新作为其核心目标之一，鼓励学生不断挑战传统，寻找新的解决方案。在综合素质和综合能力上，二者都注重培养学生的综合素质和综合能力。劳动教育通过劳动实践来提升学生的职业素养和劳动精神，而创新创业教育则通过创业实践来培养学生的创新思维、团队合作能力和解决问题的能力。

（二）教育目标的融合

劳动教育强调尊重劳动、热爱劳动，通过参与各种形式的劳动活动，学生不仅可以掌握必要的劳动技能，还能深刻体会到劳动的艰辛与价值，从而培养出艰苦奋斗的精神。它激励学生在未来的学习和工作中不断追求卓越，勇于面对挑战。创新创业教育则更加注重培养学生的创新思维、创业精神和领导能力。同时，创新创业教育也倡导艰苦奋斗的精神，因为创业过程往往充满挑战和困难，只有具备坚定的信念和不懈的努力，才能取得成功。

劳动教育与创新创业教育在教育目标上具有相通性，一是培养全面发展的社会主义建设者和接班人。无论是劳动教育还是创新创业教育，其根本目标都是培养具备高尚品德、扎实专业知识、良好实践能力和创新精神的高素质人才，为社会主义建设贡献力量。二是倡导艰苦奋斗的精神。劳动教育与创新创业教育都强调通过劳动或创业实践来培养学生的艰苦奋斗精神，这种精神是取得成功的基石，也是社会主义建设者和接班人必备的品质。三是强调创新领导力。在创新创业教育中，创新领导力被视为重要的培养目标之一。同样，在劳动教育中，虽然更多关注劳动技能的培养，但同样鼓励学生通过劳动实践来锻炼自己的领导能力和团队协作能力。创新领导力不仅有助于学生在未来的学习和工作中取得更好的成绩，还能为社会主义建设注入新的活力和动力。

（三）教育内容的融合

劳动教育不仅仅关注具体的劳动技能传授，更关注通过劳动过程来培养学生的劳动观念、劳动精神和职业素养。劳动教育强调尊重劳动、热爱劳动，通过参与各种形式的劳动活动，学生可以深刻体会到劳动的艰苦与成就，从而培养出艰苦奋斗、团结协作、勇于担当等优秀品质。创新创业教育则更加注重培养学生的创新思维、创业精神和领导能力，创新创业教育强调学生的主体性和创造性，鼓励学生在创新实践中不断学习和成长。同时，创新创业教育也认识到劳动实践对于培养学生创新思维和创业能力的重要性。通过参与劳动实践，学生可以更好地了解市场需求、掌握行业动态，从而培养出敏锐的市场洞察力和创业意识。

劳动教育与创新创业教育在教育内容上相互补充，相互促进，在劳动技能与创新思维上，劳动教育可以为学生提供必要的劳动技能基础，而创新创业教育则可以通过激发学生的创新思维来推动这些技能的创新应用。二者相结合，可以培养出既具备扎实基础劳动技能又具备创新思维的高素质人才。在劳动观念与创业精神上，劳动教育可以培养学生的劳动观念和职业素养，使他们更加尊重劳动、热爱劳动。而创新创业教育可以激发学生的创业精神，鼓励他们勇于挑战传统、追求创新。二者相结合，可以培养出既具备良好劳动观念又具备创业精神的人才。在劳动实践与创业实践上，劳动实践可以为学生提供真实的劳动体验，帮助他们了解劳动的价值和意义。而创业实践则可以为学生提供更广阔的实践平台，让他们在实践中锻炼创新思维和创业能力。

二者相结合，可以为学生提供更加丰富多样的实践机会，促进他们的全面发展。

（四）教育方法的融合

劳动教育与创新创业教育在教学方法上具有相通性，主要体现在以下几个方面。一是强调实践教学的重要性。劳动教育注重通过参与各种劳动实践活动来掌握劳动技能，培养劳动精神。学生需要在真实的劳动环境中，通过动手操作来体验劳动的辛苦与满足，从而深刻理解劳动的意义。创新创业教育同样强调实践教学的重要性。学生需要通过参与创业项目、创新竞赛等活动来锻炼创新思维和创业能力。实践活动往往要求学生将理论知识应用于实践中，通过实际操作来解决实际问题。二是注重理论与实践相结合。劳动教育强调在传授劳动技能的同时注重劳动理论的讲解，使学生能够理解劳动的原理和规律。通过理论与实践相结合，学生可以更好地掌握劳动技能，提高劳动效率。在创新创业教育中，强调学生需要学习创新创业的理论知识，如市场调研、商业模式设计等。同时，学生也需要通过实践来验证和应用这些理论知识，从而不断提高自己的创新创业能力。三是倡导"在做中学，在学中做"的教学理念。劳动教育鼓励学生通过参与劳动实践来发现问题、认识问题和解决问题，从而培养学生的实践能力和创新精神。倡导"在做中学，在学中做"的方式有助于激发学生的学习兴趣，提高他们的学习效果。创新创业教育同样倡导"在做中学，在学中做"的教学理念。学生需要在实践中不断探索和创新，通过实际操作来发现问题、解决问题，从而培养自己的创新创业能力。劳动教育与创新创业教育融合的教学方法有助于培养学生的创新思维和实践能力，使他们在未来的学习和工作中更加自信，有能力面对各种复杂情境。四是利用多元化教学资源和方法。劳动教育可以利用学校内外的各种教学资源，如实验室、实训基地等，开展形式多样的劳动实践活动。同时，可以采用项目式学习、合作学习等教学方法来激发学生的学习兴趣和积极性。创新创业教育可以利用多元化教学资源和方法来开展教学活动。例如，可以邀请企业家、创业者等作为嘉宾来分享他们的创新创业经验，或者组织学生参加创新创业竞赛、创业营等活动来锻炼他们的创新创业能力。这些教学方法和资源有助于拓宽学生的视野，提高他们的创新创业素养。

二、高校劳动教育与创新创业教育融合的主要形式

高校劳动教育与创新创业教育融合的形式丰富多样，目的在于通过不同的方式和途径，全方位、多角度地培养学生的创新精神、实践能力和社会责任感。主要有课程体系融合、实践项目融合、师资队伍融合、评价体系融合和校园文化融合等形式。

（一）课程体系融合

课程体系融合是高校推动劳动教育与创新创业教育深度结合的关键一环，特别是在跨学科课程设计和综合课程设计方面，可以显著提升学生的综合素质和创新能力。在跨学科课程设计方面：跨学科课程设计能够打破学科壁垒，让学生在更广阔的视野

下学习，培养其跨学科思维能力和综合素质。一是开设跨学科课程，在开展劳动教育与创新创业教育融合教育中结合教育学、心理学、社会学、经济学、管理学、计算机科学等多学科理论，提升学生的跨学科思维能力。二是建立跨学科研究团队，鼓励学生参与由不同学科背景的教授和研究生组成的团队，共同研究解决复杂问题，培养跨学科合作能力。三是设计跨学科项目，通过项目制学习，让学生在实际操作中体验跨学科知识的综合运用，如设计开发一款集机械、电子和人工智能技术于一体的产品等。在综合课程设计方面：综合课程设计强调理论与实践相结合，通过项目研究、企业实习等实践活动，培养学生的创新思维和实践动手能力。一是鼓励学生参与科研项目，从选题、设计、实施到成果展示，全程参与，体验科研创新的全过程。通过项目实践，学习如何运用理论知识解决实际问题，培养批判性思维和创新能力。二是在与企业合作过程中，引入企业实际问题作为课程项目，让学生在解决实际问题的过程中学习创新创业知识，如市场调研、产品设计、营销策划等。通过企业实习，深入了解企业运营和创新创业实践，增强职业素养和就业竞争力。三是开设以创新思维训练和实践动手能力培养为核心的综合课程设计，如“创新产品设计”“创业项目策划”等。通过团队合作，完成从创意提出到产品原型制作的全过程，锻炼团队协作和项目管理能力。

（二）实践项目融合

实践项目融合是高校劳动教育与创新创业教育结合的关键环节，通过亲身实践，学生能够更好地理解理论知识，并在解决实际问题中锻炼和提升各项能力，主要体现在创业过程模拟和实习实训基地建设两个方面。

在创业过程模拟方面：创业过程模拟通过模拟企业运营的各个环节，让学生在接近真实的环境中体验创业的全过程，从而增强其解决实际问题的能力。一是创业竞赛与项目孵化。组织学生参加各类创业竞赛，如全国大学生创新创业大赛、挑战杯等，这些竞赛通常要求学生提交创业计划书，进行项目展示和现场答辩，能够全面锻炼学生的创新思维、团队协作和项目管理能力。设立校内创业孵化平台，为学生提供场地、资金和资源支持，帮助学生将创业项目从概念转化为实际产品或服务。通过项目孵化，学生可以深入了解市场、客户、融资等创业过程中的关键环节。二是创业模拟软件与沙盘演练。利用创业模拟软件，如商业模拟游戏等，让学生在虚拟环境中进行市场调研、产品开发、财务规划等创业活动，通过模拟决策和结果反馈，提升学生的创业决策能力和风险应对能力。开展沙盘演练，通过角色扮演、团队协作等方式，模拟企业运营过程中的各种情境，让学生在模拟中学习和体验创业管理的各个方面。

在实习实训基地建设方面：实习实训基地建设是连接学校与企业、理论与实践的重要桥梁，高质量、高水平的实习实训基地建设能够有效帮助学生积累实践经验，提升就业适应力。因此，一是积极与企业合作共建学生实习实训基地，为学生提供真实的职场环境，让学生能够在企业中学习专业技能、了解企业文化和运作模式。通过校企合作，企业可以为学生提供实习机会、就业指导和实践教学支持；学校可以为企业提供人才储备、技术研发和员工培训等服务，实现双赢。二是根据企业需求和学科特

点，设计有针对性的实习实训项目，如市场营销、产品开发、财务管理等，让学生在实习中能够接触到企业运营的核心环节。鼓励学生参与企业的实际项目，如市场调研、产品测试、客户服务等，通过实践学习如何运用所学知识解决实际问题。三是建立完善的实习实训管理制度，包括实习计划制订、实习过程监控、实习成果评估和反馈等环节，确保实习实训的质量和效果。通过企业导师、学校教师和学生的三方评价，对实习实训项目进行全面评估，及时发现并解决问题，提升实习实训的针对性和实效性。

（三）师资队伍融合

师资队伍的融合与建设是提升高等教育质量、促进产学研深度融合的关键环节，特别是在双师型教师的培养上，更是需要高校、企业和社会的共同努力。一是深化校企合作，推动双师型教师培养。建立常态化的教师企业实践机制，高校应与企业签订合作协议，明确双方在双师型教师培养上的责任与义务，为教师提供到企业挂职锻炼、参与项目研发等机会，确保教师能够深入了解行业前沿技术、市场需求及企业文化。设立“双师型”教师认证体系，结合教师的企业实践经历、教学成果和行业贡献，建立一套科学的“双师型”教师认证标准，激励教师不断提升自身理论与实践结合的能力。二是引入行业专家，丰富教学内容与方法。举办行业讲座与工作坊，定期邀请企业家、行业专家来校举办讲座，分享行业趋势、成功案例及面临的挑战，让教师和学生有机会直接与专家交流，提升教学的实践性和前瞻性。鼓励教师与行业专家合作开发课程，将最新的行业动态、技术标准和案例融入教学内容，编写具有实践指导意义的教材。三是构建专兼结合的师资队伍。优化师资队伍结构，在保持一定比例全职教师的基础上，加大兼职教师的引进力度，特别是那些具有丰富实践经验的企业家、工程师等，形成专兼结合、优势互补的师资队伍。建立灵活的用人机制，探索灵活的聘用、考核和激励机制，如项目制合作、短期聘任等，以适应不同背景教师的需求，同时确保教学质量和效率。四是建立持续的职业发展支持体系。搭建教师交流平台，定期组织教师研讨会、工作坊等，促进教师之间的交流与合作，分享教学经验和行业动态。为每位教师提供个性化的职业发展规划指导，包括进修、科研、社会实践等方面的支持，帮助教师明确职业目标，实现个人与学校的共同发展，避免职业倦怠。

（四）评价体系融合

构建科学多元的评价体系对于推动学生全面发展、激发其创新与实践潜能至关重要。一是构建多维度评价体系。高校应构建涵盖创新能力评价、实践能力评价、劳动态度评价等多维度的科学多元评价体系。借助多元化评价，能够更全面、客观地评价学生综合能力，推动学生全面发展。二是重视过程性评价。实施动态跟踪，建立学生学习档案，记录其在劳创融合教育过程中的学习轨迹、项目进展和成果展示，以全面反映学生的成长和进步。引入同伴评价，鼓励学生之间进行互评，通过团队合作和相互学习，培养学生的批判性思维和团队协作能力。教师定期进行反馈，对学生的学习过程进行定期评估，提供具体、有针对性的反馈和建议，帮助学生明确改进方向。三是完善奖励及荣誉体系。根据学生在劳动教育与创新创业教育融合中的表现，设立专项奖学金，颁发荣誉证书以及提供优质的实习就业机会，从而有效推动劳动教育与创新创业教育融合的螺旋上升式发展。四是强化评价结果的运用。将多元化评价结果纳入学生的课程成绩，在升学推荐、评奖评优、就业推荐等环节中，充分考虑学生的多元化评价结果，以充分体现学生的综合素质。五是建立评价体系的持续改进机制。对评价体系进行定期评估，根据学生的反馈和教学效果的调整需求，对评价体系进行必要的修改和完善，邀请行业专家、企业代表等第三方机构对评价体系进行评估，以确保评价体系的科学性、公正性和有效性。

（五）校园文化融合

校园文化融合是促进学生全面发展、激发创新思维和创业热情、培养劳动精神的重要途径。一是定期举办创新创业竞赛，通过设立不同主题的创新创业竞赛，为学生提供展示创意、锻炼能力的平台。依托导师制，为每位学生配备科研导师，指导其参与科研项目或创新创业项目，导师应提供必要的科研资源、方法和指导，帮助学生掌握科研方法和创新创业技能，同时培养学生独立思考和解决问题能力。通过竞赛和科研训练，激发学生的创新思维，鼓励其将创意转化为实际项目。二是通过校园广播、海报、讲座等形式，宣传劳动模范的先进事迹和劳动精神，引导学生树立正确的劳动观念，尊重劳动、热爱劳动。通过校园文化建设，不断突出劳动教育的重要性，使其成为校园文化的重要组成部分。同时，通过家校合作，共同培养学生的劳动意识和劳动习惯。三是打造劳动教育与创新创业教育的校园文化，通过校园宣传栏、网站、社交媒体等渠道，广泛宣传劳动教育与创新创业融合的成果和亮点，营造积极向上的校园文化氛围。鼓励学生积极参与校园文化活动的策划和组织工作，通过实践活动培养学生的组织能力和团队协作能力。建立校园文化建设长效机制，将劳动教育与创新创业教育融合纳入校园文化建设的长期规划，确保相关活动的持续性和有效性。同时，通过定期评估和调整，不断完善校园文化建设的策略和措施。

三、高校劳动教育与创新创业教育融合的价值使命

21 世纪以来，高校承担着人才培养、科学研究、社会服务、文化传承创新及国际交流合作五大重要使命，劳动教育与创新创业教育融合有助于培养学生的创新思维、实践能力、社会责任感和公民意识，有助于推动学科发展和知识创新，为经济社会发展提供智力支持和技术支撑；有助于将知识、技术和人才优势转化为推动社会进步和发展的动力，促进经济社会的和谐发展；有助于传承和弘扬中华优秀传统文化，推动文化创新和发展，为构建人类命运共同体贡献力量；有助于拓宽师生的国际视野，提升学校的国际竞争力，推动学科领域的国际合作与交流，为构建人类命运共同体提供智力支持。高校作为高等教育的最高学府，开展劳动教育与创新创业教育融合的价值使命主要体现在以下几个方面。

（一）落实立德树人根本任务

教育是国之大计、党之大计。立德树人是教育的根本任务，“为谁培养人、培养什么人、怎样培养人”始终是教育根本问题，是高校的立身之本，是建设教育强国的核心课题。在培养劳动精神和塑造企业家精神方面，劳动教育与创新创业教育融合具有不可替代的作用。在培养劳动精神方面，劳动教育与创新创业教育融合能够挖掘劳动教育中蕴含的敬业奉献、砥砺奋进、勇于创新的精神意志品质，并将其贯穿人才培养全过程，成为学生个人成长成才的助燃剂，推动社会的进步与发展。通过劳动实践，学生可以深刻理解劳动的价值和意义，营造尊重劳动、热爱劳动、投身劳动的校园氛围。通过表彰劳动先进个人和集体，树立劳动榜样，发挥榜样引领作用，教育引导学生形成正确的劳动观念和价值观。在塑造企业家精神方面，创新创业教育意在培养大学生的企业家精神，包括冒险、合作、敬业、创新、诚信等品质。通过开设创新创业课程、举办创新创业大赛、提供创新创业实践平台等方式，激发学生创新创业热情，鼓励学生积极参与社会实践和创业实践，通过亲身体验了解市场需求、掌握创业技能、积累创业经验。学生也可以在劳动教育与创新创业教育融合过程中学会面对困难和挑战，培养责任感和担当精神，以及坚韧不拔的毅力和勇气，为日后成为优秀的企业家奠定坚实基础。

（二）培养综合素质人才

综合素质人才是推动社会进步、经济发展和科技创新的关键因素。在提升实践能力方面，劳动教育通过让学生参与实际的劳动活动，培养他们的动手能力及对实际工作的适应能力。劳动教育与创新创业教育融合发展，可以更加全面地提升学生的实践能力，为未来的职业发展打下坚实基础。劳动教育与创新创业教育融合模式可以更有效地培养学生的创新精神，推动社会创新发展。在塑造正确价值观方面，劳动教育有助于培养学生的劳动观念、劳动精神和正确的劳动价值观，使他们认识到劳动的价值和意义，树立正确的劳动态度。创新创业教育则强调诚信、责任、团队合作等职业素养的培养，鼓励他们关注社会问题，积极参与社会公益事业，为社会的发展作出贡献。劳动教育与创新创业教育融合不仅有助于提升学生的实践能力、培养创新精神，还能更加全面地塑造学生的正确价值观。通过劳动教育与创新创业教育的有机结合，学生可以在实践中学习，在创新中成长，为未来的职业发展和社会责任承担打下坚实的基础。此外，劳动教育与创新创业教育融合还能推动教育体系的创新和发展，为培养更多具有创新精神和实践能力的综合素质人才提供有力支持。

（三）推动教育改革与发展

劳动教育与创新创业教育的融合是推动教育改革进程中的重要力量。一是传统教育模式往往侧重于理论知识的传授，而忽视了实践能力的培养，劳动教育与创新创业教育融合模式有助于打破传统教育模式的束缚，强调理论与实践相结合，使学生在掌握理论知识的同时，能通过实践活动锻炼实际操作能力，推动教育模式的创新，形成更加符合时代需求的教育体系。二是劳动教育与创新创业教育劳创融合模式不仅涵盖了传统的学科知识，还引入了劳动实践、创新创业等内容，使教育内容更加丰富多样。这种多元化的教育内容有助于激发学生的学习兴趣和积极性，提高学习效果。通过实践教学、项目驱动等方式，可以更加有效地培养学生的实践能力和创新能力，有助于提高教育质量，培养出更多具有创新精神和实践能力的人才。三是劳动教育与创新创业教育融合，可以为不同背景、不同专业的学生提供更加公平的教育机会。通过开展多样化的实践活动和项目，可以更加全面地评价学生的能力和潜力，从而避免单一评价标准的局限性。同时，劳动教育与创新创业教育融合通过提供多样化的教育资源和机会，有助于缩小不同地区、不同学校之间的教育差距，使更多学生有机会接受高质量的教育，从而推动教育公平的实现。

（四）服务经济社会发展

服务经济社会发展是教育改革与发展的根本目标之一，而劳动教育与创新创业教育的融合，正是实现这一目标的重要途径。在培养创新人才方面：融合后的教育模式可以更加有效地培养具备创新精神和实践能力的创新人才，他们敢于挑战传统，勇于探索未知，能够在复杂多变的环境中迅速适应并找到解决问题的方法。为推动科技进步，提高生产效率，促进产业升级注入新的活力，带动经济增长，为经济社会发展提供有力的人才支撑。在促进就业创业方面：劳动教育与创新创业教育融合，可以提升学生的就业创业能力和竞争力。通过开设创新创业课程、实践实训等活动，帮助学生了解市场需求和行业动态，帮助学生更好地把握市场机遇，提前为未来的就业创业做好准备，找到适合自己的职业发展方向。在推动社会进步方面：培养具有劳动精神和创新精神的高素质人才已成为推动社会进步和经济发展的核心动力。劳动精神强调勤奋、务实、责任与奉献，是任何时代都不可或缺的品质；而创新精神则象征着探索、创造、变革与进步，是推动社会不断向前发展的源泉。当二者实现深度融合时，它们将在各个领域发挥不可估量的重要作用，成为推动社会创新、科技进步和经济发展的关键力量。

第三节　高校劳动教育与创新创业教育融合的相关理论基础

经典理论构成了学术探索的理论基础和思想工具。在探讨高校劳动教育与创新创业教育融合问题时，应深入挖掘马克思主义经典作家的思想宝库，溯源中华优秀传统文化中的劳动思想，聚焦中国共产党人的劳动教育实践经验，以汲取其中的力量和智慧。本节从劳动教育与创新创业教育相关理论视角出发，探讨劳动教育与创新创业教育融合的内在认知逻辑、情感逻辑和实践逻辑，为高校建构劳动教育与创新创业教育融合系统提供理论基础。从劳动教育与创新创业教育政策的视角出发，梳理劳动教育与创新创业教育政策的历史演变，以及嬗变特点，为高校构建劳动教育与创新创业教育融合系统提供政策支持。

一、马克思主义经典作家的劳动理论提供根本遵循

马克思主义经典作家对劳动和劳动者的本质进行了深刻的探讨，并构建了全面系统的劳动理论体系。马克思、恩格斯等伟人的理论成果，为高校劳动教育与创新创业教育融合提供了宝贵的理论支持和指导，不仅为我们理解和分析劳动问题提供了框架，也为我们在实践中培养和弘扬劳动精神与创新精神指明了方向。

（一）劳动本质思想

劳动是人类适应自然的活动和改造的独特方式。劳动的本质是消除不确定性，提高功能有序性，增加价值量。劳动是人类最基本、最重要的实践活动，是人类生存和发展的根本前提。马克思指出，动物仅依赖本能来维持生命，其行为受本能驱使，大多数行为是下意识或无意识的。而人类的类特性则体现在自由和有意识的活动上，这是人类主动性的源泉，也是人类本质的体现。人类的意识性活动是建立在客观的对象性活动的基础上的，正是通过有意识的对象化劳动，人类实现了自身的本质。马克思将人的本质特性与生产生活紧密联系起来，表明人的本质在生产实践活动中不断生成。在改造客观世界的过程中，人才真正地证明自己是类存在物。生产是人的能动的类生活。通过生产，自然界才表现为它的作品和它的现实。因此，劳动的对象是人的类生活的对象化。这种对象化是有目的的主体对客体的活动，是人的自由而有意识的活动的类特性的表现。对人的本质的认识从劳动到社会关系，是马克思对人的本质认识的深化，也是人的认识自由的提升。人的实践活动是认识世界和改造世界的结合，人通过劳动创造社会关系，体现了人的主体能动性和创造性。马克思在《关于费尔巴哈的提纲》中提出，全部社会生活在本质上是实践的，任何实践之外的神秘理论都是实践基础上主观加工创造出来的。这表明，人们在认识世界和改造世界的实践过程中展现出丰富的创新精神。同时，社会关系对劳动的制约也表明，人的创新创造是有条件的。因此，马克思关于人的劳动本质的理论启示我们，在新时代大学生劳动精神与创新精神的培育过程中，需要进行价值引导。

（二）劳动价值思想

劳动价值论是马克思主义理论的基本观点，深刻塑造了人们对劳动价值的认知、态度和行为。劳动是价值创造的真正源泉，其根本作用在于增加系统的价值总量。马克思主义劳动价值论认为，劳动不仅是实现人性至美至善、达到彻底自由的必由之路，也是创造社会物质财富、满足个人物质需求的手段，还是实现自我、超越自我的途径，为劳动者带来满足、快乐和自我价值的实现，更是连接客观世界与主观世界的桥梁。劳动价值观强调劳动和劳动者的尊严，好逸恶劳、不劳而获是可耻的。因此，建立科学的劳动观，正确理解和对待劳动，以及正确进行劳动实践，是至关重要的。

马克思站在唯物主义的立场上，充分肯定了劳动对人类文明和历史进步所产生的意义，认为劳动创造了世界、历史和人类。感性物质劳动是人类实践活动的基础形式，人类的生产劳动是有意识、有目的的活动，旨在创造一个满足人类生活需求的物质世界。只有立足于劳动活动，才能真正理解人类历史的发展规律。劳动人民是历史的创造者，他们的日常生产劳动体现了人类创造历史的行为。在改造世界的实践中，人类真正意识到自己是类存在物，劳动是人类活动中活跃的类生活。在《资本论》中，马克思强调劳动首先是人与自然之间的互动过程，是人通过自身活动引起、调节和控制的物质交换过程。通过劳动这一有意义的实践活动，人类创造了适应社会发展的物质和精神财富。马克思认为，劳动不仅是人类生存和发展的基础，也是人类与自然界之间的基本互动。劳动不仅是推动社会进步的根本动力，也是创造财富和获得幸福的重要源泉。

（三）劳动解放思想

劳动是人类生存和发展的本质特征和存在形式，也是实现人的自由和全面发展的重要途径。作为有意识、有目的的社会实践活动，劳动不仅塑造了人类自身，也是人类持续进步的基石。在劳动过程中，人们学习使用工具改造自然界，提升生产力，并培养了社会交往等生存技能。马克思主义劳动观强调劳动从异化状态中解放劳动者，以实现人的全面发展。这种发展不仅涉及人的自然、社会和心理等综合素质的全面提升，也包括个体在社会关系中的丰富和个性的发展。马克思认为，人的发展不是“孤立的、单个人的发展，不是极少数人、一部分人”的发展，而是社会中的、集体中的一切人、每一个人的发展。正如恩格斯在《反杜林论》中所指出，只有每个人都获得解放，社会才能真正解放。共产主义社会则是一个以每个人的自由发展为前提的共同体。马克思主义认为人的全面发展，不是片面的发展、畸形的发展、限制性的发展，而是全面的、充分的、自由的发展。是人的劳动及其能力的全面发展，是人的社会关系的全面丰富和人的个性自由发展，体现了对人的尊重、对人的价值和发展的关怀，强调了以人为本的主体精神。

“劳动解放人”是马克思主义劳动理论的科学论述，旨在实现“现实的人”的劳动为己所有，使人能够全面而完整地发展。劳动不仅是人的本质活动，也是解放人和实现幸福的必然途径。阐明一切社会生活都是建立在满足人的吃喝穿住的物质生活需要之上，证明人类的历史是生产劳动的历史，劳动不仅推动人类社会进步，而且将成为人类获得解放的途径。

（四）教育与生产劳动相结合思想

马克思主义认为，劳动是连接主观世界与客观世界的桥梁。教育若脱离生产劳动，则成为“空谈主义的学问”；生产劳动若缺乏教育引导，则沦为机械重复。二者的结合旨在通过实践重塑教育目标，使知识学习服务于社会物质与精神的双重生产。劳动不仅是人的实质，也是对人的教育，旨在提升人们的工作能力。劳动本身具有教育功能，能够不断丰富人的精神世界，拓展才智，促进个体成长。马克思把“教育与生产劳动相结合”看成是“改造现代社会的最强有力的手段之一”，是“提高社会生产的一种有效方法”和“造就全面发展的人的唯一方法”。

资本主义分工导致劳动者与劳动产品、劳动过程及类本质的异化。教育与生产劳动结合，通过培养“通晓整个生产系统的全才”，打破职业壁垒，使个体在自由劳动中实现自我价值，为向共产主义社会过渡创造条件。教育与生产劳动相结合不仅促进了生产力的发展，还有助于消除旧的分工，推动资本主义社会生产的矛盾发展，是推动资本主义向社会主义过渡的重要措施。教育与生产劳动相结合是社会主义教育事业的本质要求，劳动与教育是互补且不可或缺的两个方面。科学文化知识水平的提升依赖于劳动的实践支撑，而生产劳动的进步同样需要科学文化知识的理论指导。只有正确处理两者之间的辩证关系，社会主义劳动的成效与科学文化教育的价值才能得到充分体现。

教育既是劳动力再生产的手段，也是社会关系再生产的途径。马克思指出，资本主义教育维护阶级统治，而社会主义教育需通过生产劳动实践，培养劳动者的阶级意识与合作精神，服务于社会整体利益。随着生产力的发展和生产关系的变革，劳动的形式和内容也在不断变化。在现代社会中，劳动的智能化、自动化趋势日益明显，这对劳动者的素质提出了更高的要求。随着时代的演进，现代社会对劳动者自身的生产技能和文化素养的要求逐渐提高，劳动者的整体素质成为衡量一个国家发展潜力和发展水平的关键指标，这进一步验证了马克思关于教育与生产劳动结合理论的科学性。在马克思主义劳动观的框架下，劳动教育不仅仅是技能传授的过程，它还承担着促进劳动者全面发展和实现个人价值的重任。尽管受限于历史背景，马克思未能详细阐述在社会主义条件下如何具体实施教育与生产劳动的结合，但他们为教育的发展提供了清晰的指引，并为劳动观念的培养建立了理论基石。

二、中华优秀传统文化提供智慧滋养

优秀传统文化是中华民族的根和魂，是中华民族的精神命脉，是中华民族得以永续发展的宝贵财富，是中华儿女赖以生存的精神家园。中国人民在劳动实践和劳动创造中，积累了丰富的劳动经验和智慧，这些宝贵的思想财富为新时期劳动教育观念的形成提供了历史借鉴，奠定了思想基础，丰富了教育载体、增强了教育效果、拓宽了教育渠道。通过将优秀传统文化融入劳动教育，可以更好地传承和弘扬民族精神，同时也为培养具有创新精神和实践能力的新一代劳动者提供了坚实的文化基础。

（一）勤劳勇敢，敬业乐群

在中华优秀传统文化中，勤劳被视为最根本的道德准则，也是新中国劳动精神的核心要素。勤劳美德要求人们热爱劳动，勤奋工作，勇于面对挑战，并通过实际行动创造自己的幸福生活。在我国的神话故事、文学创作和经典文献中，蕴含着许多歌颂人们勤劳和智慧的篇章。除了通过辛勤劳作创造美好的生活，我国古代广大劳动人民还通过劳动智慧，创造了一系列具有标志性的科技发明和创新成果，共同构建了中华文明五千年的辉煌。中国古代的劳动教育思想通过颂扬勤劳的美德，鼓励人们崇尚和热爱劳动，通过劳动创造幸福生活，由此凝练出勤劳质朴的品质以教育后人。

中华优秀传统文化深植于勤劳与智慧的土壤，蕴含着丰富的劳动精神与创新精神的养料。这种精神自古以来就流淌在中华民族的血脉之中，成为推动社会进步和文明发展的关键动力。劳动精神与创新精神源自中华优秀传统文化的深厚底蕴，反映着中华民族在劳动实践中形成的思想意识、价值观念和行为准则，展现了劳动人民最深沉的精神追求。简言之，中华优秀传统文化所倡导的勤劳勇敢的态度、敬业乐群的理念、勇于创新的意识，正是新时代劳动精神的鲜明体现。劳动与创新精神不仅是中华民族精神追求的体现，也是社会和文明发展的重要推动力。通过劳动精神的培育和实践，中华民族不断推动社会向前发展，为文明的进步贡献了独特的力量。

（二）自强不息，进取日新

自强不息、进取日新是中华优秀传统文化的核心理念之一。最早出于《周易・象传》“天行健，君子以自强不息”。几千年来，自强不息的精神深深融入中国人的血脉，成为激励中国人奋勇争先、锐意进取的不懈动力。自强不息的精神包含了勇于改革和敢于创新的内涵。《礼记・大学》中的“苟日新，日日新，又日新”倡导每日的创新，以开启新的局面。刘禹锡进一步提出“以不息为体，以日新为道”，鼓励人们以日日创新为宗旨，在任何工作中都应保持恒久不懈、持续前进的态度。在中华民族发展史上，许多普通劳动者在平凡的岗位上创造了非凡的成就，如北宋的毕昇发明了活字印刷术，南宋的黄道婆在纺织业中创造了一套包括轧、弹、纺、织的流水生产工序，这些故事体现了中华民族、自强不息和勇于变革创新的精神，与新中国劳动精神中提倡的创造性劳动相吻合。

从古至今，中华民族以其勤劳勇敢、积极进取、持续奋斗的卓越劳动品质织打上民族自强不息、锐意进取的鲜明底色，应当被所有中华儿女永续传承、世代发扬。在新时代背景下，高校学生劳动观念的塑造需要深入汲取中华优秀传统劳动文化的精髓，并突出本土文化的独特性。在培养新时代大学生的劳动观念时，必须深入挖掘和利用中华优秀传统劳动文化，以此作为塑造劳动价值观的坚实基础。强化学生的民族认同感、激发学生对于劳动的尊重和热爱，进而在劳动实践中展现出中华民族的劳动精神。使高校学生能够在全球化的背景下，保持对优秀传统劳动文化的自信和骄傲，将这些传统劳动文化的价值观念融入现代劳动实践中，为社会的发展贡献力量。

（三）良心匠心，精益求精

中华优秀传统文化中关于良心匠心和精益求精的精神，是中华民族精神的重要组成部分，不仅是对工艺技术的尊重和对高品质产品的追求，也是对和谐思想和天人合一哲学的实践。这种精神在历史上推动了中国的进步和繁荣，在现代社会中依然具有重要的现实意义，是推动中国从制造大国迈向制造强国的重要力量。

中国传统文化中的工匠精神源远流长，早在春秋战国时期，《考工记》就记载了“百工五法”的原则，强调了工匠在古代社会的重要地位。《墨经》的作者墨翟，作为杰出工匠，其著作汇编了力学、光学、几何学、工程技术方面的研究与实践成果，体现了古代工匠对技艺精益求精的追求。工匠精神的本质是道技合一，追求卓越，这种精神不仅体现在古代的“四大发明”等伟大发明中，也体现在日常生活中的工匠技艺，如“庖丁解牛”和“卖油翁”的故事，展现了普通工匠追求完美的敬业精神。中国传统文化强调和谐的思想，“天人合一”的思想。中国传统手工艺深受中国传统思想的影响，主张主体和客体统一，人与自然和谐，即天、地、人、物融合为一体的思想强调手艺要本着天有时、地有气、工有巧、材有美的原则。在现代社会，技术和创新成为推动社会发展的重要力量，而工匠精神正是对技术和创新的一种体现。工匠精神不仅仅是对技艺的追求，更是一种注重品质和精益求精的态度。在当今社会，品质至上，创新求精的理念已经成为工匠共同的追求目标。弘扬工匠文化和工匠精神，追求专注敬业、精益求精，有助于建设更加协调发展的现代社会。

三、中国化马克思主义劳动理论提供时代指引

中国化马克思主义劳动理论是马克思主义劳动观在中国的具体实践和发展，它不仅继承了马克思主义劳动观的基本原理，而且结合中国实际，形成了具有中国特色的劳动理论体系。党和国家领导人依照中国革命、建设、改革具体实际，提出了适合我国国情的劳动教育重要论述。

习近平总书记对劳动与劳动教育的深刻论述，既继承了马克思主义劳动观，又融合了中华优秀传统文化的精华，延续了中国共产党的教育传统，并深刻把握中国式现代化的实践。从个体价值、经济价值、政治价值等多个维度，深入探讨了劳动的多重价值。习近平从树立劳动观念、弘扬劳动精神、营造劳动风尚等角度，明确了当代中国社会应具备的劳动品格，并从家庭、学校和社会教育等多个层面提出了劳动教育的总体思路。习近平总书记一直尊重劳动、关心劳动者。党的十八大以来，习近平总书记多次强调劳动和劳动者的重要性。习近平总书记强调，“把劳动教育纳入人才培养全过程，贯通大中小学各学段和家庭、学校、社会各方面”。习近平总书记的劳动教育论述根植于现代化实践，聚焦于培养社会主义建设者和接班人，为教育事业的发展注入了强大动力。他结合自己的青年时期经历，多次强调劳动对社会进步的重要作用，并提出：“教育引导学生崇尚劳动、尊重劳动，懂得劳动最光荣、劳动最崇高、劳动最伟大、劳动最美丽的道理。”习近平总书记关于劳动教育重要论述站稳人民立场，阐述发展路径，关注国家发展。深刻回答了劳动教育的价值追求、基本原则、教育对象和实施策略，对于引导青年学子形成热爱劳动、崇尚劳动的态度以及树立尊重劳动与劳动者的劳动价值观具有重要意义。习近平总书记关于劳动教育的重要论述遵循现代教育的发展规律，深刻把握劳动教育的深层内涵，重视发挥劳动的综合育人功能，指导德智体美劳五育融合发展，强调培养劳动精神、实践能力和创新思维的重要性，与现代

化教育体系的全面进步目标高度一致。习近平总书记关于劳动教育的重要论述也是推动国家高质量发展的重要动力，旨在激发新时代青年的爱国之情和社会责任感，提升他们的实践能力，为中国现代化建设培养德智体美劳全面发展的高素质劳动者。这对于构建教育强国和实现中国式现代化具有深远的指导价值。

四、人本主义理论

人本主义于 20 世纪 50～60 年代在美国兴起，70～80 年代迅速发展，由美国心理学家 A. H 马斯洛创立，人本理论强调人的潜能和自我实现的重要性。人本主义理论认为，每个人都有独特的潜能和价值，教育的目的在于帮助个体实现自我潜能，达到自我实现。注重学生的主体性和自主性。人本主义教育强调学生是学习的主体，应尊重学生的兴趣和需求，鼓励他们主动探索和学习。倡导情感教育和人际关系的重要性。人本主义理论认为，情感教育和良好的人际关系对于学生的成长和发展至关重要。

激发学生的内在潜能。劳动教育与创新创业教育融合的核心在于激发学生的创新创业潜能。人本主义理论强调的潜能开发和自我实现理念，为这一融合提供了理论支持。通过劳动实践和创新创业活动，学生可以更好地认识自己，发现自己的潜能和兴趣，从而更加主动地投入学习和创新中。

尊重学生的主体性和自主性。在劳动教育与创新创业教育融合的过程中，人本主义理论强调的学生主体性和自主性得到了充分体现。学生可以自主选择劳动项目和创新创业方向，根据自己的兴趣和需求进行学习和探索。这种自主性的培养有助于激发学生的创新思维和提升学生的实践能力。

促进情感教育和人际关系的发展。劳动教育与创新创业教育融合不仅关注学生的知识学习和技能培养，还注重情感教育和人际关系的发展。人本主义理论强调的情感教育和人际关系对于培养学生的团队协作能力、沟通能力和社会责任感具有重要意义。通过团队合作和实践活动，学生可以更好地理解和尊重他人，形成良好的人际关系和团队协作精神。

人本主义理论为劳动教育与创新创业教育融合提供了坚实的理论基础。因此，在劳动教育与创新创业教育融合中，要设计以学生为中心的课程体系，根据学生的兴趣和需求设计劳动教育和创新创业教育的课程体系，注重课程的实践性和创新性。通过项目式学习、案例分析等方法，激发学生的学习兴趣和主动性。要为学生提供多样化的劳动实践和创新创业实践机会，如校企合作、创新创业基地等。通过实践活动，学生可以亲身体验创新创业的过程和挑战，培养创新思维和实践能力。要注重情感教育和人际交往能力的培养，在劳动教育和创新创业教育过程中，注重情感教育和人际交往能力的培养。通过团队合作、沟通交流等方式，帮助学生建立良好的人际关系和培养团队协作精神。

五、怀特海的有机教育理论

阿尔弗莱德·诺斯·怀特海（Alfred North Whitehead，1861 年 2 月 15 日－1947

年12月30日)，著名的数学家、哲学家和教育理论家。他出生在英国，晚年移居美国，怀特海的学术成就卓著，在数学方面，他与他的学生罗素合著的《数学原理》可比肩牛顿的《自然哲学之数学原理》，在哲学方面，他的《过程与实在》可媲美康德的《纯粹理性批判》，在教育方面，他提出的有机教育思想被誉为“第二次启蒙”，他曾在剑桥大学、伦敦大学、哈佛大学等著名大学任教，他桃李满天下，罗素、蒯因、凯恩斯等都是他的学生。怀特海的有机教育理论强调教育的过程性、整体性和创造性，有机教育理论的核心观点，即教育应被视为一个不断生长、发展的有机过程，强调知识与经验的连续性、整体性和相互关联，这为劳动教育与创新创业教育的融合提供了丰富的理论支撑。

有机教育具有过程性。怀特海指出，现实世界中的事物都是处于不断生成和变化之中的，教育作为人类认识世界、改造世界的一种方式，同样应遵循这一规律。怀特海认为，首先知识不是静态的、固定的内容，而是随着时间和经验的积累而不断发展和变化的。其次学习过程是一个不断探索、实践、反思和成长的过程。怀特海主张，教育应关注学生的学习过程，鼓励他们通过自主探索和实践活动来建构知识，而不仅仅是被动地接受知识灌输。最后教育环境应是一个充满活力和变化的空间，能够激发学生的好奇心和探索欲。他提倡营造一种开放、包容、鼓励创新的教育氛围，让学生在这样的环境中自由成长和发展。因此，教育不能局限于传授固定的知识体系，而应引导学生关注知识的生成和发展过程，培养他们的批判性思维和创新能力。怀特海提倡关注学生的主体性和创造性，培养他们的创新精神和实践能力。

这些观点对于我们深入理解劳动教育与创新创业融合教育，推动劳动教育与创新创业教育融合改革和发展具有重要的启示意义。通过劳动实践，学生可以掌握基本的生活技能和生产技能，如手工制作、园艺种植、烹饪等，这些技能的习得为学生提供了亲身体验和实际操作的机会，有助于激发学生的学习兴趣和主动性，培养他们的实践能力和动手能力。通过项目孵化、创业实践等活动，学生可以亲身体验创业的过程，学会如何运用所学知识解决实际问题。在这个过程中，他们的创新思维和创业能力得到了充分的锻炼和提升。有机教育的过程性体现为从基础技能培养到创新思维激发的连续发展，学生在这个过程中不断探索、实践、反思和成长。

有机教育具有整体性。怀特海认为，教育的首要目标是促进学生的全面发展，这包括智力、情感、道德和社交等多个方面。他强调，教育不应仅仅局限于知识的传授，更应关注学生的成长和发展过程，培养他们的综合素质和能力。同时，怀特海主张打破传统学科之间的壁垒，将不同学科的知识和方法整合起来，形成一个完整的知识体系。他认为，这有助于培养学生的综合素养和创新能力，使他们能够从多个角度看待问题，提出创新的解决方案。在智力发展上，他主张通过启发式教学和探究式学习，激发学生的学习兴趣和主动性，培养他们的批判性思维和创新能力。在情感发展上，怀特海强调，教育应关注学生的情感体验，培养他们的同理心和责任感，使他们在成长过程中形成健全的人格和健康的心理状态。在道德发展上，怀特海认为，教育应培养学生的道德意识和责任感，使他们具备正确的价值观和道德观，成为有道德、有担当的公民。在社交发展上，怀特海主张，教育应为学生提供丰富的社交机会，培养他们的团队协作和沟通能力，使他们能够适应未来社会的需求。

这些观点在劳动教育与创新创业教育融合中体现得淋漓尽致。在劳动教育与创新创业教育融合过程中，我们应关注学生的全面发展，注重培养他们的智力、情感、道德和社交等多个方面的能力，通过多样化的教学活动和评价方式，激发学生的学习兴趣和主动性，促进他们的全面发展。我们应打破传统学科之间的壁垒，推动知识的融合与创新。通过跨学科的教学活动和研究项目，培养学生的跨学科思维和创新能力，使他们能够更好地应对未来社会的挑战。我们可以借鉴怀特海的“整体教学法”，通过主题式学习、项目式学习等教学策略，引导学生从整体的视角去认识世界、理解知识，有助于培养学生的综合思维能力和解决实际问题的能力，提高他们的综合素质和竞争力。

有机教育具有创造性。怀特海对创造力和想象力在教育中的重视，认为教育应激发学生的内在潜能，他反对传统教育中单纯灌输知识的做法，他认为，教育的目的不仅仅是让学生掌握知识，更重要的是激发他们的内在潜能，每个学生都是一个独特的个体，有着自己的兴趣、能力和发展潜力，教育的关键在于激发学生的兴趣和好奇心，培养他们独立思考和解决问题的能力。因此，教育应该通过激发学生的内在潜能，帮助他们发挥自己的优势，只有当学生对所学知识产生浓厚的兴趣时，他们才会主动探索、积极学习，实现自我价值的最大化。怀特海强调，实践是培养学生创造力和想象力的重要途径，他提倡通过实践活动，如实验、制作、调查等，让学生亲身体验知识的形成过程，从而加深对知识的理解和记忆。同时，实践活动还能够激发学生的创造力和想象力，培养他们的创新意识和实践能力。

这些观点与劳动教育与创新创业教育融合精神十分契合。一是教育理念的创新性融合，有机教育强调教育的综合性和整体性，将劳动教育与创新创业教育视为不可分割的整体，鼓励学生将劳动实践中的经验转化为创新思路，通过创新创业活动实现个人价值和社会贡献，劳动教育与创新创业教育都以培养学生的综合素质和实践能力为目标，通过劳动实践激发学生的创新创业意识，培养具有创新精神和实践能力的人才。二是教学方法的创造性运用，有机教育倡导以学生为中心的教学方法，鼓励学生在实践中探索、学习和成长，在劳动教育与创新创业教育融合中，教学方法的创造性运用体现在项目式学习、成功创新创业案例分析、模拟创业活动等。三是实践平台的创造性构建，有机教育注重实践在学生学习和成长中的作用，强调通过实践来检验和巩固所学知识。在劳动教育与创新创业教育融合中，实践平台的创造性构建体现在校企合作、建立创新创业基地、建设劳动实践基地等。

六、国家相关政策文件提供支持保障

劳动教育与创新创业教育政策是有关政府部门对劳动教育与创新创业教育目标、

内容、课程组织与实施的途径及条件保障、评价等的系统规划。受所处时代的政治、经济、文化等因素的影响，国家劳动教育与创新创业教育政策会随着社会时代变迁。劳动教育与创新创业教育政策研究需要立足新时代人才培养的要求与社会劳动实践现状，正确解读劳动教育的内涵，发挥其树德、增智、强体、育美的综合育人价值。新时代劳动教育与创新创业教育政策是在历史继承上的创新与完善，党的十八大以来，国家发布了系列政策文件，确定了劳动教育与创新创业教育在国民教育体系中的地位，丰富了劳动教育与创新创业教育的内涵与时代意义，从顶层设计上构建劳动教育与创新创业教育体系，为高校劳动教育与创新创业教育融合提供了明确的政策导向和理论基础。

2012 年 3 月，教育部印发的《关于深化教育教学改革全面提高高等教育质量的若干意见》强调，高等教育要注重培养学生的创新精神和实践能力，提出要加强创新创业教育、劳动教育纳入人才培养过程等意见。2015 年 5 月，国务院办公厅印发《关于深化高等学校创新创业教育改革的实施意见》明确提出，深化高校创新创业教育改革的目标和任务，完善创新创业教育课程体系、推动产学研用紧密结合、加强创新创业实践平台建设，把创新创业教育与专业教育、体育教育、美育教育、劳动教育紧密结合，培养学生的实践能力和创新精神。2018 年 9 月 10 日，习近平总书记在全国教育大会上发表重要讲话，要求把劳动教育纳入培养“德智体美劳全面发展的社会主义建设者和接班人”的总体要求之中，明确提出构建德智体美劳全面培养的教育体系。2019 年 3 月，教育部办公厅印发《关于做好深化创新创业教育改革示范高校 2019 年度建设工作的通知》提出，教育改革的主要目标之一就是要将深化创新创业教育与劳动教育紧密结合，积极推进创新创业教育改革，将创新创业教育与思想政治教育、专业教育、体育、美育、劳动教育紧密结合，共筑五育平台、全力打造创新创业教育升级版，将创新创业教育贯穿人才培养全过程。2020 年 3 月，国务院印发《关于全面加强新时代大中小学劳动教育的意见》，强调“复合性劳动教育”，提出高等学校要注重围绕创新创业，结合学科和专业积极开展实习实训、专业服务、社会实践、勤工助学等，重视新知识、新技术、新工艺、新方法应用，将体力劳动与脑力劳动相结合，突破狭隘的“体力劳动”“劳动技能”的观念，使学生增强诚实劳动意识，积累职业经验，提升就业创业能力与创造性解决实际问题的能力。强调高等学校要注重围绕创新创业教育，增强学生的诚实劳动意识。2020 年 7 月，教育部发布《大中小学劳动教育指导纲要（试行）》明确了普通高等学校劳动教育的核心要求，为大中小学校实施劳动教育提供了可操作性指导。除了细化劳动教育课程安排，还明确提出应强化马克思主义劳动观教育，注重围绕创新创业，结合学科专业开展生产劳动和服务性劳动，注重围绕创新创业不断深化产教融合，推动人才培养模式改革。2021 年 10 月，国务院办公厅印发《关于进一步支持大学生创新创业的指导意见》，其中明确要求将创新创业教育贯穿人才培养全过程，建立以创新创业为导向的新型人才培养模式。深化高校创新创业教育改革，健全课堂教学、自主学习、结合实践、指导帮扶、文化引领融为一体的高校创新创业教育体系，增强大学生的创新精神、创业意识和创新创业能力。2022 年 10 月，党的二十大报告明确指出“我国继续深化改革实现高水平自立自强的目标”，这对于创新知识的要求进一步提升。2024 年 6 月，人力资源社会保障部、教育部、财政部联合印发《关于做好高校毕业生等青年就业创业工作的通知》强调，实施先进制造业青年就业行动。开展先进制造业职业体验活动，组织高校毕业生等青年参观企业园区、车间厂房，感受工作氛围，增强职业认知；强化青年创业支持，构建创业信息发布、政策咨询、流程办理、孵化服务等全周期服务机制，推进创业服务集成办理；实施百万就业见习岗位募集计划；支持企业、政府投资项目、事业单位开展就业见习，开发更多科研类、技术类、管理类、社会服务类见习岗位。2024 年 9 月，习近平总书记在全国教育大会上指出，建设教育强国是一项复杂的系统工程，需要我们紧紧围绕立德树人这个根本任务，着眼于培养德智体美劳全面发展的社会主义建设者和接班人，坚持社会主义办学方向，坚持和运用系统观念，正确处理支撑国家战略和满足民生需求、知识学习和全面发展、培养人才和满足社会需要、规范有序和激发活力、扎根中国大地和借鉴国际经验等重大关系。要统筹实施科教兴国战略、人才强国战略、创新驱动发展战略，一体推进教育发展、科技创新、人才培养。以科技发展、国家战略需求为牵引，着眼提高创新能力，优化高等教育布局，完善高校学科设置调整机制和人才培养模式，加强基础学科、新兴学科、交叉学科建设和拔尖人才培养。强化校企科研合作，让更多科技成果尽快转化为现实生产力。通过对党的十八大以来的相关政策研究，发现劳动教育与创新创业教育政策演变的阶段性特征具有一致性，劳动教育与创新创业教育目标从工具理性转向价值理性，劳动教育与创新创业教育课程呈现由单一走向综合的趋势。由此可见，将创新创业教育与劳动教育结合培育适应时代发展的大学生是高校育人工作的发展趋势和方向性要求。探索劳动教育与创新创业教育融合系统是提升高校劳动教育与创新创业教育质效、培育新质生产力发展急需人才的关键之一。

七、系统科学理论提供融合方法

系统科学是一门以系统为研究核心，以系统思维为主导的具有横断性与综合性的新兴学科群，旨在探究一般系统的同构性，即所有系统必须遵循的普遍规则。系统科学涵盖了系统论、控制论、信息论、耗散结构论、协同论和突变论等多个分支，强调的整体性、联系性、动态性、自组织性、非线性和非平衡态等观点带来了思维模式的革新。在系统科学中，系统论、控制论和信息论占据着举足轻重的地位，它们不仅是信息时代智能工具的代表，也为劳动教育与创新创业教育的结合提供了新的研究视角和方法论。对构建科学的高校劳动教育与创新创业教育融合体系具有重要的理论价值。

（一）系统论

系统论主张从整体出发，探究系统内部各要素、系统之间、系统与外部环境的普遍联系。在揭示系统整体规律的基础上，为解决经济、技术、教育等领域的复杂系统问题提供了新理论、新工具和新方法。系统论的精髓在于其整体性原理，即只有通过内部要素相互联系，形成完整结构，才能发挥系统功能。系统的整体性是指系统各要素之间通过特定联系有机结合，从而发挥出系统的整体功能。但是系统整体功能并不仅仅是其组成部分功能的简单累加，而是各组成部分相加大于各组成部分的总和。这是因为系统作为一个整体，拥有其各组成部分所不具备的新性能，是系统各要素相互融合产生的整体效应。系统根据各要素间的有机联结形成了特定的内部结构，该结构不仅为各要素赋予了特定位置，还使得各要素的功能相互融合产生新的功能。这些由结构产生的独特功能是系统的特有属性，也是构建系统的最终目的。整体原理将系统性、完整性、连贯性视为普遍原理。高校劳动教育与创新创业教育融合系统内部各要素具有其特定的功能，各要素之间存在着特定的联系。因此，构建高校劳动教育与创新创业教育融合系统应以整体理论为基础，确保在各个要素发挥其教育功能的同时，从整体上综合考量系统的功能与成效。使要素之间建立最佳的联系和结构，以实现劳动教育与创新创业教育融合的目标。

（二）信息论

信息论是概率和数学统计的方法，从量的方面来研究系统的信息如何获取、加工、处理、传输和控制的一门科学。信息是指消息中所包含的新内容与新知识，是用来减少和消除人们对于事物认识的不确定性，是一切系统保持一定结构、实现其功能的基础。其任务在于揭示通信和控制系统中信息传递的共同规律，并探索如何确保信息传输的效率与可靠性。为了正确认识并有效地控制系统，必须了解和掌握系统的各种信息的流动与交换，信息论为此提供了一般方法论的指导。信息论强调，唯有在开放且远离平衡态的系统，才有可能是有序的系统，即系统只有在开放且有差异的非平衡状态下，才能够与外部环境进行物质、能量和信息的交换，从而实现有序。尽管构成系统的各要素具有相对独立的运动和功能，但系统作为一个整体能够产生高效能，关键在于其能够利用各要素之间的关联性和秩序性，将各要素整合起来发挥作用。因此，系统的有序性是其功能发挥的前提条件，即功能的有序性。依据有序性原理，高校首先应构建一个开放的劳动教育与创新创业教育融合系统，允许学生在这一开放体系中横纵移动、深入思考，通过与外界的互动实现劳动教育与创新创业教育融合的目标。同时还应持续优化和完善相关的规章制度，以保持系统内在的有序性，确保其结构达到最优状态，从而最大限度地发挥教育功能。

（三）控制论

控制论是研究系统的状态、功能、行为方式及变动趋势，控制系统的稳定，揭示不同系统的共同的控制规律，使系统按预定目标运行的技术科学。作为一门探究系统控制和信息处理普遍规律的学科，具有跨学科的综合性特征。控制论强调系统的行为能力和系统的目的性，在控制论十分丰富的内容中，被维纳称为“灵魂”的是反馈原理，反馈原理是系统控制的基本形式与方法。由于外部环境和系统内部状态的随机变化性，系统具有不确定性，对系统控制的目的在于运用特定的手段对系统施加影响，推动系统朝着既定目标发展。控制论认为任何系统要保持或达到一定目标，必须采取一定的行为，输入和输出就是系统的行为。通过将控制系统的输出信息反馈至输入端，并对其信息再输入施加影响，实现对系统的调控。反馈的特点在于能够根据过程的操作结果调整未来的系统行为，高校劳动教育与创新创业教育融合体系通过构建反馈机制，将控制部分的信息传递给受控部分，再把受控部分的信息反馈给控制部分，完成闭合回路。通过实时反馈掌握实际情况与既定目标之间的差距，进而纠正和调整输出信息，从而实现对高校劳动教育与创新创业教育融合系统运行的控制，确保在不断变化的环境中，劳动教育与创新创业教育的融合目标得以有效达成。

科技进步的浪潮推动系统科学上升为新兴世界观，将系统科学的理论与方法应用于高校劳动教育与创新创业教育融合研究之中，是一种理性的跨学科结合。高校劳动教育与创新创业教育融合本身就是一个复杂系统，采用系统科学的视角和工具有助于全面把握系统的特性和演化轨迹。通过运用系统科学的反馈控制等基本方法，可以克服传统方法的局限，全面审视高校劳动教育与创新创业教育融合中面临的问题与挑战，为高校劳动教育与创新创业教育融合的研究指明方向。将系统科学的理念植入高校劳动教育与创新创业教育融合系统构建过程，摒弃孤立分析单个因素的片面性，从整体上审视系统。在微观层面，努力实现高校劳动教育与创新创业教育融合系统中各要素的独立功能与协同效应；在宏观层面，深入分析劳动教育与创新创业教育融合的实际环境，在此基础上构建劳动教育与创新创业教育融合系统，实现教育与环境的和谐共生和正向发展的目的。

第二章　高校劳动教育与创新创业教育融合的理性探讨

劳动教育与创新创业教育是中国特色社会主义教育制度的重要内容，是我国高等教育的重要组成部分，在高等教育改革进程中发挥了至关重要的作用，劳动教育与创新创业教育融合是立足新时代背景下实现立德树人根本任务的必然要求，是推动高校高质量内涵式发展的必经之路，是实现以中国式现代化全面推进强国建设、民族复兴伟业的重要途径。要将劳动教育与创新创业教育有机融合纳入高校人才培养全过程，全面提高人才培养质量，着力造就高精尖人才，实现大学生高质量创业就业，培养德智体美劳全面发展的社会主义建设者和接班人。本章将在这一背景下进行探讨，从高校劳动教育与创新创业教育融合的发展历程、高校劳动教育与创新创业教育融合发展的必要性分析方面进行理性探讨。

第一节　高校劳动教育与创新创业教育融合的发展历程

通过对高校劳动教育与创新创业教育融合发展史的总结与梳理，我们可以清晰地看到二者在高等教育体系中逐步融合与深化的过程，对充分理解新时代党对教育的新要求，构建全面培养教育体系，培养时代新人具有重要意义。本节沿着历史发展脉络梳理新中国成立以来，我国高校劳动教育与创新创业教育融合的发展历程，从新时代的角度探索高校劳动教育与创新创业教育融合的发展方向，进而提出在高校人才培养过程中加强劳动教育与创新创业教育融合的实施路径。新中国成立以来，我国高校劳动教育与创新创业教育融合大致经历了初步探索阶段、特殊发展阶段、恢复调整阶段、融合萌芽阶段、深化融合育人阶段五个阶段。

一、初步探索阶段（1949—1965 年）

新中国成立后，教育的主要任务发生了根本变化。1949 年 12 月 23 日，教育部在北京召开第一次全国教育工作会议，确定教育工作的方针："中华人民共和国的教育是新民主主义的教育，它的主要任务是提高人民文化水平，培养国家建设人才，肃清封建的、买办的、法西斯的思想，发展为人民服务的思想。这种新教育是民族的、科学的、大众的教育，其方法是理论与实际一致，其目的是为人民服务，首先为工农兵服务，为当前的革命斗争与建设服务。”此次会议还确立了“以老解放区新教育经验为基础、吸收旧教育某些有用经验、借助苏联经验、建设新民主主义教育”的政策，提出“教育必须为国家建设服务，学校必须为工农开门”，并要求保障广大人民群众受教育的基本权利。旧式教育的性质是资本主义的，在阶级立场和根本方向上存在严重错误，导致失去了对生产劳动的关注，轻视劳动，不注重劳动习惯、劳动能力等问题与新社会为国家建设服务、为国家培养建设人才之间的矛盾日益突出，因此迫切需要建立社会主义教育，使之与社会主义社会发展相适应。

（一）高校劳动教育探索的开端

1950 年 5 月，教育部党组书记钱俊瑞在《人民教育》创刊号上发表《当前教育建设的方针》，提出：为工农服务，为生产建设服务，这就是当前实行新民主主义教育的中心方针，为工农服务的教育，在教育方法上要联系群众、联系生活实际；为生产建设服务的教育，在教育内容上要重视培养正确的劳动观念与习惯，同年，周恩来强调：“全国高等学校都要重视实践，都要提高理论水平。”全国高校均响应党和国家的号召，积极投身于高校劳动教育建设。自 1950 年起，全国性的高校课程改革工作普遍开展，在文科教育课程改革中，部分文科专业将劳动设置为必修课程。虽然早在 1949 年 9 月第一届中国人民政治协商会议通过起临时宪法作用的《中国人民政治协商会议共同纲领》将“爱劳动”列为国民的五项公德之一，但文科教育课程改革是高校开始探索劳动教育的开端。

（二）高校劳动教育的表现形式

1. 实行生产劳动实习制度

1950 年，政务院发布的《关于实施高等学校课程改革的决定》中指出：“为加强教学与实际结合，高等学校应与政府各业务部门及其所属的企业和机关，建立密切的联系。高等学校的教师应与上述部门的工作、生产和科学研究，作适当的配合；应该有计划地组织学生的实习和参观，并将这种实习和参观，作为教学的重要内容。”自此，高校生产劳动实习制度初具雏形，为了加强高等学校与生产部门的联系，更好地组织学生进行生产实习，提高教育质量，教育部决定成立直属高等学校学生生产实习指导委员会，颁布了《学生实习指导委员会暂行组织规程》，旨在指导和协调全国高等学校的生产实习工作，确保学生能够获得充分的实践机会，将理论知识与实际工作相结合。1953 年，中央生产实习指导委员会成立，负责全国高等学校和中等技术学校学生生产实习的组织领导工作。1954 年，高教部颁布了《高等学校与中等技术学校学生实习暂行规程》，对实习的方针、任务、要求、原则和具体办法作了详细规定。自 1963 年起，为加强高等学校毕业生的思想教育，高校要求广泛推动实施毕业生劳动生产实习制度，要求实习以体力劳动为主。经过十个月的劳动实习试点工作，高等学校毕业生，加强了思想改造，提高了阶级觉悟，丰富了实际经验，增强了体质，对于将要走上工作岗位的高等学校毕业生，补上这一课是完全必要的。1964 年 8 月 19 日，中共中央、国务院发布《高等学校毕业生劳动实习试行条例》的通知中明确指出："高等学校毕业生劳动实习制度，是促进青年知识分子劳动化、革命化的一项意义深远的重大措施。"这一时期的高等学校毕业生的劳动实习侧重于理论与实践相结合，提高工作业务能力。同一时期，高等教育部全国高等学校毕业生劳动实习领导小组发布的《关于高等学校毕业生劳动实习试点情况和今后工作意见的报告》中进一步指出"毕业生劳动生产实习制度还具有促进毕业生克服错误的劳动观点，形成热爱劳动、热爱劳动人民的风尚和劳动光荣的社会风气等作用"。自这一时期起，生产劳动实习制度具有促进学生提高理论与实际联系、提高业务能力和加强思想改造、提升社会主义觉悟双重意义。

2. 提倡勤工俭学

随着我国教育事业的飞速发展，在校学生人数突增。到 1956 年，小学生人数达 6346.6 万人，是 1949 年的 2.6 倍；初中生达 438.1 万人，是 1949 年的 5.3 倍；高中生达 78.4 万人，是 1949 年的 3.8 倍，中等技术学校学生达 53.9 万人，是 1949 年的 7 倍；大学生 40.3 万人，是 1949 年的 3.5 倍。教育经费支出出现了明显下降趋势，虽然我国教育事业有了极大的恢复和发展，但是仍然无法满足所有人升学的愿望。1957 年 2 月，毛泽东在最高国务会议第十一次（扩大）会议上作《关于正确处理人民内部矛盾的问题》讲话中严肃批评"有些青年人以为到了社会主义社会就应当什么都好了，就可以不费气力享受现成的幸福生活了，这是一种不实际的想法"。并提出"我们的教育方针，应使受教育者在德育、智育、体育几方面都得到发展，成为有社会主义觉悟的有文化的劳动者"。这是新中国成立以来党和国家领导人第一次正式阐述的社会主义教育方针，党的教育方针，体现了马克思主义关于人的全面发展理论，明确了我国教育的社会主义性质和方向，第一次明确提出了培养"劳动者"的目标。在此背景下，提倡勤工俭学走上了历史舞台，开展勤工俭学活动，一方面可以缓解教育经费支出不足的问题；另一方面也可以有效地缓解当时部分毕业生轻视劳动，不愿意到工厂和农村去，不愿意做工人、当农民，只想升学的倾向。1957 年春，刘少奇副主席亲自率队南下五省调研，为《中国青年报》撰写了《提倡勤工俭学，开展课余劳动》的社论。随后《人民日报》发表多篇社论，指出"劳动教育必须经常化"，动员学生"一面劳动，一面读书"，等等，勤工俭学活动在我国部分地区部分学校中有所发展。1958 年 1 月 28 日，共青团中央发布《关于在学生中提倡勤工俭学的决定》，第一次明确指出勤工俭学是具体实现知识分子与工农相结合，脑力劳动与体力劳动相结合的一个重要途径。在学生中应当提倡勤工俭学、开展课余劳动，不仅可以解决学生的学习费用，而且可以培养他们艰苦奋斗、勤俭朴实的思想作风。中央提出了"勤俭办校""勤工俭学"方针，各地掀起了开展勤工俭学活动的热潮。此后，北京一些高校利用各自的教学设备和技术力量，率先试行勤工俭学，结合教学进行生产。北京市土木建筑工程学校师生修建教学楼、北京航空学院两个系的300多名学生利用寒假到学校附属工厂参加劳动，涉及铸、锻、焊、木等10个工种。在教师和技工的指导下，学生们自己动手生产混凝土应变计和静动态应变仪的零件，以及拉力试件、叉子、水壶、地漏、管接头、小马扎、小凳子、高凳等几十种产品。这次勤工俭学为期一周左右，学生们创造出的产值达1.64万元，其中纯收入5000多元。随后，北京市第三地方工业局分别与清华大学、北京工业学院和北京航空学院三所高校订立协议，让这些高校分别承担10～20项产品的设计、加工或制造任务。任务分配下去，参加勤工俭学的学生争先恐后地抢着干，产品的合格率也比较高。通过勤工俭学活动，一些大学生改变了不愿意做工人，只想升学、轻视体力劳动的错误观念。

在物质生活不够富裕的年代，大中专院校曾通过勤工俭学为国家创造出大量财富，培养了大批优秀的技术工人。

3. 高校推行半工（农）半读

高校推行半工（农）半读从某种意义上来说是勤工俭学的延伸和发展。自1956年以来，我国许多地方出现学生升学难、就业难的问题。刘少奇1957年春南下五省调查时，曾就此问题听取各方面的意见，提出了勤工俭学、组织群众集体办学等办法。1958年3月，他受到天津国棉一厂筹办半工半读学校经验的启发，指示天津抓紧试点。此后，他的想法又有了进一步的发展，形成了比较成熟的意见，即两种劳动制度和两种教育制度。1958年5月30日，刘少奇在中共中央政治局扩大会议上的讲话中提出，我们国家应该两种主要的教育制度和劳动制度同时并行：“一种是现在全日制的学校制度，一种是半工半读的学校制度”“一种是八小时工作的劳动制度，一种是四小时工作的劳动制度”。1958年8月13日，毛泽东视察天津大学，在天津大学党委办公室，天津大学校长张国藩、党委书记贾震首先向毛泽东汇报了学校的情况，特别是汇报到学校98%的学生参加了勤工俭学、学校计划开设半工半读班时，毛泽东赞赏地说：“一搞勤工俭学、半工半读，这样有了学问，也就是劳动者了。”随后，毛泽东又前往天津大学机工厂、制配厂、砖瓦厂、土法硫酸厂、水泥厂视察参观。到学校西大坑硫酸厂、盐酸厂、砖瓦厂等小型工厂视察时已经是正午，毛泽东的衣衫湿透了，看着因劳动而晒黑的学生们，他既赞许又怜爱。他说：“以后要学校办工厂，工厂办学校。”并指示高校应抓住三个东西，一是党委领导，二是群众路线，三是把教育和生产劳动结合起来。1958年9月12日，毛泽东视察武汉大学时指出：“学生自觉地要求实行半工半读，这是好事情，是学校大办工厂的必然趋势，对这种要求可以批准，并应给他们以积极的支持和鼓励。”同年9月19日，中共中央、国务院颁布《关于教育工作的指示》，提出今后要以“大量发展业余的文化技术学校和半工半读学校的形式来普及教育”。同年，全国许多省市办起了半工（农）半读农业中学和劳动大学，天津市就有100多个工厂创办了半工半读学校。1964年7月，毛泽东指出：半工半读既是劳动制度又是教育制度，两种教育制度和两种劳动制度是相结合的。截至1965年，全国已有半工半读学校4000余所，学生80多万人，并有37所高等农业院校、220所中等农业学校试行半工半读。这一时期的半工半读极大地促进了高校劳动教育的发展。

4. 高校将生产劳动纳入课程体系

随着社会主义建设的全面展开，教育工作需要适应新形势，为社会主义建设培养更多合格的人才。1958年9月19日，中共中央、国务院颁布《关于教育工作的指示》，明确了教育工作的方针，首次把生产劳动列为正式课程，纳入教学计划，高校劳动教育正式拉开序幕。《关于教育工作的指示》中还提出："教育工作必须在党的领导之下，才能很好地为社会主义革命和社会主义建设服务，为消灭一切剥削阶级和一切剥削制度的残余服务，为建设消灭城市与乡村的差别和消灭脑力劳动与体力劳动的差别的共产主义社会服务。共产主义社会的全面发展的新人，就是既有政治觉悟又有文化的、既能从事脑力劳动又能从事体力劳动的人，而不是旧社会的只专不红，脱离生产劳动的资产阶级知识分子。"《关于教育工作的指示》中规定："在一切学校中，必须把生产劳动列为正式课程。每个学生必须依照规定参加一定时间的劳动。现在勤工俭学的运动已经普遍开展起来了，事实证明，只要领导得好，参加生产劳动对学生来说，不论在德育、智育或体育方面都有好处，这是培养全面发展的新人的一条正确道路。"高等学校必须把生产劳动列入教学计划，组织学生参加生产劳动，加强劳动纪律、劳动安全卫生教育，实现劳动育人的目的。

1961年4月11日至25日，中宣部、教育部、文化部共同召开全国高等学校文科和艺术院校教材编选计划会议，会议上对文科教学中若干根本性的问题进行了热烈讨论，一是关于培养目标问题。对培养"有社会主义觉悟的有文化的劳动者"这一教育总目标，大家的共识：有社会主义觉悟的有文化的劳动者，是指要教育学生以普通劳动者的姿态，以真正平等的态度对待劳动人民，和劳动人民打成一片，并不是说要忽视知识、在专业知识上等同于普通劳动者。二是关于贯彻执行教学、劳动、科学研究三结合而以教学为主的方针问题。1961年6月，邓小平主持中央书记处会议，讨论修改《教育部直属高等学校暂行工作条例（草案）》送审稿，同年9月报经中共中央批准试行，简称"高校六十条"，提出生产劳动、科学研究、社会活动的时间应安排得当，以利教学，此后，逐渐形成了教学、生产、科研三位一体的教学模式，为社会主义建设时期的新中国提供了忠诚实干的人才。

这一时期，虽未有"创新创业教育"这一概念，但是创新创业的种子已开始悄悄萌芽。教育部1950年8月颁布《高等学校暂行规程》，规定高校要树立正确的观点和方法，发扬为人民服务的思想，培养通晓基本理论并能实际运用的专门人才，研究自然科学、社会科学、哲学、文学、艺术，以期有切合实际需要的发明、著作等成就，科研成为高校主要任务之一。为有效培养生产建设所需要的专门性人才，满足国家经济建设和工业化发展的迫切需要，1952年9月24日的《人民日报》社论指出，"今天新中国正在向着工业化的道路迅速迈进，我们需要大量的合格的各种专门人才，尤其是工业建设的专门人才。而现在的高等学校无论在数量上和质量上都远远不能满足今后国家建设的需要。因此，如果不对旧的教育制度、旧的高等教育设置加以彻底的调整和根本的改革，就不能使我们国家的各种建设事业顺利前进”。全国高等学校陆续开展了院系调整的工作，相继新设钢铁、地质、航空、矿业、水利等专门学院和专业，并将沿海工业学校进行战略内迁，使专门学院尤其是工科类专门学院有了相当大的发展，为我国培养了一大批经济建设所急需的专门人才，对新中国的工业化建设有巨大的推动作用。

这一时期高校劳动教育与创新创业教育均在各自领域进行探索和萌芽，二者的融合还在寻找合适的时机。

二、特殊发展阶段（1966—1976年）

1966年，《中共中央关于抓革命、促生产十条规定（草案）》颁布，知识青年上山下乡运动达到高潮，1966年年底至1969年上半年，全国有404万名知青和城镇居民到农村落户，许多学校师生陆续到工厂农村参加生产劳动，上山下乡、开门办学（实际上是开门不办学）成为当时劳动教育的主要途径。劳动教育的内容更加强调体力劳动至上，文化知识学习不受重视，普通高等学校招生全国统一考试被取消。师生到工厂和农村去，和广大工农群众相结合，劳动教育内容以生产劳动为主导。

三、恢复调整阶段（1978—2009年）

党的十一届三中全会前后，社会主义现代化建设各项事业开始逐步摆脱困境，教育事业呈现出蓬勃发展的生机和活力。1978年4月12日，全国教育工作会议在北京召开，邓小平在会议上提出“为了培养社会主义建设需要的合格的人才，我们必须认真研究在新的条件下，如何更好地贯彻教育与生产劳动相结合的方针”，同时对于高校如何开展劳动教育也进行了明确的要求，即“现代经济和技术的迅速发展，要求教育质量和教育效率的迅速提高，要求我们在教育与生产劳动相结合的内容上、方法上不断有新的发展。要做到这一点，各级各类学校对学生参加什么样的劳动，怎样下厂下乡，花多少时间，怎样同教学密切结合，都要有恰当的安排。更重要的是整个教育事业必须同国民经济的发展相适应”，这是从国家层面上对教育与生产劳动相结合的肯定和阐述，为高校劳动教育提供了发展方向，高校劳动教育开始逐渐恢复。同年12月18—22日，中国共产党第十一届中央委员会第三次全体会议在北京举行，会议作出党和政府的工作重心由以“阶级斗争为纲”逐步转到社会主义经济建设上来，实行改革开放伟大决策。我国的教育事业也与国家的大方向保持一致，教育要培养与社会主义经济建设相适应的人才。

1981年6月，《关于建国以来党的若干历史问题的决议》提出要“坚持德智体全面发展、又红又专、知识分子与工人农民相结合、脑力劳动与体力劳动相结合”的教育方针。1981年8月，教育部在北京召开全国学校思想政治教育工作会议。会议指出，要以《中共中央关于建国以来党的若干历史问题的决议》为教材，加强学生的思想政治工作，全面贯彻党的教育方针，会议强调要通过加强劳动教育来加强学生的思想政治教育。查阅文献不难发现，从 1981 年开始，“两个结合”即知识分子与工人农民相结合、脑力劳动与体力劳动相结合，逐渐取代了“教育必须为无产阶级政治服务，必须与生产劳动相结合”的提法，从新中国成立至改革开放初期，我国高等教育在与劳动教育相结合的过程中，长期游离于忽视文化知识教学或者忽视生产劳动教育之间，二者的状态若即若离。由于前期在“左”的思想影响下，这一时期对“劳动教育”一词的提法少之又少，对劳动教育的弱化也意味着我国劳动教育发展过程艰难曲折。1985 年 5 月，第一次全国教育大会顺利召开，会后，中共中央颁布了配套文件《关于教育体制改革的决定》，明确了教育必须为社会主义建设服务，取代了“教育为无产阶级政治服务”的表述。1986 年，《中华人民共和国义务教育法》明确提出：“学校要加强思想政治工作，贯彻德育、智育、体育、美育全面发展的方针，并适当进行劳动教育。”至此，劳动教育在法律层面上取得了合法性，以教育必须为社会主义建设服务为指导思想，高度重视劳动教育，同时对劳动教育的分配时间日趋合理化。1993 年 2 月，国务院颁布《中国教育改革和发展纲要》明确提出：“要把劳动教育列入教学计划，逐步做到制度化、系列化。社会各方面要积极为学校进行劳动教育提供场所。”从教育教学和社会实践两方面对劳动教育提出了具体要求，学校和社会要在劳动教育中发挥主体作用，并努力实现其制度化和系列化。1994 年 6 月，原国家教委发布的《关于加强普通高等学校教学工作的意见》中要求：生产实习和社会实践是贯彻教育与生产劳动相结合的方针，促进学生德、智、体全面发展的重要教学环节，在任何情况下都必须坚持。1995 年，《中华人民共和国教育法》提出：“教育教学工作应当符合教育规律和学生身心发展特点，面向全体学生，教书育人，将德育、智育、体育、美育等有机统一在教育教学活动中，注重培养学生独立思考能力、创新能力和实践能力，促进学生全面发展。”1999 年 6 月，第三次全国教育工作会议通过《关于深化教育改革全面推进素质教育的决定》，提出“实施素质教育，就是全面贯彻党的教育方针，以提高国民素质为根本宗旨，以培养学生的创新精神和实践能力为重点，造就‘有理想、有道德、有文化、有纪律’的、德智体美等全面发展的社会主义事业建设者和接班人”。同时，对实施素质教育提出了具体要求，即学校教育不仅要抓好智育，更要重视德育，还要加强体育、美育、劳动技术教育和社会实践，使各方面教育相互渗透、协调发展，促进学生的全面发展和健康成长。显然，劳动教育在 20 世纪末更加关注对人素质成长的教育意义，教育与生产劳动相结合被赋予实施素质教育的时代内容。

伴着 20 世纪劳动教育的新要求，大学生社会实践成为这一阶段劳动教育的主要表现形式。自从 1980 年开始，北京、辽宁等一些高校部分大学生自发地开展社会调查和咨询服务活动，大学生社会实践的序幕就此拉开，1982 年 2 月，国家农委组织北京大学、中国人民大学、北京农业大学等 155 名农村籍大学生开展“百村调查”活动，此后高校社会实践初具规模。1993 年 2 月，时任团中央书记处书记袁纯清同志代表团中央就高校社会实践的发展发表了纲领性讲话。他提出了社会实践的三个一致性，即“社会实践教育与教育的改革与发展相一致，与地方经济发展相一致，与学生自身成长的渴求相一致”，为响应“百县科技文化服务工程”，充分发挥高校科技智能技能，以社会实践为途径，以科技服务为手段，让科学技术直接为地方经济和社会发展注入科技活力号召，当年暑期，全国各地高校纷纷成立科技文化服务队，共有40多万名大中专学生深入贫困地区、城镇社会进行科技文化服务，收到了巨大的经济和社会效益。1994年，由团中央、全国学联，中宣部、国家科委、《光明日报》、《中国青年报》等15家单位联合发起了“万支大中专学生志愿服务队暑期科技文化行动”，全国共有300多支志愿者队伍近6000名学生参与其中。而后的几年里，大学生社会实践承担着扫盲与科技文化扶贫、社区援助等任务。

随着21世纪的到来，劳动教育在全社会和教育系统中的地位和作用再次受到重视。2006年12月27日，《国家教育事业发展“十一五”规划纲要》针对高等教育改革系列问题明确指出全面推进职业教育和高等教育的教育教学改革，要加快职业教育发展，努力提高劳动者素质，提高高等教育质量，增强高校创新与服务能力，为强化学生对劳动的热爱与尊重，倡导并组织学生参加形式多样的生产劳动和公益活动。由此可见，党和国家从上层建筑层面肯定了对高等教育教学进行改革的必要性，并且明确了要在全社会营造尊重劳动、尊重知识、尊重人才、尊重创造的氛围。一些高校已经开始探索和实践劳动教育的有效方式，部分高校通过设立农场或实习基地，让学生参与农业生产劳动，体验劳动的艰辛与乐趣。组织学生参与校园内的清洁、绿化、维护等劳动，培养学生的责任感和奉献精神。鼓励学生走出校园，参与社区服务、志愿服务等社会公益劳动，增强学生的社会责任感和公民意识。结合学生所学专业，开展专业实践劳动，开展社会调研等，提升学生的专业素养和实践能力。虽然在劳动教育的过程中面临一些挑战和困难，但随着教育改革的不断深入和社会对具有创新精神和实践能力的高素质人才需求的不断增加，劳动教育在高等学校中的地位和作用越来越重要。

改革开放的不断深入，为高校的创新创业教育带来了新的契机，创新创业教育的种子也在这一时期生长发芽。1989年北京召开的“面向21世纪教育国际研讨会”首次提出创业教育。1997年，清华大学在经济管理学院MBA培养计划中设立“创新与创业方向”，引进创业教育。1993年9月，中国发明协会与中国矿业大学联合在徐州召开了“首届全国高等学校创造教育与创造学研讨会”，这是我国高等学校创造教育的开始。1995年中国发明协会成立了高校创造教育分会，定期召开全国高等学校创造教育研讨会。高校相继成立了科技学生社团、科技创新基地等组织，鼓励学生参与科技创新项目。1998年，我国高校取消毕业生工作分配制度后，很多学生希望依靠自主创业解决就业问题。在这样的社会背景下，1998年12月，教育部印发《面向21世纪教育振兴行动计划》，要求“加强对教师和学生的创业教育，采取措施鼓励他们自主创办高新技术企业”。1998年，清华大学举办了国内首个“挑战杯”大学生创业计划大赛；1999年，教育部正式提出“大学生创业教育”的概念，并开始将其纳入高等教育改革的议程。1999年由团中央、中国科协、全国学联举办首届“挑战杯”大学生创业设计竞赛。2002年，教育部高等教育司在北京召开的普通高校创业教育试点工作座谈会上提出："对大学生进行创业教育，培养具有创新精神和创造、创业能力的高素质人才是当前高等学校的重要任务。"并确定清华大学、北京航空航天大学、中国人民大学等九所高等学校作为全国首批创业教育试点学校。2004 年，劳动保障部、教育部选择若干所高职院校和高等院校，进行创业培训试点，并开展我国第一个国家级的创业培训项目——国际劳工组织开发的《创办你的企业（SYB）》培训，此后，劳动保障部、教育部还组织部分高等院校进行创业培训试点，开展国际劳工组织"创办你的企业"课程培训，推动高校之间的经验交流和合作。而后，劳动和社会保障等部门先后发布系列政策文件和工作指导意见，2006 年，《关于进一步做好 2006 年高校毕业生就业有关工作的通知》（劳社厅发〔2006〕17 号）中鼓励高校加强对大学生的创业培训和创业服务，要求各地将大学生创业培训工作纳入当地创业培训工作总体规划，开展大学生创业教育。2007 年，《劳动和社会保障部关于进一步加强创业培训推进创业促就业工作的通知》（劳社部发〔2007〕30 号）指出，"创业培训是提高劳动者创业能力的重要手段，是推进创业促就业工作的重要内容"。2008 年，《国务院办公厅转发人力资源社会保障部等部门关于促进以创业带动就业工作指导意见的通知》（国办发〔2008〕111 号），提出了加大培训力度、提高培训质量、建立孵化基地、健全服务组织、完善服务内容等政策，这是我国第一个较为完整的创业培训政策体系。

这一时期，大学生社会实践成为高校劳动教育的主要形式，引导学生投身实践活动，培养创新的基本素质。大学生创业教育的概念越发清晰，虽未正式提出大学生创新创业教育的概念，但是创新的意蕴贯穿创业教育的始终，高校劳动教育与创新创业教育真正的融合暂未开始。

四、融合萌芽阶段（2010—2017 年）

政策导向的融合。2010 年 5 月 13 日，教育部颁发了《关于大力推进高等学校创新创业教育和大学生自主创业工作的意见》（以下简称《意见》），对统筹做好高校创新创业教育、创业基地建设和促进大学生自主创业工作做了全面部署，就人才培养目标、课程体系建设、师资队伍建设、创新创业实践活动、质量检测跟踪体系、创业基地建设、创业扶持政策与指导服务、组织保障等方面作出规范性说明。第一次明确提出创新创业教育的概念，《意见》中将创新创业教育定义为"创新创业教育是适应经济社会和国家发展战略需要而产生的一种教学理念与模式"。强调要将创新创业教育融入人才培养全过程，要求全国各级各类高校统一开展创新创业教育。在专业教育基础上，以转变教育思想、更新教育观念为先导，以提升学生的社会责任感、创新精神、创业意识和创业能力为核心，以改革人才培养模式和课程体系为重点，大力推进高等学校创新创业教育工作，不断提高人才培养质量。2010 年 5 月 5 日，在《国家中长期教育改革和发展规划纲要（2010—2020 年）》（以下简称《纲要》）中强调，要着力培养信念执着、品德优良、知识丰富、本领过硬的高素质专门人才和拔尖创新人才。要加强劳动教育，着力培养学生热爱劳动、热爱劳动人民的情感价值观念。《纲要》还指出坚持教育教学与生产劳动、社会实践相结合，适应国家和社会发展需要，遵循教育规律和人才成长规律，深化教育教学改革，不断涌现拔尖创新人才。从以上两个文件可以看出，劳动教育的核心要义包括热爱劳动、尊重劳动的优秀品质、培养良好的劳动习惯，这与创新创业教育强调创新创业精神的培养、团队协作能力和社会责任感价值导向不谋而合。2012 年，为切实增强学生的创新创业能力，转变高校教育思想观念和人才培养模式，教育部于 2 月印发《关于做好“本科教学工程”国家级大学生创新创业训练计划实施工作的通知》，在制度层面规定以项目制方式、通过专项资金资助，基于创新训练、创业训练和创业实践三大模块推行国家级大学生创新创业训练计划（简称“国创计划”）。同年 3 月，教育部发布《关于全面提高高等教育质量的若干意见》，进一步就加强创新创业教育进行了专门规定，提出将创新创业教育贯穿人才培养全过程、开发创新创业类课程、建设实习基地、开展创新创业师资培训并构建兼职教师队伍。同年 8 月，教育部办公厅配套印发《普通本科学校创业教育教学基本要求（试行）》，比较系统全面地确定了创新创业知识、理论、方法、意识、精神和责任感等全面发展的教学目标，面向全体、分类施教、结合专业、强化实践等教学原则，课堂教学、课外活动和社会实践相结合的教学方法，知识、能力和精神一体化的教学内容，以及课程开发设置、资源条件保障、教师队伍建设、教学效果评价等统筹推进的教学组织。2012 年 2 月，教育部等部门发布的《关于进一步加强高校实践育人工作的若干意见》中提出要坚持教育与生产劳动和社会实践相结合，系统开展社会调查、生产劳动、志愿服务、公益活动、科技发明和勤工助学等社会实践活动，并强调社会实践活动是实践育人的有效载体，各高校要把组织开展社会实践活动与组织课堂教学摆在同等重要的位置。这一时期仍然将社会实践活动视为进行高校劳动教育的重要方式。党的十八大以来，改革开放和社会主义现代化建设深入推进，中国特色社会主义制度更加成熟定型，书写了经济快速发展和社会长期稳定两大奇迹新篇章。立足新时代，高校劳动教育被赋予了前所未有的时代意义和历史使命。2014 年，李克强总理提出要在 960 多万平方公里土地上掀起“大众创业”“草根创业”的新浪潮，形成“万众创新”“人人创新”的新态势，“双创”一词在第二年被写入《政府工作报告》。2015 年 5 月 13 日，国务院办公厅颁布《关于深化高等学校创新创业教育改革的实施意见》，意见指出要坚持育人导向，结合专业、强化实践，要坚持问题导向，推进教学、科研、实践紧密结合，要坚持协同推进，形成了全社会关心支持创新创业教育的良好生态环境。

国内高校创新创业教育与劳动教育的融合。随着一系列政策文件的出台和实施逐渐上升到国家战略的高度，二者呈现出你中有我，我中有你的状态。虽然这一时期的具体政策文件可能未直接针对两者融合，但在政府的促进和引导下，进入了蓬勃发展的崭新阶段。相关政策导向为二者的融合提供了宏观背景，二者的融合开始进入萌芽阶段。

课程设置的融合。在这一时期，华中科技大学、合肥经济学院、广东工程职业技术学院、湛江科技学院等部分高校开始尝试在课程中融入劳动教育和创新创业教育的元素，如开设劳动实践课程、创新创业基础课程等，通过课程设置的优化促进二者融合。部分高校还开设了跨学科的课程或项目，将劳动教育与创新创业教育相结合，让学生在实践中体验劳动的价值和创新创业的乐趣。如华中科技大学运用生命科学与技术学院专家团队所主持的科技赋能助力乡村振兴项目、校企合作和产学协同平台，打造“以劳立德”“以劳促创”实践教学体系。

实践活动的融合。部分高校组织了各种形式的实践活动，如勤工俭学、社会实践、创新创业竞赛等，这些活动既包含了劳动教育的元素，又融入了创新创业教育的理念，让学生在实践中锻炼能力、增长见识。通过参与这些实践活动，学生可以更好地理解劳动的意义和价值，同时激发创新创业的热情和动力。如合肥经济学院以大创项目为载体实施劳动教育和创新创业教育，广东工程职业技术学院通过组织学生参与真实的生产劳动、生活劳动和服务性劳动，强化学生劳动实践体验，掌握劳动技能，培育不断探索、精益求精、追求卓越的工匠精神，努力培养新时代国家技能型创新型人才。中央财经大学学子在寒假劳动实践中承担新时代青年的使命与担当，在实践中创造性地解决问题，用实际行动为家乡发展、社会发展贡献青春力量。

师资队伍的融合。高校开始注重培养具有劳动教育和创新创业教育能力的教师队伍，通过培训、引进等方式提升教师的综合素质和教学能力。教师在教学过程中可能更加注重将劳动教育与创新创业教育相结合，通过案例教学、项目教学等方式激发学生的学习兴趣和创造力。河北经贸大学、华侨大学、盐城师范学院、湖南应用技术学院等高校充分挖掘校内资源，构建专业化教师团队。同时，不断吸纳具有专业学科优势的辅导员作为兼职教师，将劳动教育与专业特色相结合，将劳动教育与思政育人相结合，打造具有校本特色的教师团队。

平台与资源的融合。高校积极搭建创新创业平台，为学生提供实践锻炼的机会和资源。同时，这些平台也与劳动教育相结合，让学生在创新创业的过程中体验劳动的价值和艰辛。高校还与其他高校、社会企业、行业协会等建立合作关系，共同推动劳动教育与创新创业教育的融合与发展。西南财经大学和四川农业大学进行校际之间的平台资源共享，共同走进四川农业大学现代农业研发基地，诊断水稻秧苗苗情、用无人机进行精准施肥、学习花篱制作和花卉组栽，打造劳动教育共同体，在劳动实践中深化劳动教育与创新创业教育融合。

五、深化融合育人阶段（2018 年至今）

党的十八大以来，习近平总书记高度重视青少年劳动教育，对劳动教育的重视达到了前所未有的高度，习近平总书记在全国劳动模范代表座谈会、全国教育大会等许多重要场合、重要会议和重要讲话中对劳动、劳动者、劳动精神和劳动教育做出了一系列重要论述。这些重要的论述是对马克思主义劳动价值观的创造性发展，是马克思主义中国化时代化的最新理论成果。

2018 年 9 月 10 日全国教育大会上，习近平总书记提出培养德智体美劳全面发展的社会主义建设者和接班人，将劳动教育纳入教育方针，成为五育并举全面育人体系的重要组成部分。实现以劳树德、以劳增智、以劳健体、以劳育美、以劳创新的功能作用和目标，劳动教育与德智体美具有同等重要地位，劳动教育的重要性与必要性不言而喻，劳动教育在新的时代背景下焕发出新的生机。2019 年 3 月，《教育部办公厅关于做好深化创新创业教育改革示范高校 2019 年度建设工作的通知》强调，“结合学科专业优势和特色，整合创新创业教育优质资源，把创新创业教育贯穿人才培养全过程”，打造“五育平台”。劳动教育与创新创业教育的融合更加紧密。为深化创新创业教育改革提出了具体要求，2019 年 4 月，教育部高等教育司关于印发《教育部高等教育司 2019 年工作要点》的通知中指出，“深入推进创新创业教育与思想政治教育、专业教育、体育美育、劳动教育紧密结合，全力打造创新创业教育升级版，将创新创业教育贯穿人才培养全过程”，这表明我国高度重视劳动教育与创新创业教育的融合。而后，国家又出台了劳动教育与创新创业教育相融合的系列文件政策，2020 年 3 月，《中共中央、国务院关于全面加强新时代大中小学劳动教育的意见》强调，要把劳动教育纳入人才培养全过程，贯通大中小学各学段，高等学校要注重围绕创新创业，结合学科和专业积极开展实习实训、专业服务、社会实践、勤工助学等，重视新知识、新技术、新工艺、新方法应用，创造性地解决实际问题，使学生增强诚实劳动意识，积累职业经验，提升就业创业能力，树立正确择业观，具有到艰苦地区和行业工作的奋斗精神，懂得空谈误国、实干兴邦的深刻道理；注重培育公共服务意识，使学生具有面对重大疫情、灾害等危机主动作为的奉献精神。2020 年 7 月，《教育部关于印发〈大中小学劳动教育指导纲要（试行）〉的通知》（以下简称《通知》）正式出台，《通知》指出普通高等学校要强化马克思主义劳动观教育，注重围绕创新创业，结合学科专业开展生产劳动和服务性劳动，积累职业经验，培育创造性劳动能力和诚实守信的合法劳动意识。普通高等学校要将劳动教育有机纳入专业教育、创新创业教育，不断深化产教融合，强化劳动锻炼要求，加强高等学校与行业骨干企业、高新企业、中小微企业紧密协同，推动人才培养模式改革。职业院校、普通高等学校劳动教育中学生生产劳动和服务性劳动可以通过专业实习、实训、创新创业等实践环节完成，日常生活劳动能够通过学生管理落实。

在政策的推动下，学界针对高校劳动教育与创新教育融合的研究也逐渐丰富起来。在教育目标方面，劳动教育与创新创业教育互通共融，致力于培养大学生正确的劳动观念和创新创业观念，提升人才培养与社会需求的匹配度，为国家和社会提供高质量的人才。高校开始将劳动教育与创新创业教育视为一个整体，强调二者在培养学生综合素质和创新能力方面的重要作用。一方面，高校注重培养学生的创新精神、创业意识和实践能力；另一方面，创新创业教育加深了大学生对劳动教育的认识，激发了大学生对劳动教育的兴趣，培养了大学生正确的劳动观念和职业素养。在教育内容方面：劳动教育与创新创业教育具有内在的相通性。它们都是以马克思主义劳动观为基础，在劳动思想教育和创新创业品格教育方面，对辛苦劳动的认同与尊重，对学生创新创业过程中体现出的勤奋、脚踏实地等优秀品质一脉相承。劳动教育是创新创业教育的基础，创新创业教育是劳动教育的重要载体和抓手，是更高层次的劳动教育，创造性劳动是劳动教育的高级阶段，是创新创业教育中的实践层面，二者之间存在着互补关系。实施劳动教育的重点是在系统的文化知识学习之外，有目的、有计划地让学生动手实践，培养学生正确劳动价值观和良好劳动品质，使其更好的适应社会工作环境。创新创业教育注重培养学生的创新思维和创造力，提高学生创造性劳动能力，提升就业创业的能力。在课程体系与教学模式创新方面：二者均强调对专业知识的学习，注重“做中学”，将教育与生活，教育与实践相结合。高校开始构建“阶梯化”课程体系，将劳动教育和创新创业教育融入其中，形成从通识教育到专业教育、再到实践教育的完整体系。二者都强调学生的主体性和参与性，均强调学生的动手实践能力。在教学模式方面：高校注重理论与实践相结合，通过项目式、案例式等教学方法，让学生在实践中学习和成长。在实践平台与资源整合方面：劳动教育与创新创业教育具有重合的依托载体，高校积极建立创新创业实践平台，如创业孵化基地、科技园区等，为学生提供实践机会和资源支持。同时，高校加强与企业的合作，整合校内外资源，为学生提供更多的实践机会和就业创业支持。

第二节　高校劳动教育与创新创业教育融合发展的必要性分析

中国发展处于新的历史方位，中国特色社会主义进入了新时代。世界处于百年未有之大变局，我国对富有劳动精神的创新型人才的需求与日俱增。因此，新时代背景下，高等教育人才的培养全过程呼唤劳动教育与创新创业教育融合发展。我们深知民族复兴不是敲锣打鼓就能实现的，人世间的一切幸福都需要靠辛勤的劳动来创造，只有通过诚实劳动才能实现美好梦想。大学生是国家宝贵的人才资源，是民族的希望，祖国的未来，肩负着人民的重托和历史使命，因此，高校大学生是实现民族复兴的中国梦的重要力量。综上所述，高校劳动教育与创新创业教育的融合是新时代背景下全面贯彻落实立德树人的根本需要、是适应时代发展需求的内在教育规律、是构建创新型国家的需要、是深化马克思主义劳动价值论的内在要求、是解决就业问题的现实需求、是个体适应未来社会发展的关键能力、学科交叉与产教融合的必然选择。

一、劳动教育与创新创业教育的融合是立德树人的根本需要

劳动教育与创新创业教育的融合是新时代贯彻立德树人根本任务的重要途径，二者在价值导向、实践路径和育人目标上具有深刻的内在契合性。

价值导向上，塑造“德业双修”的育人内核。劳动教育通过体力劳动的实践过程培育学生“崇尚劳动、尊重劳动”的价值观念，在汗水浸润中理解“幸福是奋斗出来的”深刻哲理。而创新创业教育不仅培养创新思维，更强调将个人理想与社会需求相结合，在解决现实问题中践行社会责任。通过劳动实践让学生体会“劳动创造价值”的尊严感，建立可持续的创业价值观，避免将创业简化为“赚钱工具”，破除功利化倾

向。在劳动过程中锤炼精益求精的做事态度，培育大国工匠精神，这种品质正是创新创业从“灵光一闪”走向“基业长青”的关键。将劳动实践与乡村振兴、非遗传承等相结合，引导学生关注社会真实需求，厚植家国情怀，在创新创业中体现“小我融入大我”的担当。

实践路径上，构建“知行合一”的成长链条。劳动教育提供的真实场景为创新创业教育搭建实践平台，形成“劳动实践—问题发现—创新转化—价值实现”的闭环。在劳动场景催生创新选题，在农田劳作中发现农业机械化痛点，在社会实践中挖掘项目迭代缺口，真实需求成为创业项目的源头活水。组建融合工学、农学、管理学等跨学科项目制学习的创业团队，在劳动实践中完成从“产品原型设计”到“商业模式构建”的全流程训练。通过创新创业竞赛获得的资金支持反哺劳动教育，可以改造劳动实践基地，引入智能化设备，提升劳动教育的时代性。

在育人目标上，系统锻造“四维一体”的关键能力，铸就时代新人。通过车间实训、田间管理等活动，掌握现代生产技能，理解产业运作逻辑，提升劳动素养。在解决劳动实践中的具体问题时，运用TRIZ理论、设计思维等工具培养系统性创新能力。通过模拟创业路演、商业谈判等场景，锤炼风险决策、团队协作等企业家精神。在劳动创业过程中关注环保标准、劳动权益等议题，培养可持续发展的商业伦理，提升社会责任意识。劳动教育与创新创业教育的融合最终指向立德树人根本任务的实现，通过劳动实践中的艰辛付出，培育吃苦耐劳、坚韧不拔的品德；通过创业过程中的利益协调，树立诚信守法的道德观念，实现以劳育德。创新创业需要的批判性思维与劳动实践中的操作智慧相互激荡，形成“手脑并用”的智慧发展模式，实现以创启智。当学生在劳动创新创业中看到技术革新带来的产业变革，在田间地头感受到科技兴农的力量，家国情怀与职业理想便自然融通，实现以行践梦。

劳动教育与创新创业教育的深度融合的教育模式，既传承了“耕读传家”的文化基因，又回应了数字经济时代对创新型人才的需求，为培养德智体美劳全面发展的社会主义建设者和接班人提供了现实路径。

二、劳动教育与创新创业教育的融合是适应时代发展需求的内在教育规律

中华人民共和国的成立，实现了中国从几千年封建专制政治向人民民主的伟大飞跃，从此开启了中国历史的新纪元。21世纪以来，高校承担着人才培养、科学研究、社会服务、文化传承创新、国际交流合作五大重要使命，在人才培养上高等教育更加注重学生综合素养的全面发展，劳动教育和创新创业教育作为高等教育体系中两个重要组成部分，共同承担着立德树人的根本任务。习近平总书记高度重视劳动教育和创新创业教育，连续多年在许多重要场合、重要会议和重要讲话中对劳动教育和创新创业教育做出重要论述，政府也相继出台多项政策和制度，劳动教育与创新创业教育融合是适应时代发展需求的内在教育规律，如今在新时代焕发出蓬勃生机。

教育作为社会子系统的演进，始终遵循着人才培养与时代发展的动态平衡规律。

劳动教育与创新创业教育的融合，正是这种规律的具象化呈现。虽然劳动教育与创新创业教育融合的概念在近年来得到了更多的关注和普及，但回溯教育形态的演变历程，可以清晰地看到这一融合如何从社会需求的土壤中自然生长，逐步成为教育体系自我革新的内在逻辑。

在工业化起步阶段，教育开始突破知识传授的单向维度。1957 年提出的“德智体全面发展”理念，本质上是对劳动者综合素质的结构性要求。这种要求不仅回应了社会主义建设对技术型人才的需求，更揭示了教育从单一认知培养向完整人格塑造的转型规律。当教育目标从“知识容器”转向“社会建设者”，劳动实践便成为连接知识习得与社会服务的天然纽带。

随着改革开放的推进，教育规律与经济发展形成了更深刻的共振。1985 年“教育为社会主义建设服务”的提出，标志着教育功能从政治工具向发展动力的转变。这种转变催生了教育对创新能力的觉醒——单纯的知识传递已无法满足产业升级需求，教育必须培养能够创造新知识、新技术的人才。劳动教育中的实践智慧与创新创业教育中的思维突破，在此阶段开始呈现互补共生的态势。

进入新世纪，知识经济的崛起使教育规律发生了质的变化。1999 年“美育”的加入，预示着人才培养正走向身心协调发展的深层需求。当劳动教育在 2018 年重新被强调时，其内涵已超越简单的技能培养，转而关注劳动价值观塑造与职业精神的培育。这种转变与创新创业教育的本质不谋而合，二者都强调主体性与创造力的觉醒，都指向问题解决能力的培养，都在呼应社会对复合型人才的结构性需求。

当代教育体系的自我革新，本质上是知识生产模式变革的倒逼结果。当学科壁垒被打破，当真实问题成为学习载体，劳动实践与创新创业的融合便成为教育规律演进的必然选择。这种融合不是人为的政策嫁接，而是教育面对“第四次工业革命”挑战的自然应答——它既要传承劳动教育中的工匠精神，又要激发创新创业中的突破思维；既需要脚踏实地的实践积累，又需要仰望星空的创新思维。

从教育哲学维度看，劳动与创新的融合回归了“知行合一”的原始命题。劳动教育提供认知锚点，创新创业教育推动思维跃迁，二者在人才培养过程中形成螺旋上升的互动结构。这种结构既符合个体认知发展的阶段规律，又契合社会进步的迭代需求，是教育作为生命成长与社会发展中介的本质体现。当教育规律与社会规律形成共振时，劳动教育与创新创业教育的融合便获得了自我驱动的内在生命力。

当前，以人工智能、大数据、物联网为代表的第四次工业革命正在重塑全球经济格局。中国作为世界第二大经济体，亟须实现“中国制造”向“中国创造”的转型升级。这一转型对高校人才培养提出双重要求：既要培养具备工匠精神的技术技能人才，又要激发原始创新能力。劳动教育通过生产实践锤炼学生的动手能力和职业精神，创新创业教育则通过项目孵化培育创新思维与商业敏感度。二者的融合，恰能塑造既懂技术转化又具市场洞察力的复合型人才，为产业升级提供智力支撑。

三、劳动教育与创新创业教育融合是构建创新型国家的需要

创新型国家，是指那些将科技创新作为基本战略，大幅度提高科技创新能力，形成日益强大竞争优势的国家。新中国成立以来，党对构建创新型国家的中国式道路一直进行着理论与实践上的探索，取得了显著的成效，体现了党对科技创新型国家发展的深刻理解与远见卓识。在理论方面，党不断深化对科技创新规律的认识，明确科技创新在国家发展中的核心地位。同时，结合中国国情和时代特征，形成了独具特色的创新理论，为构建创新型国家提供了理论指导。这些理论不仅涵盖了科技创新的各个方面，还强调了自主创新的重要性，以及科技与经济、社会、环境的协调发展。在实践方面，党领导人民进行了艰苦卓绝的探索。从初步建立国家科研体系体制，到不断重构和优化科研体系，再到形成和完善国家创新体系，每一个阶段都凝聚了党和人民的智慧和努力。特别是进入新时代以来，中国在加快建设创新型国家的进程中取得了显著成就。

历届党和国家领导人都十分重视创新型国家的建设，在重要场合和会议上发表了重要讲话。党的十八大提出“要实施创新驱动发展战略，要坚持走中国特色自主创新道路，加快建设国家创新体系”。这一战略决策的提出，是党放眼世界、立足全局、面向未来作出的重大决策，强调了创新在推动经济社会发展中的核心作用，要依靠自己的力量进行科技创新，在科技创新中坚持独立自主、自力更生的原则，同时积极借鉴国际先进经验和技术，推动科技创新的跨越式发展，为我国未来的发展指明了方向。党的十九大强调创新是引领发展的第一动力，是建设现代化经济体系的战略支撑。要加快建设创新型国家，培养造就一大批具有国际水平的战略科技人才、科技领军人才、青年科技人才和高水平创新团队。强调了创新在引领发展和建设现代化经济体系中的核心地位，并提出了加快建设创新型国家及培养高水平科技人才队伍的明确要求。党的二十大提出“必须坚持守正创新，创新才能把握时代、引领时代”。并实施科教兴国战略、人才强国战略、创新驱动发展战略，构建国家发展的重要战略布局，中国迈入创新型国家行列。创新是驱动引领高质量发展的第一动力，是构建新发展格局的战略支撑，建设创新型国家是全面建成中国式现代化国家的必要条件，是向“第二个百年奋斗目标”进军的关键路径，对于国家发展具有重要的战略意义，而高校劳动教育与创新创业教育的融合是构建创新型国家的有效途径和重要环节。

创新驱动发展是国家战略，需要大量具备创新精神和实践能力的复合型人才，在快速变化的现代社会中，单一的专业技能已经无法满足市场的需求，高校作为人才培养的摇篮，有责任将劳动教育与创新创业教育相融合，培养出既具备劳动素养又具备创新创业能力的高素质人才。劳动教育与创新创业教育的融合，有助于培养学生的创新意识、创业能力和实践技能，为国家的创新发展提供源源不断的人才支持；可以促进科技与经济的深度融合，推动产业升级和经济发展方式的转变，推动产业技术的升级和改造，实现经济的高质量发展。制造业是立国之本，需要大量高素质劳动者。劳

动教育着力于培养新时代大学生热爱劳动、诚实劳动、珍惜劳动的理念，引导大学生养成正确的劳动习惯和劳动素质，通过劳动教育，学生能够树立正确的劳动观念，形成崇尚劳动、尊重劳动者的良好风尚。让学生在劳动教育中深刻领会劳动精神、劳模精神和工匠精神，提升职业素养，为国家的文化建设注入新的内涵。而创新创业教育则是培养学生创新思维、创业能力和社会责任感的关键环节。在创新创业教育的引领下，学生能够学会如何发现问题、分析问题并创造性地解决问题，掌握创新创业的基本知识和技能。同时，创新创业教育还注重培养学生的团队协作能力、沟通能力、领导力和全局意识等软技能，这些能力对于学生在未来的职业生涯中的个人成长、为社会贡献智慧和力量发挥着至关重要的作用，两者融合有助于培养高素质劳动者，助力制造强国建设。

劳动教育与创新创业教育融合的教育模式为传统的劳动教育注入了新的生机和活力，为新时代的劳动教育发展提供了新的视角和路径，同时也为创新创业教育赋予了新时代的劳动意蕴，进一步提升了劳模精神、劳动精神、工匠精神在创新创业教育中的示范引领激励作用。劳动教育与创新创业教育融合可以充分发挥两者的协同效应。一方面，劳动教育能够为学生提供丰富的实践机会和真实的劳动场景，让学生在实践中锻炼自己的创新思维和创业能力；另一方面，创新创业教育能够为学生提供更加系统和专业的指导与支持，帮助学生将创新想法转化为实际项目或产品。融合模式鼓励学生勇于尝试、敢于创新，营造积极向上的创新氛围，有助于激发学生的创造潜能和团队合作精神，促进知识共享和技术交流。

当今时代，科技竞争是综合国力竞争的焦点，随着世界百年未有之大变局加速演进，我国要想在大变局中跟上时代潮流，谋求自身发展，必须建设创新型国家，走创新型国家发展之路，只有依靠科技创新才能提升国家的综合国力和核心竞争力，才能让我国在国际竞争中赢得主动权。创新型国家的建设离不开人才的培养，人才将成为国力强盛最重要的战略资源，因此要将劳动教育与创新创业教育有机融合起来，劳动教育与创新创业教育的融合模式可以培养具有国际视野和竞争力的创新人才，为国家的科技进步和产业升级提供有力的人才支撑。

四、劳动教育与创新创业教育融合是深化马克思主义劳动价值论的内在要求

马克思的劳动价值理论是在古典政治经济学论证的基础上通过批判而发展起来的，劳动价值理论是马克思主义政治经济学的基本理论，强调劳动是人类社会关系形成和发展的基础，劳动是推动社会历史发展的根本力量，劳动者是生产的主人，在马克思主义理论体系中，劳动价值的重要性不言而喻。随着生产力水平不断提升，科学技术的迅猛发展，这一理论不断地进行丰富和深化，马克思主义劳动观是劳动思想的理论源泉，在新时代背景下，习近平总书记在许多重要的场合发表讲话，对劳动、劳动者、

劳动精神和劳动教育等进行了重要的论述，这是对马克思劳动观的创新和发展，是马克思劳动观在新时代的价值实践成果转化，是习近平新时代中国特色社会主义思想的重要组成部分。

劳动教育与创新创业教育融合与马克思主义劳动价值论具有天然的契合性，一是理论基础的一致性。前文提到马克思主义劳动价值论强调劳动是创造价值的唯一源泉。而劳动教育则是使学生形成正确劳动观念、养成良好劳动习惯、提升劳动素养的重要途径。创新创业教育则旨在激发学生的创新精神、创业意识和创新创业能力。这两者在理论基础上都强调劳动的重要性，认为劳动是创造价值、实现个人价值和社会价值的基础，与马克思主义劳动价值论不谋而合。二是价值导向的契合。马克思主义劳动价值论倡导尊重劳动、尊重劳动者，认为劳动是推动人类社会进步的根本力量。而劳动教育与创新创业教育融合也强调通过劳动教育和创新创业教育，引导学生树立正确的劳动观念，尊重劳动成果，珍惜劳动机会，同时激发学生的创新精神和创业意识，培养具有扎实专业知识和劳动技能、时代使命感和家国责任感的新时代劳动者。这种价值导向与马克思主义劳动价值论高度契合，都体现了对劳动的尊重和对劳动者价值的肯定。三是实践活动的关联性。马克思主义劳动价值论不仅强调劳动的理论价值，更关注劳动的实践意义。它认为劳动是连接人与自然、人与社会的桥梁，是实现人类自我发展和全面解放的重要途径。而劳动教育与创新创业教育融合也注重将理论知识与实践活动相结合，通过劳动实践和创新创业实践，让学生在实践中学习、在实践中成长。这种实践活动的关联不仅有助于提升学生的实践能力和创新创业能力，也有助于深化他们对马克思主义劳动价值论的理解和认识。

在新时代背景下，关于劳动价值的社会认知与教育实践呈现出深度融合的发展态势。当代教育理论在继承传统劳动观念精髓的基础上，结合社会发展需求进行了创新拓展，形成了具有时代特色的劳动育人体系。劳动作为人类本质活动的多元价值，既肯定其创造物质财富的基础作用，更突出其在人格塑造与精神传承中的深层意义。

劳动是创造价值的源泉，是实现个人价值与社会进步的根基。无论是个人理想的实现，还是社会难题的破解，都离不开脚踏实地的劳动实践。这既是对中华民族勤劳美德的当代诠释，也揭示了劳动在文明传承中的决定性作用。幸福不会从天而降，美好生活需要通过辛勤劳动来创造，将劳动实践与生命价值的实现紧密联结。

在劳动精神谱系构建中，特别强调要弘扬“劳动最光荣、最崇高、最伟大、最美丽”的价值理念，倡导将劳模精神、工匠精神与创新创造意识相融合。劳动者是推动社会进步的核心力量，其创造性劳动是破解发展难题的关键，要尊重劳动成果、保障劳动者权益，形成全社会崇尚劳动的良好风尚。

随着时代的发展，社会对劳动者的要求也在不断提高。现代社会不仅需要具备扎实专业知识和技能的劳动者，更需要具备创新精神、创业意识和团队协作能力的新时代劳动者。这为教育实践指明了方向：劳动教育不应止步于技能传授，而应与创新思维培养深度融合，构建“以劳促创、以创强劳”的育人模式。通过劳动实践夯实创新根基，借创新活动升华劳动价值，培养既具备扎实劳动能力又富有创新精神的复合型人才。这种教育转型既是对传统劳动观的继承发展，也是适应知识经济时代需求的必然选择，为构建完善的劳动育人体系提供了理论支撑和实践路径。

综上所述，劳动教育与创新创业教育融合正是适应时代发展的要求，是马克思主义劳动观在新时代的生动体现，它继承了马克思主义劳动价值论的基本思想，发展了劳动的内涵和形式，适应了新时代教育改革与人才培养的需求。通过劳动教育与创新创业教育融合的实践探索，可以更好地培养出具有创新精神和实践能力的优秀人才，为推动我国经济社会发展作出更大的贡献。因此，在推进劳动教育与创新创业教育融合的过程中，应深入挖掘马克思主义劳动价值论的丰富内涵和时代价值，为劳动教育与创新创业教育融合提供坚实的理论基础和价值导向。

五、劳动教育与创新创业教育融合是解决就业问题的现实需求

就业是民生之本。就业是居民经济收入来源的主要渠道，人们通过工作能够获得稳定的收入，从而满足基本的生活需求，如食物、住房、教育、医疗等，这些基本需求是最基本的民生保障。就业还能增强消费者的消费能力，当居民有了稳定的收入，便更愿意，也更有能力进行消费，从而推动市场需求的增长，促进经济繁荣。稳定的就业有助于减少社会不稳定因素，增强社会的凝聚力，促进社会和谐稳定发展。就业对于实现个人自我价值也大有裨益，通过工作，人们能够发挥自己的才能和潜力，为社会的进步和繁荣作出贡献，从而获得成就感和满足感。随着全球经济形势的变化和技术的快速发展，就业市场面临着前所未有的挑战。首先，随着技术的不断进步和生产方式的变革，对劳动力的需求结构发生了变化。传统行业对劳动力的技能要求越来越高，越来越注重高素质人才的引进和培养，新兴行业的发展也为就业市场带来了新的机遇，同时也对劳动者的技能和素质提出了更高的要求，具备较高学历、专业技能和创新能力，能够为企业和社会带来更大的价值。其次，随着自动化和智能化技术的应用，传统行业对劳动力的总体需求呈现减少的趋势，尽管总体需求减少，但对高技能人才和创新型人才的需求日益增加，一些特定岗位和技能的人才仍然供不应求，例如，在制造业中，高级技工、高级工程师、数据分析师等高素质人才仍然紧缺。最后，劳动力的就业形态发生了变化。随着互联网技术的发展和远程办公技术的普及，越来越多的传统行业开始采用远程办公的方式，劳动者有了更多的工作选择，工作方式更灵活，这对劳动者的自我管理和自主学习能力提出了更高的要求。新型就业形态开始不断涌现，“新就业形态”是指新一轮科技革命带动的智能化、数字化、信息化的工作模式。自由职业、共享经济等新型就业形态为劳动者提供了更多的就业机会和收入来源，蕴含着巨大的发展潜力，将会对中国劳动力市场产生深远的影响。

党的二十大报告中指出“实施就业优先战略，就业是最基本的民生”，并强调要促进高质量充分就业。大学生高质量就业事关经济发展和国家未来，对于民生稳定、强国建设、民族复兴具有重要意义。当前，我国就业形势整体向好，基本保持稳定，但

是我国也面临诸多问题，从国家经济发展角度上看，包括人口老龄化问题加剧，就业结构性矛盾突出，新就业形态涌现，就业领域一些不平衡不充分问题等；从个体认识角度上看，近年来一些青少年中出现了不珍惜劳动成果、不想劳动、不会劳动的现象，青少年劳动观念淡薄，劳动实践和劳动能力“双赤字”情况突出，劳动的独特育人价值在一定程度上被忽视，劳动教育正被淡化、弱化。那么，面对上述问题，应该如何解决和应对呢？答案就是要持续深化教育领域综合改革，将劳动教育与创新创业教育相融合，充分发挥劳动教育与创新创业教育融合树德、增智、强体、育美的综合育人价值，促进大学生形成优良品质，使其高质量就业。

劳动教育与创新创业教育融合是解决就业问题的有效途径和重要抓手，大学生高质量就业不仅关乎个人成长与发展，也关系到社会稳定、经济发展乃至国家竞争力。劳动教育是中国特色社会主义教育制度的重要内容，直接决定社会主义建设者和接班人的劳动精神面貌、劳动价值取向和劳动技能水平。学生对劳动的态度关系到国家发展、民族进步。通过劳动教育可以教育引导学生树立劳动最光荣、劳动最崇高、劳动最伟大、劳动最美丽的正确劳动观念；劳动教育为学生提供了丰富的实践机会，让学生在真实的行业、企业工作场景中了解市场需求和行业动态，从而为他们选择合适的职业方向和就业岗位提供有力支持，使学生在掌握专业知识的同时培养沟通协调能力、团队协作能力和创造性解决实际问题的能力，使得学生在就业市场中更具竞争力。

创新创业教育是我国构建创新型国家和培养拔尖创新人才的重要举措，是促进大学生全面发展的重要途径。创新创业教育以立德树人为根本，以劳动教育为引领，在创新创业教育中提升大学生的劳动教育意识，着力培养学生创新创业能力、增强创新创业意识、锻炼创新创业思维，通过实习实训、社会实践等活动，增强大学生对就业市场行情的了解与认知，畅通大学生就业创业渠道，是激发大学生高质量就业的原动力。

通过劳动教育与创新创业教育的融合，将劳动教育贯穿到创新创业教育全过程，真正达到在“劳”中“创”，在“创”中“劳”的良好育人效果，学生的综合素质得到了显著提升，他们不仅具备了扎实的专业知识和劳动技能，还具备了创新精神、创业意识和团队协作能力，为学生未来的职业选择和社会发展提供了有力的支持。在就业形势日益严峻的今天，具备创新精神和实践能力的学生更受用人单位青睐，劳动教育与创新创业教育的融合能够提升学生的综合素质和就业竞争力。同时，劳动教育与创新创业教育融合教育还为学生提供了更多创新创业的机会和平台，促进了他们的自主创业和灵活就业。

在党的十九大报告中，习近平总书记指出：“经过长期努力，中国特色社会主义进入了新时代，这是我国发展新的历史方位。”高校毕业生是党和国家宝贵的人才储备，促进大学生实现高质量充分就业，是新时代新征程就业工作的新定位、新使命，意义重大，劳动教育与创新创业教育融合是解决就业问题的现实需求，劳动教育与创新创业教育融合能够为就业市场注入新的活力，提高大学生的就业竞争力和创业能力，从而有效缓解就业压力。因此，我们必须坚持高校劳动教育与创新创业教育有机融合，积极推动劳动教育与创新创业教育融合的发展，为培养更多高素质、高技能的人才作出应有贡献，发挥最大的效能。

六、劳动教育与创新创业教育融合是个体适应未来社会发展的关键能力

传统高等教育长期存在“重理论轻实践”“重知识灌输轻能力培养”的结构性矛盾。劳动教育通过真实场景的劳动实践，帮助学生建立认知与行动的联结；创新创业教育则通过问题解决导向的项目制学习，培养批判性思维和系统创新能力。这种融合构建了“认知—实践—创新”的完整育人链条，使教育回归“培养完整的人”的本质追求。正如杜威所言：“教育不是为生活准备，教育本身就是生活。”

《中国教育现代化2035》明确提出“培养德智体美劳全面发展的社会主义建设者和接班人”的战略目标。劳动教育与创新创业教育的融合，正是落实这一战略的关键抓手。一方面，劳动教育传承“耕读传家”的文化基因，培育勤劳致富的价值观念；另一方面，创新创业教育激发“敢为人先”的突破精神，助力“双创”升级版战略实施。在VUCA（易变性、不确定性、复杂性、模糊性）时代，大学生职业生涯面临前所未有的挑战。麦肯锡全球研究院数据显示，到2030年全球将有8亿岗位被自动化替代。高校必须培养具备“可迁移能力”的终身学习者。劳动教育中的责任担当意识与团队协作能力，创新创业教育中的风险承受能力与迭代优化思维，共同构成了适应未来社会的“元能力”。这种能力整合，使学生在快速变化的环境中既能脚踏实地，又能仰望星空。

劳动是创造价值的源泉，创业是实现梦想的途径。劳动教育与创新创业教育的融合能够帮助学生树立正确的劳动观和创业观，激发学生的创造潜能，实现人生价值。

七、劳动教育与创新创业教育融合是学科交叉与产教融合的必然选择

在知识生产模式深刻变革的当下，劳动教育与创新创业教育的融合已超越简单的教学改革范畴，成为重构高等教育生态的战略选择。这一融合进程既遵循学科演进的内生逻辑，又回应产业升级的迫切需求，展现出深刻的时代必然性与历史进步性。现代科学范式正在经历从“学科导向”向“问题导向”的深刻转变。劳动教育与创新创业教育的融合，本质上是一场教育生态的重构革命。通过建立跨学科创新工坊、产业技术研究院等新型平台，打破学科壁垒，实现知识生产与产业需求的无缝对接。这种融合不是简单的课程叠加，而是教育链、人才链、产业链、创新链的深度融合，形成“教育—科技—人才”三位一体的协同创新体系。

高校劳动教育与创新创业教育的融合发展是时代发展的必然趋势，也是培养高素质人才的必然要求。站在“两个一百年”的历史交汇点，劳动教育与创新创业教育的融合，正在书写教育现代化的中国答卷。它不仅是教育规律的自我实现，更是对“培养什么人、怎样培养人、为谁培养人”时代命题的深刻回应，高校应积极探索融合路径，构建完善的融合体系，为国家培养更多德智体美劳全面发展的社会主义建设者和接班人。当00后大学生在乡村振兴中践行“强农兴农”使命，当“Z世代”创客用数字技术赋能传统文化，这种融合正在证明：教育规律与社会需求的共振，终将奏响民族复兴的磅礴乐章。

第三章　高校劳动教育与创新创业教育融合的现状及困境

在上一章节中，我们回顾了高校劳动教育与创新创业教育融合的发展历程及必要性，强调了两者融合对于培养新时代所需人才的重要性，本章将在此基础上，进一步深入探讨高校劳动教育与创新创业教育融合的可行性及其面临的困境，以期为教育者和政策制定者提供更加具体的参考和借鉴，进一步推动高校劳动教育与创新创业教育的融合，为培养具有创新精神和实践能力的复合型人才提供有力保障。

第一节　高校劳动教育与创新创业教育融合发展的可行性分析

我们在第二章着重从劳动教育与创新创业教育融合是政策导向下的必然要求、是构建创新型国家的需要、是深化马克思主义劳动价值论的内在要求、是解决就业问题的现实需求四个方面探讨了高校实施劳动教育与创新创业教育融合的必要性，对二者融合的理论基础和现实意义有了系统深入的了解。劳动教育与创新创业教育融合的必要性为可行性提供了目标和动力，只有充分认识到劳动教育与创新创业教育融合的重要性，才能推动其在教育实践中的深入实施。同时，劳动教育与创新创业教育融合的可行性也为必要性提供了现实基础和支撑，通过积极探索和实践使劳动教育与创新创业教育融合得以在教育体系中落地生根，并取得显著成效。本节将从高校劳动教育与创新创业教育目标的同源性、高校劳动教育与创新创业教育价值的相通性、高校劳动教育与创新创业教育实践的相融性四个方面入手，对二者融合进行可行性分析。

一、高校劳动教育与创新创业教育目标的同源性

教育目标一般指教育者在教育教学过程中，期望受教育者在知识、技能、情感态度与价值观等方面达到的预期成果或变化，教育目标具有时代性，随着社会的不断发展和进步，教育目标也会不断地调整和完善。那么，新时代新征程，我国的教育目标又是什么呢？

百年大计，教育为本。2020 年 3 月，在《中共中央、国务院关于全面加强新时代大中小学劳动教育的意见》中明确了劳动教育总体目标，即通过劳动教育，使学生能够理解和形成马克思主义劳动观，牢固树立劳动最光荣、劳动最崇高、劳动最伟大、劳动最美丽的观念；体会劳动创造美好生活，体认劳动不分贵贱，热爱劳动，尊重普通劳动者，培养勤俭、奋斗、创新、奉献的劳动精神；具备满足生存发展需要的基本劳动能力，形成良好劳动习惯。2020 年 7 月，在《教育部关于印发〈大中小学劳动教育指导纲要（试行）〉的通知》中明确让学生树立正确的劳动观念，正确理解劳动是人类发展和社会进步的根本力量；具有必备的劳动能力，增强创新能力、动手操作能力及团队合作能力；培育积极的劳动精神，继承敬业奉献开拓创新的时代精神；养成良好的劳动习惯和品质，认真负责吃苦耐劳四个方面再次对劳动教育目标进行了梳理和分类说明。劳动教育以培养劳动者正确的劳动观念、劳动能力、劳动精神、劳动品质为目标，通过劳动教育，帮助人们树立正确的劳动观念，认识到劳动的价值和意义，从而更加珍惜和尊重劳动。劳动教育注重大学生创新能力、动手操作能力及团队合作能力的培养，通过实践操作、技能培训等方式，可以提高学生的劳动能力，使他们能够更好地适应社会的需要，实现自我价值。劳动教育鼓励大学生在社会实践中发扬顽强拼搏、诚实守信、乐于奉献、敢于创新的精神，通过培养大学生的劳动精神，可以激发他们的积极性和创造力，使他们更加热爱劳动，坚信自己能够通过诚实劳动、精益求精在所从事的行业和岗位中成就一番事业，勇于面对挑战，不断追求卓越，成为有责任、有担当的新时代合格劳动者。

目前，并未有相关文件明确规定创新创业教育的目标，通过查阅资料可以发现，关于创新创业的教育目标较为全面的表述是在 2012 年 8 月，教育部办公厅印发的《普通本科学校创业教育教学基本要求（试行）》中指出："通过创业教育教学，使学生掌握创业的基础知识和基本理论，熟悉创业的基本流程和基本方法，了解创业的法律法规和相关政策，激发学生的创业意识，提高学生的社会责任感、创新精神和创业能力，促进学生创业就业和全面发展。"掌握创业的基础知识和基本理论是创业者必备的商业素养，可以帮助学生理解创业活动的本质和规律。熟悉创业的基本流程（产生创意—市场调研—制订商业计划书—团队建设管理—资金筹备—产品研发与测试—市场推广—企业运营）和基本方法（SWOT 分析法、五力模型、蓝海战略等），可以帮助学生系统地规划创业路径。了解创业的法律法规和相关政策可以帮助学生规避法律风险，引导学生有效利用政策资源。创新创业教育注重企业家精神的培养，企业家精神是指企业家要带领企业战胜当前的困难，走向更辉煌的未来，就要弘扬企业家精神，在爱国、创新、诚信、社会责任和国际视野等方面不断提升自己，努力成为新时代构建新发展格局、建设现代化经济体系、推动国家高质量发展的生力军。企业家精神是一种积极向上的品质，在创新创业教育里具有非常重要的位置，它厚植爱国情怀，要求学生在创新创业过程中把企业发展同国家繁荣、民族兴盛、人民幸福紧密结合在一起，主动为国担当、为国分忧。它强调创新思维的培养，鼓励学生挑战传统观念，提出新的想法和解决方案，通过课程学习、案例分析、实践项目等多种方式，学生可以逐步建立起创新思维的习惯，为未来的创业打下坚实的基础。它注重冒险精神的激发，创业本身就是一种探险的过程，需要面对各种不确定性和挑战，在创新创业教育中，鼓励学生去尝试新的想法和方案，即使失败了也要从中汲取经验教训，不断前行。它强调诚实守信的品质，诚实守信的企业家会严格遵守商业道德和法律规范，遇到问题会勇于承担社会责任，积极寻求解决方案，建立和维护企业的良好声誉，赢得消费者、合作伙伴和员工的信任与支持。诚实守信也是企业家社会责任的体现，企业家作为社会的一分子，有责任为社会作出贡献，一个诚实守信的企业家会积极履行社会责任，关注社会公益事业，为社会的和谐稳定和发展作出贡献。

由此可见，劳动教育与创新创业教育的教育目标水乳交融，劳动教育与创新创业教育都立足于人的培养。劳动教育通过教育与生产劳动相结合的实践，促进人的全面发展。而创新创业教育则培养人的创业意识、创业思维和创业技能等综合素质，同样是以人的全面发展为根本追求，培养德智体美劳全面发展的社会主义建设者和接班人。

劳动教育与创新创业教育都致力于精神培育。劳动教育旨在培养新时代青年的奋斗精神、敬业精神、自强精神和创新精神。这些精神素养不仅涵盖了工匠精神中的精髓，如精益求精、专注、执着等，也是创业者所必备的品质。同时，创新创业教育中的企业家精神，体现在敬业、创新、合作、诚信和学习等方面，与劳动教育中的精神培育相辅相成。

二、高校劳动教育与创新创业教育价值的相通性

教育价值是一个多维度、多层次的概念，就深层次和动态角度而言，教育价值指的是教育系统对社会主体和个体的发展需求的满足及理解，其核心在于把握主体的需要与教育系统的属性之间的价值关系，即教育活动及其结果对主体需要的适合或满意程度。学界对教育价值有多重教育价值观是教育目标的价值依据，教育价值观对社会的进步和发展起着重要作用，它引领着个人的成长方向、社会的道德标准，以及国家未来的发展方向。

2020 年 3 月，中共中央、国务院印发的《关于全面加强新时代大中小学劳动教育的意见》（以下简称《意见》）中强调要把握育人导向，把准劳动教育价值取向，引导学生树立正确的劳动观，崇尚劳动、尊重劳动，增强对劳动人民的感情，报效国家，奉献社会。《意见》把育人导向放在五大基本原则的首要位置，清晰地指明了劳动教育的价值导向，对新时代劳动教育做了全面阐述与部署，这是从劳动精神层面对劳动价值导向的把握，主要体现在以下几个方面。

一是引导青年学生厚植劳动情怀。劳动情怀的培养能够促进学生形成正确世界观、人生观和价值观，学生在参与劳动的过程中，一方面，可以让学生亲身体验到劳动对于维持生计的重要性。无论是农业生产、手工制作还是现代服务业，每一种劳动都为社会提供了必要的物质财富和精神财富，引导学生理解，没有劳动就没有收入来源，

也就无法维持基本的生活需求，这种认识有助于他们珍惜劳动成果，尊重劳动者的辛勤付出。另一方面，让学生认识到劳动不仅能够带来物质上的满足，还能带来精神上的愉悦和成就感。只有劳动人们可以实现自我价值，提升自信心和自尊心，只有劳动才能推动社会进步，社会的进步离不开全体劳动者的共同努力，引导学生认识到，每个人的劳动都是社会发展的重要组成部分，他们的劳动成果将直接影响到社会的繁荣和稳定。

二是培养学生的社会责任感，劳动在培养学生的社会责任感方面扮演着至关重要的角色。通过参与劳动，学生有机会亲身体验到社会的多样性和复杂性，无论是“三下乡”社会实践、创业竞赛还是在校生实习实训活动，都能让他们更直观地了解社会的运作方式和各行各业劳动者的辛勤付出，这种亲身体验有助于打破学生对社会的片面认知，增进他们对社会的理解和尊重，让学生深刻体会到个人对社会的价值，体会到国家的发展和进步离不开个人的辛勤付出和奋斗。同时，在劳动过程中，学生也会遇到各种各样的困难和挑战，在与他人的相处与磨合中培养学生的同理心，即理解并关心他人的感受和需要，让学生意识到自己的行为和选择对他人和社会有着直接或间接的影响，有助于学生在未来的生活和工作中做出更加负责任的决策。

三是能够促进学生团队协作能力的发展，团队协作能力是学生未来进入社会后必须具备的重要素质之一，通过劳动中的团队协作，学生们可以提前适应社会环境，学会如何与他人相处、如何与他人合作，从而在未来的职业生涯中更加游刃有余。团队协作主要体现在共同目标的设定上，学生往往处于某个团队或者某个小组之中，需要共同完成任务或者项目，这种目标的一致性促使学生学会沟通和合作。团队协作还体现在角色分工上，劳动过程中每个学生都会根据自己的特长和能力被赋予不同的角色和职责，这让学生有机会发挥自己的优势，还能让他们学会如何与他人配合，共同完成任务。在协作过程中，学生可以学会倾听、沟通、协调，以及如何在团队中发挥自己的作用，同时可以学会如何支持和帮助团队成员，让他们深刻体会到团队协作的重要性。从劳动精神层面对劳动价值导向的把握是铸就青年学生个体成长的基本素养，更是推进强国建设、实现民族复兴的根本遵循。

2012 年 8 月，教育部办公厅印发《普通本科学校创业教育教学基本要求（试行）》，强调要着力引导学生正确理解创业与国家经济社会发展的关系，着力引导学生正确理解创业与职业生涯发展的关系，提高学生的社会责任感、创新精神和创业能力。社会责任感培养指明了创新创业教育的价值导向，创新是引领社会发展的第一动力，将社会责任感作为高校“双创人才”培养的首要目标，充分体现了创新创业教育在助力青年学生树立正确的劳动观、创业观和成才观的鲜明导向，引导他们将个人理想融入国家和民族的事业中，着力培养新时代所需可堪大用、能担重任的知识型、技术型、创新型劳动大军。创新创业教育的价值导向是培养社会责任感，主要体现在以下几个方面。

一是社会责任感与创新创业教育有着紧密的内在联系。社会责任感是大学生成为中国特色社会主义伟大事业建设者和接班人的必要条件，创新创业教育不仅关注大学生创新能力和创业技能的培养，更重视引导他们将个人发展与国家、社会的需要相结合，承担起应负的社会责任。这种教育理念和模式旨在培养具有开创性、社会责任感和高尚人格的时代新人。

二是社会责任感对创新创业教育的价值导向作用，即培养能够担当民族复兴大任的时代新人。在创新创业教育中，社会责任感的培养有助于引导学生正确处理个人与社会、当前和长远、义与利的重要关系。它促使学生将个人理想融入党和国家事业，在服务人民和奉献社会的创新创业实践中寻求个体发展，做出与时代发展相适宜的价值选择。社会责任感的培养能够激发大学生的创新创业热情，为他们提供强大的精神动力。当大学生认识到自己的创新创业行为能够为社会带来积极的影响时，他们会更愿意投入时间和精力去探索和实践。

三是创新创业教育对社会责任感培养的促进作用。创新创业教育通过提供丰富的实践平台和机会，让学生在实践中体验和学习如何承担社会责任、培养创新思维、团队协作能力和沟通能力，在解决实际问题的过程中，更加深刻地认识到自身的社会责任和使命，为实现中华民族伟大复兴的中国梦贡献智慧和力量。

综上所述，劳动教育价值导向与创新创业教育价值导向都致力于塑造学生积极向上的价值观，二者在引导青年学生深刻认识到个人应承担的社会责任和时代使命、激发感恩社会和报效祖国的家国情怀、践行热爱劳动和职业道德、实现个人价值与社会价值的统一等方面具有相通之处。因此，将劳动教育与创新创业教育有机融合，准确把握劳动教育与创新创业教育价值的育人导向，对提升学生综合素质，促进学生全面发展，推进强国建设，培养担当民族复兴大任的时代新人具有重要意义。

三、高校劳动教育与创新创业教育内容的互补性

教育内容是指为实现教育目标，经选择而纳入教育活动过程的知识、技能、行为规范、价值观念、世界观等文化总体。教育内容一般通过课程的形式体现，从人的发展结构看，教育内容包括德、智、体、美、劳等方面；从社会结构看，则包括政治、经济、文化、科技、军事等方面。教育内容是培养人才的基本保证，为教师教育教学提供基本依据和准绳。高校劳动教育与创新创业教育的内容在不同的政策文件中都有明确的表述和强调，从政策和文件的表述中，清晰说明了高校劳动教育与创新创业教育在内容上具有互补性。

《大中小学劳动教育指导纲要（试行）》，对高校劳动教育内容提出了明确的要求，要“强化马克思主义劳动观教育，注重围绕创新创业，结合学科专业开展生产劳动和服务性劳动，积累职业经验，培育创造性劳动能力和诚实守信的合法劳动意识”。马克思主义劳动观认为，劳动是人之为人的根本，是实现人的全面发展的重要途径。在教育实践中，强化马克思主义劳动观教育有助于学生树立正确的劳动观念，理解劳动的价值和意义，从而尊重劳动、热爱劳动，引导学生将个人理想与社会发展相结合，为

实现中华民族伟大复兴的中国梦贡献力量。在教育实践中，围绕创新创业开展劳动教育，可以培养学生的创新思维和创业能力。通过参与创新创业项目，学生可以了解市场需求、掌握创业技能、积累创业经验，从而提升学生的综合素质，为社会培养更多的创新创业人才。《大中小学劳动教育指导纲要（试行）》对于高校劳动教育内容的定义提到了两个名词，生产劳动和服务性劳动，对于二者进行了具体阐述，即生产性劳动教育要让学生在工农业生产过程中直接经历物质财富的创造过程，体验从简单劳动、原始劳动向复杂劳动、创造性劳动的发展过程，学会使用工具，掌握相关技术，感受劳动创造价值，增强产品质量意识，体会平凡劳动中的伟大。服务性劳动教育让学生利用知识、技能等为他人和社会提供服务，在服务性岗位上见习实习，树立服务意识，实践服务技能；在公益劳动、志愿服务中强化社会责任感。生产性劳动教育是服务性劳动教育的前提和基础，生产劳动教育侧重个人在生产劳动过程中感受到个人价值感和获得感，服务性劳动教育是生产劳动教育的发展和升华，在自身取得个人价值的同时强调创造社会价值和提升社会责任感。

关于创新创业教育内容，在国务院办公厅《关于进一步支持大学生创新创业的指导意见》中有具体体现，即坚持创新引领创业、创业带动就业，支持在校大学生增强创新精神、创业意识和提升创新创业能力，支持高校毕业生创业就业，提升人力资源素质，促进大学生全面发展，实现大学生更加充分更高质量就业。创新创业教育的重点在于鼓励准确把握新时代劳动工具、劳动技术、劳动形态的新变化，激发学生的创造力和想象力，鼓励他们跳出传统框架，不断适应新的变化与挑战，勇于尝试新思路和新方法，提高创造性劳动能力，不断破旧立新。鼓励学生参与创业实践，如参加“互联网＋”大学生创新创业大赛，参加创业沙龙、创业训练营、创业模拟、创业项目孵化等实践活动，加强校企合作和产学研结合等，以积累实际操作经验，不断提升创新思维和创业能力。鼓励学生参与真实的市场调研、产品开发、营销推广等创业活动，以加深对创业过程的理解。鼓励学生将创业项目与社会责任相结合，如开展绿色低碳、公益类等创业活动，为社会作出贡献，不断增强社会责任感等。综上所述，在教育内容上，劳动教育和创新创业教育虽各有侧重，但都注重学生的动手能力、实践操作能力和创新精神的培养，二者在教育实践中呈现出“你中有我，我中有你，浑然天成”的紧密融合状态，这种状态使得教育内容更加丰富多样，更能满足学生全面发展的需求。

综上所述，可以看到劳动教育和创新创业教育在教育内容上具有显著的互补性，两者在教育理念、劳动技能和劳动实践上相互补充，共同促进学生全面发展。因此，高校应该充分重视劳动教育和创新创业教育融合发展，积极探索劳动教育与创新创业教育融合的路径和方法，为学生提供更加全面、系统的教育服务，从而培养出具有劳动精神和创新精神的新时代高素质劳动者。

四、高校劳动教育与创新创业教育实践的相融性

教育实践是指人类有意识地培养人的活动。广义指一切增进人的知识、技能、身

体健康及形成或改变人的思想意识的活动。狭义指学校教育工作者对受教育者的身心有目的、有计划、有组织地施加教育影响的活动。教育者是教育实践活动的主体；受教育者是教育实践活动的对象，同时又作为学习活动的主体而存在于教育实践活动中；教育的内容、方法、组织形式和各种教育设施及设备是教育实践活动的手段；经过培养的人是教育实践活动的产品。教育实践是连接教育理论与教育现实的桥梁，是教育过程中不可或缺的一环。它强调将教育理论、教学方法和课程内容等应用于实际教学活动中，通过实践来检验和巩固教学成果，培养学生的实践能力和创新精神。

教育实践是劳动教育与创新创业教育的最终落脚点，劳动教育需要树立正确的劳动观念，尊重劳动、热爱劳动，理解劳动对个人成长和社会发展的重要性需要通过教育实践让学生亲身体验，创新创业教育注重培养的创新思维和创新能力需要在教育实践中锻炼和提升，因此，在教育过程中，我们应该为学生提供更多实践机会和平台，让他们在实践中学习和成长。在《教育部关于印发〈大中小学劳动教育指导纲要（试行）〉的通知》中强调劳动教育具有显著的实践性，必须面向真实的生活世界和职业世界，引导学生以动手实践为主要方式，明确了劳动教育的实践导向。劳动是创造物质财富和精神财富的过程，是人类特有的基本的社会实践活动，高校劳动教育强调引导学生从学科和专业角度出发，进行实习实训、社会实践等活动，运用新知识、新技术、新工艺、新方法创造性地解决实际问题，在动手实践、手脑并用的过程中，激发学生的主动性、积极性和创造性，在劳动中培养艰苦奋斗精神，磨炼意志品质，勇于承担社会责任。高校劳动教育活动通常涵盖了各种不同的劳动内容和形式，主要包括校内外的劳动实践活动，如校园美化与维护、图书管理志愿者、实验室设备维护安全员、大学生志愿服务、西部计划、“三下乡”社会实践与公益活动等。这些活动不仅有助于学生了解社会、增强学生的社会责任感，还能培养学生的服务意识和奉献精神。学生可以亲身体验劳动的乐趣，提高实际操作能力、动手能力和解决实际问题的能力，为未来的职业生涯打下坚实的基础。

开展创新创业教育是国家深入实施创新驱动发展战略的重要支撑，是服务于创新型国家建设的实践的需要，创新创业教育针对打算创业、已经创业、成功创业的创业群体，通过充分发挥大学科技园、大学生创业园、大学生创客空间等实践平台，依托校企合作、产教融合打造创业孵化平台，以创新创业训练营、创新创业竞赛为载体开展形式多样的实践活动，注重培养学生增强诚实劳动意识、提升就业创业的能力、培育公共服务意识和主动作为的奉献精神，创新创业教育的最终目的在于培养具有创新创业意识和创新创业能力的综合型高素质人才。通过培养学生创新创业意识，激发学生的创新思维和创造力，在生产实践中不断发现问题和创造性解决问题，提升创新创业能力和本领，将创新理念转化为实际行动，将科技成果转化为产品或服务，真正形成创新推动创业，创业带动就业的良好局面，在动手实践的过程中创造更多的就业机会，缓解大学生就业压力，推动经济持续增长。高校创新创业教育实践活动主要包括科研项目、“挑战杯”全国大学生系列科技学术竞赛、中国国际“互联网＋”大学生创新创业大赛、创业项目孵化、创新创业社团活动等。科研项目可能涉及新技术、新产品或新服务的研发，有助于学生了解科研流程和方法，积累科研经验。各类创新创业竞赛可以锻炼学生的团队协作能力、项目策划能力和语言表达能力，同时还有机会获得创业资金和资源支持。创业项目孵化为学生提供创业场地、资金和资源支持，学生可以在这里自主设计、创办和经营商业企业或科技公司，将创业项目转化为实际生产力。社团活动为学生提供自主参与的机会，培养团队合作、领导能力和创新精神，帮助学生拓宽视野，激发他们的创新创业灵感，使学生发现自己的职业兴趣和方向。

综上所述，高校劳动教育与创新创业教育在实践领域具有相融性，通过劳动教育实践探索发现项目的创新点，而创新创业实践活动为劳动教育提供实践成果转化平台，依托创新创业平台具体实施创新创业项目实践。同时，在创新创业教育开展的过程中，学生能够通过实践—思考—再实践—再思考的方法路径，不断优化创新思路与想法，使学生在实践中深化对劳动的理解和认识。二者都强调创新精神和实践能力，共同推动学生综合素质的全面发展。劳动教育注重学生的劳动实践，通过真实的劳动场域和丰富多彩的劳动活动，提高学生的劳动能力和创新精神。而创新创业教育则依托创新创业平台、产教融合试验基地等，通过创业实践活动激发学生的创业热情，积累创业经验，提升创业能力。两者都强调理论与实践相结合，通过实践教育来培养学生的实践能力和创新精神，不断推动创造更大的社会价值。二者的有机融合有助于提升学生的综合素质和创新能力，促进学生的全面发展，可以形成更为强大的人才培养合力，为强国建设和民族复兴提供有力的人才支撑。

第二节　高校劳动教育与创新创业教育融合存在的问题及原因分析

2021 年，新修订的《中华人民共和国教育法》明确把“劳”写入党的教育方针。劳动教育与德育、智育、体育、美育共同形成了“五育”并举的育人格局。与此同时，全国各高校也都在劳动教育与创新创业教育有机融合的道路上积极地探索和实践，虽取得了一定的成绩，但是由于概念名词提出较为新颖，落地实施路径需要不断探索，反馈结果需时间验证等因素，因此在劳动教育与创新创业教育融合价值理念淡薄、劳动教育与创新创业教育融合课程设置不合理、劳动教育与创新创业教育融合师资力量薄弱、劳动教育与创新创业教育融合支持保障体系不完善、劳动教育与创新创业教育融合奖励机制和管理机制尚不完善、劳动教育与创新创业教育融合社会支持力度不够、劳动教育与创新创业教育融合差异化发展面临挑战等方面存在着诸多问题亟待解决。

一、劳动教育与创新创业教育融合价值理念淡薄

思想认识是个人理解和解释世界的基础，它决定了我们如何接收、加工和解释外

部信息，从而塑造我们的认知框架。对于个人成长而言，思想认识直接影响个人的决策和行为，在面对纷繁复杂的问题时，我们的思想认识会引导我们评估不同选择的利弊，从而做出最优选择，一个清晰、明确的思想认识有助于我们做出更加明智和负责任的决策。思想认识在塑造个人价值观方面也起着至关重要的作用。对于社会进步而言，价值观是我们对事物价值的看法和判断，它决定了我们的行为准则和道德标准，健康积极的思想认识有助于我们形成正确的价值观，引导我们做出符合社会道德和伦理标准的行为，对社会产生重要影响。对于国家发展而言，思想认识更是国家创新的重要驱动力，思想认识的提升有助于激发人们的创造力和创新精神，推动科学技术的进步和社会的发展，相反则可能阻碍国家的进步和发展。因此，从思想认识上认同劳动教育与创新创业教育这一融合，是推动其有效实施的重要前提。

劳动教育与创新创业教育融合旨在通过学生参与实际劳动过程中，逐步培养学生的创新精神、创业意识和实践能力，高校劳动教育与创新创业教育融合在培养学生实践能力、激发创新思维、培养职业素养、服务社会经济发展等方面具有综合性育人价值，理应受到高度重视。但是在实际的教育过程中，对于劳动教育与创新创业教育融合价值理念的认识还较为淡薄，对劳动教育与创新创业教育融合缺乏系统科学的认知，具体表现在以下四个方面。一是对劳动教育与创新创业教育融合理解片面的限制。劳动教育与创新创业教育融合是将劳动教育与创新创业教育相结合，一方面，劳动教育促进创新创业教育，通过劳动中的实践操作和亲身体验培养学生勤劳耐心和勇于探索的品质，激发学生的创新思维和创业热情。另一方面，创新创业教育推动劳动教育，创新创业教育注重学生的主动性和创造性，通过创新创业教育，学生可以学会如何将创新点转化为具体行动，从而在实践中深化对劳动教育的理解，劳动教育与创新创业教育融合是基于它们之间的内在联系和相互促进的作用形成的一种新的教育模式。我国先后发布了《教育部办公厅关于做好深化创新创业教育改革示范高校 2019 年度建设工作的通知》《国务院关于推动创新创业高质量发展打造“双创”升级版的意见》《关于全面加强新时代大中小学劳动教育的意见》《大中小学劳动教育指导纲要（试行）》等相关政策文件，但在具体实施过程中，很多高校将劳动教育与创新创业教育融合简单地理解为劳动技能与创新创业知识的简单相加，而忽视了它们之间的内在联系和相互促进的作用。这种片面的理解限制了劳动教育与创新创业教育融合的深度和广度。二是受传统教育观念影响，长期以来，应试教育体系下，学校、家庭和社会普遍倾向于关注学生的考试成绩和学术成就，而将劳动教育和实践能力的培养置于次要地位，劳动教育与创新创业教育融合的目标更是难以实现，虽然近年来素质教育改革不断推进，但是这种倾向显现出的局限性不容忽视，一方面，考试成绩和学术成就固然重要，但是并不能展现出学生能力和潜力的全貌，应试教育下，学生唯分数至上，他们的创造力和独立思考能力也因此受到限制，同时这种教育理念也忽视了学生的个人差异和兴趣爱好，不利于学生的全面发展。另一方面，劳动教育和创新创业教育对于培养学生综合素质具有重要意义，通过劳动教育与创新创业教育实践，培养学生爱岗敬业、精益求精、勇于创新、甘于奉献的优秀品质，帮助学生科学合理地制订职业生涯规划，帮助学生更好地理解社会，提升他们的职业能力素养和创新能力。这种受传统教育观念影响，使劳动教育与创新创业教育融合的价值在教育过程中未能充分实现其预期效果。三是缺乏丰富的理论支撑，理论基础在学术研究深耕、科学制定政策和指导教育实践等方面具有至关重要的作用。它能够为实践活动提供明确的方向和指南，帮助人们理解现象的本质、规律及可能的因果关系，从而指导人们如何有效地进行决策、行动或创新。它能够基于现有的知识规律，清晰深刻地帮助人们从多个角度研判分析问题，从而更好地预测未来的发展趋势。它能够促进跨学科交流，在不同的学科领域之间，理论基础是沟通的桥梁。它使不同学科的研究者能够基于共同的理论框架进行交流、合作和相互启发，从而推动跨学科研究的发展。目前，关于劳动教育与创新创业教育融合的理论研究还不够深入和系统，缺乏科学的理论指导和有效的实践模式，没有丰富的理论作为支撑，高校劳动教育与创新创业教育融合研究难以形成完整的知识体系，影响教育质量和效果的提升。虽然一些学校已经开始尝试开展劳动教育与创新创业教育融合教育，但大多数仍处于起步探索阶段，缺乏深入的实践探索和有效的经验总结。这使得在推进劳动教育与创新创业教育融合时缺乏明确的方向和有效的策略，劳创融合教育的实施效果难以保证。四是教育资源分配不均。教育资源是指在教育过程中被教育者利用的各种要素，这些要素以一定的形式存在并发挥着各自的作用。教育资源是教育事业发展的重要基础，其丰富程度和质量直接影响到教育的效果和质量。目前我国城乡教育资源差异显著，不同地区之间的教育资源也存在着差异，高校之间的教育资源差异也不容忽视，一些直属高校、示范类高校可以拥有更多的优质教育资源，而普通学校则教育资源相对匮乏，这种差异使得普通高校在开展劳动教育与创新创业教育融合时面临诸多的困难和挑战，难以投入足够的人力、物力和财力来推动劳动教育与创新创业教育融合教育的实施。限制了劳动教育与创新创业教育融合理念的普及和深入发展。

二、劳动教育与创新创业教育融合课程设置不合理

课程指学校为实现培养目标而选择的教育内容及其进程的总和，它包括学校所教的各门学科和有目的、有计划的教育活动。这一定义不仅涵盖了学校老师所教授的各门学科，还包括了各种课外活动、家庭作业、社会实践等有计划、有目的的教育活动。课程是实现劳动教育与创新创业教育融合目标的重要抓手，课程作为教育教学的核心载体，承载着传授知识、培养技能、塑造价值观等多重功能，对于推动劳动教育与创新创业教育融合目标的实现具有不可替代的作用。然而高校劳动教育与创新创业教育融合课程设置存在以下五方面困境。

一是课程设置相对独立，缺乏有机融合。许多高校在开设劳动教育课程和创新教育课程时，往往将这两类课程分别开课，缺乏有机融合，难以体现劳动教育与创新创业教育之间的内在联系和互补性。劳动教育注重培养学生的社会责任感，学会尊重劳

动者，珍惜劳动成果，致力于使学生认识到劳动的尊严和价值，树立正确的劳动习惯和劳动观念。同时，强调学生的动手能力、想象创造能力及团队协作能力。创新创业教育则强调培养学生的创新思维，通过批判性思维去发现问题的根源，提出新的解决方案。通过头脑风暴、思维导图等方法，激发学生的创意和想象力，让他们能够跳出传统框架，提出新颖的想法。通过跨学科融合，鼓励学生将不同领域的知识和技能结合起来，产生新的创意和解决方案。劳动教育与创新创业教育在本质上具有内在一致性，两者在教育过程中相互渗透、相互促进，培养出具有创新精神和实践能力的优秀人才，促进学生全面发展。但在课程设置上未能将二者的共生性和内在一致性进行交叉融合，导致学生在学习中难以形成完整的知识体系和能力结构。

二是课程内容相对单一，缺乏差异性。在劳动教育与创新创业教育融合课程设置中，课程内容设计往往相对单一，未充分考虑到不同学生的需求和兴趣，缺乏个性化和差异化，许多高校在设计劳动教育与创新创业教育融合课程时，往往局限于传统的劳动教育和创新创业教育内容，缺乏对其他学科知识的融合与拓展，劳动教育与创新创业教育融合的课程内容需要与社会学、经济学、管理学、心理学等多学科相结合，从而使劳动教育与创新创业教育融合教育体系更加充盈和丰满，教育效果更加显著。例如，一些课程可能过于注重理论知识的传授，而忽视了实践操作和创新创业能力的培养；或者过于强调某一特定领域的技能，而忽视了其他相关领域的知识和技能。不同专业的学生可能接受相同或类似的课程内容，没有充分考虑到不同专业背景、兴趣爱好和职业规划的差异。缺乏差异化的课程设置不仅限制学生的发展空间，也难以激发他们的学习兴趣和动力。因此，劳动教育与创新创业教育融合课程内容要密切关注行业动态和技术发展，确保课程内容与最新趋势保持一致。要与时俱进，引入与现实生活、社会问题紧密相关的案例和项目，增强课程的实用性和吸引力。

三是课程内容缺乏理论与实践相结合环节。许多高校在开设劳动教育与创新教育课程时，课程内容在理论与实践之间缺乏紧密的联系。高校在设置劳动教育与创新教育课程时，往往过于注重理论知识的传授，而忽视了实践操作的重要性，如果课程内容过于注重理论知识的传授，而忽视了实践操作的重要性，学生在课堂上学习大量的理论知识，但在实践中却难以将其转化为实践能力，无法将所学知识应用到实际生活中，不仅限制了学生实践能力的提升，也影响了他们创新思维的培养。劳动教育和创新创业教育若想发挥“1+1>2”的育人效果，必须重视课程内容中理论和实践相结合的环节，营造浓厚的实践氛围，让劳动教育与创新创业教育在具体实践中达到深度融合。

四是教学方法缺乏创新性，劳创融合课程的实施方式往往过于传统和刻板，传统的讲授式教学仍然占据主导地位，教学方法缺乏创新性和灵活性，许多课程仍然采用传统的讲授式教学，没有根据时代发展和学生需求进行更新和拓展，忽视了学生的兴趣特点和个性化需求，没有提供足够的选择性和灵活性，学生被动接受知识，缺乏主动参与和实践的机会。部分高校虽然采用了项目式学习、问题导向式学习、探究式学习等创新教学方式，引入模拟创业等环节，让学生在模拟或真实的商业环境中体验劳动和创新的价值，但并未得到大面积的推广和应用。劳动教育与创新创业教育融合教学方法缺乏创新性容易导致学生对所学的课程缺乏学习兴趣和学习动力，创新思维和创业能力的培养更无从谈起。因此，为了提升教学质量和丰富学生的学习体验，必须重视改进劳动教育与创新创业教育融合的教学方法，引入数字化、互动式现代教育技术，为学生提供更加丰富、更加直观的学习体验。采用项目式学习，增加真实案例的呈现比例，提升学生的学习兴趣，增强学习的实用性和趣味性，实施翻转课堂，鼓励学生自主学习，成为课堂学习的主人，加深学生对知识的理解和应用等，不断增强教学方法的创新性。

五是课程设置缺乏相关的配套制度支持，规范化、系统化和科学化的制度建设是劳动教育与创新创业教育融合有效实施的根本保证，加强制度建设是提升劳动教育与创新创业教育融合教学质量和效果的关键环节。因此在劳动教育与创新创业教育融合过程中，需要制定并完善课程开发制度、课程管理制度等相关制度，加强制度的执行与监督，建立健全反馈与改进机制，并定期对制度进行修订和完善，以适应教育教学的新形势和新要求。劳动教育与创新创业教育融合课程的实施过程是一个螺旋式上升的发展路径，它要求课程从理论层面出发，经过实践的检验，再回到理论层面进行反思和升华。这是一个长期反复的过程，体现了劳创融合理论与实践的相辅相成和相得益彰，是劳动教育与创新创业教育融合课程不断发展和完善的重要途径。要想真正实现劳动教育与创新创业教育融合的育人价值，达到预期的育人效果，必须坚持在长期的实施过程中有学校的顶层设计和制度保障，不因可能出现的主观因素终止或取消，这就需要高校不断建立健全相关配套制度，从制度上为劳动教育与创新创业教育融合顺利实施保驾护航。

三、劳动教育与创新创业教育融合师资力量薄弱

教师是开展劳动教育与创新创业教育的关键力量，是劳动教育与创新创业教育融合教育的引导者，他们需要具备前瞻性的教育理念，能够洞察教育发展的趋势，将劳动教育与创新创业教育有机结合起来，为学生提供一个全新的学习和发展平台。教师是劳动教育与创新创业教育融合教育的设计者，需要设计符合学生特点的劳动教育与创新创业教育融合教育的课程和活动，确保教育内容既符合劳动教育的传统价值，又要融入创新创业教育的理念，使学生能够在实践中学习到实用技能和创新思维。教师是劳动教育与创新创业教育融合教育的实施者，他们在劳动教育与创新创业教育的实施过程中起着关键作用，需要运用各种教学方法和手段，如项目式学习、探究式教学、团队合作、案例分析等，激发学生的学习兴趣和创造力，帮助他们将理论知识转化为实践能力。教师是劳动教育与创新创业教育融合教育的评估者，需要在劳动教育与创新创业教育融合过程中对学生的教育成果进行评估和反馈。通过制定科学合理的评价标准和方法，教师可以及时了解学生的学习情况，发现存在的问题，并给予针对性的

指导和建议，对接下来的劳动教育与创新创业教育融合教育做出利于学生成长发展的调整。然而目前高校劳动教育与创新创业教育融合存在师资力量薄弱，缺乏专业的教师团队等问题，主要体现在以下四个方面。

一是劳动教育与创新创业教育融合教师师资匮乏，目前高校劳动教育与创新创业教育融合的教师主要来自两部分，一部分是劳动教育教师，劳动教育在高等教育的重视程度近年来逐步提高，劳动教育教师多是由辅导员和行政人员兼任，专任教师数量不足，兼职教师比例过高，缺乏专业劳动教育深厚的知识体系和教学训练，使得师资力量相对薄弱，导致教学质量参差不齐。另一部分是创新创业教育教师，目前高校“双创”教育师资队伍主要由专业课教师、辅导员、行政人员、校外企业家，以及有创业经历的学生等专兼职人员组成，这种多元化的师资结构虽然带来了不同的视角和经验，但大多数“双创”教育教师缺乏创业经历和实战经验，加之体制和制度的限制，学校在引进外聘高端企业家所占比例较小，导致他们在授课过程中难以提供深入、具体和专业的创业指导，代入感不强，导致了师资力量的不专业和不稳定。

二是教师对于劳动教育与创新创业教育融合思想认识上还有待加强，长期以来，高校教师对于劳动教育存在片面认知，他们的教育背景和专业领域可能决定了他们对于劳动教育的理解角度，同时社会环境和传统文化也会对他们的观念产生影响，使得对于劳动教育的理解更多的是倾向于体力劳动范畴，容易忽视劳动教育的育人价值导向，淡化了对劳动精神、创新创业精神的培养，以及对创造性劳动能力的重视。高校中的创新创业教育教师往往具有高层次的学历背景和扎实的专业理论知识功底，擅长创新创业教育理论层面的学术研究，能够引导学生就某一领域的问题进行深入探讨，但在劳动教育与创新创业教育的具体融合过程中却鲜有意识引导学生将其与社会现实问题相结合并形成服务社会的创新创业项目。

三是劳动教育与创新创业教育融合教师培训体系不完善，劳动教育与创新创业教育融合是在新的时代背景下提出的一种教育方式，劳动教育与创新创业教育融合持续向好发展需要经费支持、师资储备、企业指导和社会关注等多方面的支持，其中教师培训是重要一环。但是许多高校在劳动教育与创新创业教育融合教师培训方面的资源投入不足，导致培训机会有限，无法满足广大教师的需求。培训内容往往侧重于理论知识的传授，而缺乏实践操作和案例分析，导致教师难以将所学知识应用于实际教学中。传统的培训方式，如讲座、研讨会等，往往缺乏互动性和针对性，难以激发教师的参与热情和创造力。对于教师培训的效果评估往往缺乏科学、全面的评价体系，导致培训质量难以保证。劳动教育与创新创业教育融合教师培训体系的不完善是一个亟待解决的问题。高校应加大对教师培训的投入，丰富培训内容，创新培训方式，完善评价体系，并加强校企合作，以提高教师的专业素养和教学能力，推动劳动教育与创新创业教育融合的持续发展，提升劳动教育与创新创业教育融合的实际育人效果。

四是劳动教育与创新创业教育融合教师自身缺乏实践经验，劳动教育与创新创业教育融合强调理论与实践的紧密结合，这对劳动教育与创新创业教育融合教师提出了极高的要求，他们不仅需要具备扎实的理论基础，还需要拥有丰富的创新创业实战经验。理论基础知识包括教育学、心理学、管理学、经济学、创新创业理论，以及劳动教育理论等多方面的知识，这些理论知识为他们提供分析问题和解决问题的基本框架和方法，使他们能够引导学生深入理解创新创业的本质和劳动教育的价值，培养学生的创新思维和实践能力。除了理论基础知识外，劳动教育与创新创业教育融合教师还需要具备丰富的实战经验。包括参与过创新创业项目经历、有企业的实践经验、了解市场发展趋势和行业动态变化等。实战经验使他们能够更深入地理解创新创业的复杂性和不确定性，以及劳动教育在实际操作中的挑战和机遇。教师可以将这些经验融入教学中，为学生提供更加贴近实际、更具操作性的指导和建议。只有既具备深厚理论知识又具备丰富实战经验的教师，才能有效地引导学生将理论知识转化为实践能力，培养出更多具有创新精神和实践能力的高素质人才。但某些高校中劳动教育与创新创业教育融合教师缺乏充足实践经验，难以将理论知识有效地转化为实践指导。

四、劳动教育与创新创业教育融合支持保障体系不完善

劳动教育与创新创业教育融合是一项长期的系统工程，它涉及教育理念、教学内容、教学方法、师资队伍建设、政策支持、资金投入及资源整合等多个方面，其中支持保障体系尤为重要，劳动教育与创新创业教育融合若想取得理想效果，必须不断完善支持保障体系，从而达到“1+1>2”的效果。然而在高校，劳动教育与创新创业教育融合支持保障系统还有待完善，主要体现在以下五个方面。

一是政策体系制定不健全不完善，尽管国家和各高校出台了一系列鼓励和支持劳动教育与创新创业教育融合的政策措施，但在具体执行层面，仍存在政策落实不到位、政策衔接不畅等问题。在政策制定阶段，首先，要加强政策制定的精准性和可操作性，应更加深入地调研和了解高校、学生及社会各界的实际需求，确保政策内容既全面又具有针对性。提高政策的可操作性，明确政策执行的具体步骤、责任主体和时限要求，减少执行过程中的模糊性和不确定性。其次，建立有效的政策执行保障机制，加大对政策执行的资源投入，包括资金、人员、设备等，确保政策有足够的物质基础来支撑其落地。建立政策执行的协调机制，明确各部门之间的职责分工和协作流程，减少政策执行中的摩擦和阻力。再次，完善政策执行的监督和评估机制。建立健全政策执行的监督机制，通过定期检查、专项审计等方式，确保政策得到严格执行。建立科学的评估体系，对政策执行效果进行客观、全面的评估，及时发现问题并进行调整和优化。最后，加强部门间的政策衔接与协同。推动各部门之间的信息共享和沟通协作，确保政策在制定和执行过程中能够相互衔接、互为补充。建立跨部门协作的常态化机制，共同解决政策执行中的难点和问题，提高政策执行的整体效能。

二是劳动教育与创新创业教育融合资金投入不足，制约了劳动教育与创新创业教育融合教育的深入发展和实际效果。首先，教学设施建设滞后。劳动教育与创新创业

教育融合教育需要先进的教学设施来支持实践操作和创新活动。然而，由于资金不足，许多学校可能无法更新或购买必要的教学设备，导致教学质量和效果受限。其次，师资队伍建设受限。优秀的教师是劳动教育与创新创业教育融合教育成功的关键。然而，资金短缺可能导致学校在招聘、培训和留住优秀教师方面遇到困难。再次，实践活动难以开展。劳动教育与创新创业教育融合教育强调通过实践活动来培养学生的创新能力和实践能力。然而，资金不足可能使学校无法组织足够的实践活动，或者活动质量不高，从而影响学生的学习体验和学习成果。最后，缺乏稳定性和持续性的资金投入，使得劳动教育与创新创业教育融合教育的长期发展中面临风险和挑战，学校无法制订长期的教育规划，也难以确保教育质量的持续提升，不利于长期发展。因此，政府应加大对劳动教育与创新创业教育融合教育的投入，确保教育资金的稳定性和持续性。鼓励企业、社会组织和个人等社会力量参与劳动教育与创新创业教育融合教育的投资。学校应合理规划和使用资金，确保资金用于最关键的教学设施建设、师资队伍建设和实践活动开展等方面。同时，可以通过与其他学校或机构合作，共享资源，降低成本。学校应建立多元化融资渠道，除了政府投入和社会投资外，还可以探索校友捐赠、教育基金等其他融资渠道。

三是劳动教育与创新创业教育融合评价体系不完善，这是当前制约劳动教育与创新创业教育融合教育深入发展的关键问题之一。首先，评价标准不明确。缺乏统一、明确、具体的评价指标，使得评价工作难以客观、公正地进行。同时，评价标准过于注重知识掌握和技能水平，而忽视了创新精神、实践能力、社会责任感等综合素质的评价，不利于学生全面发展。应该建立明确的评价标准，确保评价的客观性和公正性。其次，评价方法单一。现有的评价方法主要依赖于传统的考试和测验，缺乏对学生创新能力、实践能力和综合素质等方面的综合评价。单一的评价方法会让学生过于关注应试技巧，而忽视了实际能力的培养。因此要采取多元化的评价方法，提高评价的效率和准确性。再次，评价主体单一。劳动教育与创新创业教育融合的评价主体往往局限于教师或学校内部，缺乏外部评价和社会评价的参与，这导致评价结果存在一定的主观性和片面性，难以客观、全面地反映学生的劳动教育与创新创业教育融合能力。应该引入外部评价和社会评价机制，增加评价的客观性和全面性。最后，评价结果反馈不及时。及时有效的评价结果反馈机制，能够帮助学生及时了解自己的学习情况，明确自己的优点和不足，从而不断调整学习策略，制订更有针对性的学习计划，提高学习效果。然而，当前劳动教育与创新创业教育融合教育的评价结果反馈机制尚未建立或存在不完善的地方，需要建立及时有效的反馈机制，确保学生能够及时了解自己的学习情况。

四是校内外资源未充分整合利用，高校内部具备实验室、实训基地、创新创业中心等众多教育资源，是开展劳动教育与创新创业教育融合的重要载体和媒介，然而，高校内部各部门之间，以及高校与社会之间劳动教育与创新创业教育融合资源未充分整合是导致劳动教育与创新创业教育融合开展效果不佳的重要原因。首先，校内资源分配不均，校内资源往往有限，且在不同学科和专业之间分配不均。导致劳动教育与创新创业教育融合教育难以获得足够的资源支持，校外资源虽然丰富，但由于缺乏有效的整合机制，使得学校难以充分利用这些资源。其次，学校与企业等校外机构的合作机制不健全，限制了校内外资源的有效整合和利用，使得双方在资源共享、人才培养等方面的合作难以深入。最后，在劳动教育与创新创业教育融合方面学校与校外平台存在信息共享不畅的情况，导致双方对彼此的资源了解不足，使得资源无法得到有效整合和利用，无法为学生提供更多的实践机会和创业指导。应优化校内资源配置，建立公平的分配机制，构建校内资源共享平台。加强校企合作机制，建立与企业长期稳定的合作关系，推动产学研一体化建设。促进校内外信息共享与沟通，增强双方彼此资源的了解和信任。探索灵活多样的合作模式，创新合作模式与机制，推动劳动教育与创新创业教育融合教育深入发展。

五是缺乏专业的研究和指导。目前劳动教育与创新创业教育融合处于初步探索阶段，尚未形成系统、完善的理论体系，使得高校在推进劳创融合时往往缺乏可借鉴的成功经验，高校在探索适合自身特点的劳动教育与创新创业教育融合模式时面临较大困难。同时，现有研究多集中在概念阐述、意义分析等浅层次方面，对于具体操作、实施路径、评估机制等深层次问题的研究较少，缺乏专业的教材、指导手册、教学案例和专题读本等。因此，要加强劳动教育与创新创业教育融合理论研究与体系建设，鼓励学者和专家深入研究劳动教育与创新创业教育融合的内涵、特点、规律等，构建系统、完善的理论体系，为高校推进劳动教育与创新创业教育融合提供理论支撑。定期举办劳动教育与创新创业教育融合的学术会议、研讨会等，邀请国内外知名学者、专家进行学术交流，分享研究成果和经验，推动理论研究深入发展。探索实施路径与评估机制，开展实证研究，鼓励高校和科研机构开展劳动教育与创新创业教育融合实证研究，探索适合不同高校、不同专业的实施路径和评估机制。建立评估体系，制定科学合理的评估标准和指标，对劳动教育与创新创业教育融合教育的实施效果进行定期评估，及时发现问题并调整策略。开发专业教材与指导手册，编写教材与手册，组织专家、学者和一线教师共同编写劳动教育与创新创业教育融合专业教材、指导手册等，为高校推进劳动教育与创新创业教育融合提供实用的教学资源和工具。推广优秀案例，收集和整理国内外劳动教育与创新创业教育融合优秀案例，编辑成专题读本或案例集，供高校参考和借鉴。从而有效解决劳动教育与创新创业教育融合中缺乏专业研究和指导的问题，推动劳动教育与创新创业教育融合长期发展。

五、劳创融合奖励机制和管理机制尚不完善

奖励属于情感价值满足的范畴，奖励不仅仅是物质上的回馈，更重要的是它能够满足一个人的情感需求，通过激发和鼓励，使人们产生一种内在驱动力并朝着所期望的目标不断前进。当个人在工作或学习中取得成就时，获得奖励是对其努力的认可和肯定，从而提升了自我价值感、成就感和自豪感，从而满足了情感上的需求。奖励具

有激励作用：奖励能够提升工作积极性，增加工作动力，通过提供具体的奖励，劳动教育与创新创业教育融合师生会更加有动力地投入学习或者工作中，实现个人和团队的成长与进步。奖励具有导向作用：奖励的设置通常与所要达成的目标息息相关，引导人们采取符合期望的行为和态度，促进整体氛围的积极和正向。奖励具有认可作用：获得奖励是对个人努力和成就的认可，有助于提升自尊心和自信心，建立良好的信任与合作的关系。奖励具有创新作用：通过设置与劳动教育与创新创业教育融合相关的奖励，可以激发人们的创造力和创新精神，推动新产品、新技术或新方法的诞生，将创新意识和思维方式进行内化，发自内心地愿意去关注并尝试新鲜事物。奖励可以增强团队凝聚力。奖励可以增强团队成员之间的凝聚力和归属感，促进团队合作和协作。奖励可以提振团队成员的士气，使他们更加积极地面对挑战和困难。奖励具有示范效应，奖励的获得者可以成为其他人的榜样，鼓舞激励带动他们效仿并追求类似的成就。奖励的设立和颁发可以传播正能量，营造积极向上的氛围和文化。

在劳动教育与创新创业教育融合过程中，建立完善奖励机制至关重要，因此，要建立长效激励制度。所谓长效激励机制，就是指激励主体采用具有助长作用的激励机制去最优化激励客体的表现，从而有效提升激励客体的工作绩效及其组织的赢利能力的一种激励行为。长效激励机制可以有效地避免高校教师在长期从事劳动教育与创新创业教育融合工作中产生职业倦怠，能够持续激发教师个体或科研团队的创新动力，鼓励他们积极参与劳动教育与创新创业教育融合项目，不断探索新的可能性和机会。通过奖励机制的引导，可以促进劳动教育与创新创业教育融合项目高质量发展，推动劳动教育与创新创业教育融合项目在创新性、实用性、社会价值等方面取得显著成果。长效激励制度有助于培养具备创新精神和实践能力的优秀人才，持续为社会注入劳动教育与创新创业教育融合活力，为社会发展提供有力的人才支撑。

劳动教育与创新创业教育融合长效激励制度需要制定明确的奖励标准，奖励标准应涵盖项目的创新性、实用性、社会价值等多个方面，只有制定明确的奖励标准，才能确保奖励的公正性和权威性。需要采用多样化的奖励形式，包括物质奖励、精神奖励、职业发展机会等，以满足不同个体和团队的需求。物质奖励包括专项奖金、丰厚奖品等；精神奖励包括荣誉证书、表彰大会等；职业发展机会包括提供实习机会、就业推荐等。需要建立完善的项目评估体系。评估体系应涵盖项目的创新性、实用性、社会价值、团队贡献等多个方面，对劳动教育与创新创业教育融合项目进行定期评估，确保奖励的准确性和有效性。同时，还要做好长效激励制度的加强与推广工作，通过媒体、网络等渠道加强对长效激励制度的宣传和推广，提高社会对劳动教育与创新创业教育融合的认知度和关注度，吸引更多优秀的人才和资源参与到劳动教育与创新创业教育融合中来。强化制度执行。做好长效激励制度严格执行，对符合奖励标准的项目和个人及时给予奖励，对不符合标准的项目进行指导和改进。建立有效的反馈机制，及时收集和处理个体和团队对长效激励制度的意见和建议，不断优化和完善制度内容。

在劳动教育与创新创业教育融合过程中，建立完善管理机制十分重要，这不仅能够确保劳动教育与创新创业教育融合工作的有序进行，还能为师生提供一个良好的创新创业和劳动实践环境。因此，建立科学、合理的管理制度是劳动教育与创新创业教育融合工作的重要一环。完善的管理制度可以明确各项工作的职责、流程和要求，确保劳动教育与创新创业教育融合工作按照既定的计划和目标有序进行。通过制定合理的工作流程和标准，管理制度可以帮助师生更加高效地完成任务，减少不必要的重复劳动和浪费。管理制度可以引导师生合理利用和配置资源，包括时间、资金、设备等，从而提高资源的使用效率和效益。

劳动教育与创新创业教育融合管理制度的内容包括构建组织架构与职责分工，明确劳动教育与创新创业教育融合工作的组织架构，包括领导机构、工作小组等，并详细划分各成员的职责和权限，确保工作能够落实到人。制订劳动教育与创新创业教育融合工作的具体流程和标准，包括项目申报、审批、实施、评估等各个环节，确保工作能够按照规范进行。建立资源管理制度，明确资源的分配、使用、维护和更新等要求，确保资源的有效利用和持续优化。建立监督与评估机制，定期对劳动教育与创新创业教育融合工作进行检查和评估，发现问题及时整改，确保工作质量和效果。在制定管理制度时，要充分做好调研工作，了解师生的需求和期望，结合学校实际情况，制订劳动教育与创新创业教育融合工作的发展规划和目标。要注重制度的科学性和合理性，确保制度能够符合师生的实际需求和工作特点。在制度发布后，要加大制度的宣传和培训力度，确保师生能够充分了解制度的内容和要求。要建立有效的反馈机制，鼓励师生提出对制度的意见和建议，以便及时发现问题并进行改进，以确保劳动教育与创新创业教育融合工作的质量和效果。

当前部分高校在劳动教育与创新创业教育融合方面奖励机制和管理机制上存在不足，不仅影响了师生的积极性和参与度，还阻碍了劳动教育与创新创业教育融合工作的深入发展。在奖励机制上，部分高校未设立专门的劳动实践或创新创业方面的个人或集体奖项，师生的努力得不到应有的认可和奖励，在一定程度上影响师生的积极性和参与度，导致学生缺乏正向激励的环境，逐渐失去对劳动教育与创新创业教育融合活动的兴趣与热情。因此，高校应设立专门的劳动教育与创新创业教育融合个人和集体奖项，以表彰在劳动实践和创新创业方面表现突出的师生，包括优秀项目奖、创新成果奖、最佳实践奖等，以激励学生积极参与劳动教育与创新创业教育融合活动。建立多层次奖励体系。除了设立专项奖励外，高校还可以建立多层次、多维度的奖励体系，如设立奖学金、助学金、实习机会、创业资金等，以进一步激发学生的积极性和参与热情。加强宣传推广，通过校园媒体、社交媒体等渠道，加大对劳动教育与创新创业教育融合奖项的宣传力度，提高师生对奖项的认知度和重视程度。在管理机制上，部分高校未成立劳动教育与创新创业教育融合专门管理机构，导致相关工作缺乏全面统筹和规划，容易在劳动教育与创新创业教育融合工作中出现无序、低效等问题，影响整体效果。因此，高校应成立劳动教育与创新创业教育融合专门管理机构，负责全面统筹和规划相关工作。制订劳创融合发展规划、制定相关政策、协调各方资源、组织相关活动等，以确保劳动教育与创新创业教育融合工作的有序开展。劳动教育与创新创业教育融合工作涉及多个部门和领域，因此，高校应建立跨部门的协作机制，加强各部门之间的沟通和协作，形成合力推进劳动教育与创新创业教育融合工作。高校应加强对师生的劳动教育与创新创业教育融合培训和指导，提高他们的劳创意识和能力。可以通过举办讲座、研讨会、培训班等方式，为师生提供全面的劳动教育与创新创业教育融合知识和技能培训。为了不断优化劳动教育与创新创业教育融合工作，高校应建立评估反馈机制，定期对劳动教育与创新创业教育融合工作进行评估和总结，发现问题并及时整改。同时，应鼓励师生提出意见和建议，以促进劳动教育与创新创业教育融合工作的持续改进。

综上所述，高校在奖励机制和管理机制上应加强对劳动教育与创新创业教育融合工作的重视和支持，通过设立专项奖励、建立多层次奖励体系、成立专门管理机构、建立协作机制、加强培训和指导，以及建立评估反馈机制等措施，以激发师生的积极性和参与热情，推动劳动教育与创新创业教育融合工作的深入发展。

劳动教育与创新创业教育融合尚属新兴研究领域，人们对于新兴事物的认知和理解总是需要一定的时间。劳动教育与创新创业教育融合作为一个新的教育理念，需要教育者和学习者逐渐理解其内涵、意义和价值。通过宣传、培训和实践活动等方式可以加快各界对劳动教育与创新创业教育融合的接受和认可速度，推动其在教育领域的广泛应用和发展。一个成熟的理论和概念得到推广需要经过理论和实践的双重检验，需要长期反复实践验证过程，这种检验是确保理论的有效性和可靠性的关键步骤，也是推动理论发展和完善的重要途径。理论检验为实践检验提供了理论指导和支持，而实践检验则为理论检验提供了实际案例和验证机会。可见，成熟的理论和概念对于劳动教育与创新创业教育融合发展具有重要意义。长期以来，在教育体系中，劳动教育与创新创业教育往往被视为两个相对独立的领域，它们在课程设置、课程内容、教学方法、评价体系等方面各自发展，然而，随着教育改革的深入和社会的发展，二者之间的内在联系和互补性得到了更多的关注，二者融合已成为一种必然趋势。

自劳动教育与创新创业教育融合概念的提出以来，至今仅过去五年时间，作为新兴研究领域，其具有广阔的研究空间和实践价值，接下来，要加强理论研究，组织专家学者开展深入研究，构建劳动教育与创新创业教育融合的理论体系。定期举办学术会议、研讨会等，促进学术交流与合作。要注重积累实践经验，鼓励高校开展劳动教育与创新创业教育融合试点项目，探索适合自身特点的实施路径。加强与企业的合作，共同推进劳动教育与创新创业教育融合的实践探索。要加大资源投入，组建专业的研究团队，加强科研力量，争取更多的科研经费支持，用于劳动教育与创新创业教育融合的研究和实践。要加强师资队伍建设，培养和引进具有劳动教育与创新创业教育融合经验和能力的专业教师。认真组织开展师资培训，提升教师对劳动教育与创新创业教育融合理念的理解和应用能力。推动劳动教育与创新创业教育融合领域的深入发展，为培养具有创新精神和实践能力的高素质人才提供有力支持。

六、劳动教育与创新创业教育融合社会支持力度不够

劳动教育与创新创业教育的深度融合离不开社会各界的支持，然而当前社会支持力度不足，主要体现在三个方面。一是企业参与度低。企业参与高校劳动教育与创新创业教育的积极性不高，难以提供充足的实践资源和指导，部分企业认为企业参与教育合作需投入人力、物力及时间成本，但短期内难以获得直接经济回报。例如，为学生提供劳动实践岗位需承担安全风险与管理成本，而创业项目孵化周期长、成功率低，企业更倾向选择能直接创造价值的校企合作模式（如订单式人才培养），而非公益性教育融合项目；校企合作模式僵化与需求错位，缺乏长效机制，合作内容单一，现有校企合作多停留在“实习基地建设”“就业招聘”等浅层，缺乏深度融合机制。例如，企业导师进入高校授课多限于单次讲座，未参与课程设计，劳动教育中的技术改良需求未被企业转化为实际创新项目，双方资源未形成互补，难以形成深度合作；企业实践资源不足，能提供的实践岗位和项目有限，难以满足学生多样化的实践需求；企业导师指导力量薄弱，缺乏系统的教学培训，难以有效指导学生进行创新创业实践。部分企业存在社会责任缺失，对教育公益属性认知不足，将参与教育视为“负担”而非品牌投资，社会责任履行停留在公关层面。二是社会支持体系缺位。现有政策对劳动教育与创新创业教育融合的支持力度不够，缺乏具体的实施细则和保障措施；高校开展劳动教育与创新创业教育融合需要大量资金支持，但目前资金来源单一，难以满足实际需求；缺乏连接高校、企业、政府等各方资源的公共服务平台，导致资源分散，难以实现资源共享和优势互补，例如，劳动教育实践成果（如非遗技艺创新）难以对接市场需求，创业项目缺乏劳动伦理指导，而企业需求（如技术升级）未被纳入高校教育环节。三是社会氛围不浓。全社会对劳动教育和创新创业教育的重视程度不够，难以形成良好的育人环境。部分社会群体存在观念认识偏差，对劳动教育和创新创业教育存在偏见，认为劳动教育低人一等，创新创业教育只是少数人的事情。媒体对劳动教育和创新创业教育的宣传引导力度不够，难以形成广泛的社会共识。教育生态割裂影响，基础教育阶段劳动教育缺失，导致高校学生缺乏基础劳动技能，社会对“失败”的容忍度低，创业教育中“成功学”叙事掩盖了劳动过程的育人本质。

劳动教育与创新创业教育融合尚属新兴研究领域，人们对于新兴事物的认知和理解总是需要一定的时间。劳动教育与创新创业教育融合作为一个新的教育理念，需要教育者和学习者逐渐理解其内涵、意义和价值。通过宣传、培训和实践活动等方式可以加快各界对劳动教育与创新创业教育融合的接受和认可速度，推动其在教育领域的广泛应用和发展。一个成熟的理论和概念得到推广需要经过理论和实践的双重检验，需要长期反复实践验证过程，这种检验是确保理论的有效性和可靠性的关键步骤，也是推动理论发展和完善的重要途径。理论检验为实践检验提供了理论指导和支持，而实践检验则为理论检验提供了实际案例和验证机会。破解社会支持不足的难题，需构建“政府引导、企业主体、社会协同”的立体化支持网络，通过政策创新（如设立融

合教育专项基金)、平台搭建(如产教融合联盟)、文化重塑(如劳动创业典型宣传),推动形成"企业得人才、高校得资源、学生得成长"的共赢生态。只有政府、企业、社会各方共同努力,劳动教育与创新创业教育的融合才能突破"盆景式"探索,迈向可持续发展,才能形成支持劳动教育与创新创业教育融合的良好社会氛围,为培养更多高素质创新型人才提供有力保障。

七、劳动教育与创新创业教育融合差异化发展面临挑战

劳动教育与创新创业教育的融合需要根据不同高校类型和学科特点进行差异化发展,然而当前面临以下两个主要挑战。

一是高校类型适配问题。职业院校劳动资源丰富但创业生态贫瘠,职业院校拥有实训车间、农业基地等丰富的劳动资源,但教育目标长期聚焦于"技术工人培养",创业基因薄弱,缺乏创业导师、创业基金等资源,学生创业意识和能力不足。例如,机电专业学生虽能熟练操作机床,但缺乏将技术改良转化为创业项目的意识;农业院校虽有种植实践,但商业化路径指导不足,导致劳动成果多停留在"产品"而非"商品"阶段。职业院校的教师多来自企业一线,擅长技能传授但缺乏商业思维。例如,烹饪教师能指导学生制作菜品,却难以引导其分析餐饮市场需求,工匠精神培育与创业风险教育脱节,学生"敢做"但"不敢闯"。职业院校的校企合作处于"低端循环"状态,企业参与多限于实习岗位提供,如酒店、工厂流水线,合作内容缺乏创新空间。企业导师未参与课程设计,劳动实践沦为"廉价劳动力输出",与创业所需的资源整合、商业模式设计脱节。如何将劳动教育与创新创业教育有机结合,在培养学生劳动技能的同时,提升其创业意识和能力是需要深度思考的问题。而综合性大学创业生态活跃但劳动教育边缘化,综合性大学存在着资源分配"重科研轻实践"情况,创业资源集中于商学院、工程学院,以竞赛、孵化器为主,劳动教育被挤压为通识选修课或志愿服务。学生评价体系"唯成果论",奖学金、保研政策与论文、专利、比赛奖项深度绑定,劳动实践参与难以量化评价。学生更倾向于参与能快速"出成果"的创业项目,而非需要长期投入的劳动教育。如何将创新创业教育融入劳动教育,在培养学生创新精神和创业能力的同时,强化其劳动意识和技能需要格外关注。

二是学科壁垒限制。理工类学科的技术驱动与劳动创新的天然契合,工程训练、科研实践本身即包含劳动过程,技术创新与创业需求易结合。例如,机械专业学生改进3D打印技术后,可自然延伸至创业项目;编程课程中的项目成果可直接转化为商业产品。竞赛导向的强化效应,"互联网+""挑战杯"等赛事聚焦技术转化,推动理工科形成"劳动→创新→创业"链条。但过度竞赛化也可能导致"为创新而创新",忽视劳动教育的育人本质。文科领域的抽象劳动与创业融合的路径迷茫,新闻传播、社会学等学科的劳动实践多为调研、文案创作等"非物质劳动",成果难以直接商业化。例如,新闻学子劳动成果是报道文本,转化为创业项目需跨越媒体运营、内容付费等多重门槛。文科创新多围绕服务模式、文化传播等领域,需重构劳动价值认知。例如,

非遗传承劳动实践若缺乏品牌化、数字化思维，难以形成可持续创业项目；社会学调研成果需转化为政策咨询产品，但学生缺乏相关商业技能。人文学科强调批判性思维与社会批判，与创业教育的功利导向存在张力。部分学生将创业视为“庸俗化”，劳动教育被简化为“体验生活”，深层价值认同缺失。

总之，劳动教育与创新创业教育的融合需要根据不同高校类型和学科特点进行差异化发展，唯有突破同质化思维，尊重学科特性与高校定位，方能使融合教育从“形式覆盖”走向“实质创新”。

第四章　高校劳动教育与创新创业教育融合系统的内在逻辑

高校劳动教育与创新创业教育融合是一项系统工程，不同领域的多元主体协同互融需要以系统科学为理论研究基础，从学理上探索高校劳动教育与创新创业教育融合系统内部整体与部分、层次与结构、主体与环境之间的运行关系，进一步运用理论指导实践，系统研究、合理规划，构建起目标明确、运行流畅、内容翔实、教育有效的高校劳动教育与创新创业教育融合机制。从系统科学角度解析高校劳动教育与创新创业教育融合系统的内在逻辑，就是要围绕高校劳动教育与创新创业教育融合育人的目标，对高校劳动教育与创新创业教育融合系统内在各组成要素、结构、功能进行深入研究，①解析高校劳动教育与创新创业教育融合的内在机理，从整体上掌握高校劳动教育与创新创业教育融合系统的一般发展规律，构建劳动教育与创新创业教育相辅相成、引导大学生树立正确劳动观念、养成良好劳动习惯、培养创造性劳动能力的综合教育体系。

高校劳动教育与创新创业教育融合系统的内在逻辑可分为三个层次：一是深入了解系统各构成要素的特质，从而促进系统内各要素质效的良好提升。二是解构系统内部各要素间的关系，找到各要素协同共生的方式，通过能量、物质、信息的连接使之构成科学稳固的结构。三是分析环境对高校劳动教育与创新创业教育融合系统之间的关系，探求更好发挥系统功能的方法与路径。

第一节　高校劳动教育与创新创业教育融合系统的要素

要素是构成系统的最小单元，具有特定的功能和属性，是系统产生、变化、发展的动因。在系统中，要素通过相互作用和协同，形成系统的整体结构和功能。要素的配置、位置和动态变化直接影响系统的稳定性和适应性。高校劳动教育与创新创业教育融合系统是一个多维度、跨学科的研究领域，研究系统要素对揭示高校劳动教育与创新创业教育融合内在系统的结构功能、掌握高校劳动教育与创新创业教育融合育人规律、预测高校劳动教育与创新创业教育融合发展趋势均具有重要的理论与实践意义。

具体来说，高校劳动教育与创新创业教育融合系统是由教育目标、教育者、教育对象、教育内容、教育方法、教育载体等内在要素，以及家庭、学校和社会等外部环境因素非线性耦合形成的有机整体。虽然上述要素在系统中的性质、作用和强度都各不相同，但每一要素都具有直接影响高校劳动教育与创新创业教育融合效果的特定功能，各要素之间的相互关系与作用既可以体现高校劳动教育与创新创业教育融合系统的属性，又可以客观地反映高校劳动教育与创新创业教育融合发展的规律，缺一不可地构成了高校劳动教育与创新创业教育融合系统这一有机整体。

一、教育者

马克思在与恩格斯合著的《神圣家族》一书写道："思想不能实现什么东西。为了实现思想，就要有使用实践力量的人。"高校劳动教育与创新创业教育的教育者就是使用实践力量以实现教育目的的人，教育者是高校劳动教育与创新创业教育的承担者与实施者，在推动融合育人的过程中扮演着至关重要的角色。他们不仅是知识的传递者，更是学生创新思维和实践能力的培养者，教育者的专业素养、教学水平和实践能力对于学生的全面发展具有重要影响。通过不断提升自身的教学能力和研究水平，教育者可以更好地促进劳动教育与创新创业教育的深度融合，为培养具有创新精神和实践能力的高素质人才作出贡献。

（一）教育者个体素质

作为教育教学的主导力量，教育者必须不断提高思想政治觉悟、师德修养、专业权威、实践能力，成为劳动教育与创新创业教育融合工作的实践者和研究者。教育者应具有强烈的主体责任意识，深刻认识自身的主体地位与主导作用，在实践中不断探索劳动教育与创新创业教育的融合模式，总结经验、发现问题，不断创新教育教学方法与载体，提升教育教学的效果与质量。

为了提升大学生的劳动能力与创新创业能力，积极培育新时代大学生的劳动观念与创新创造精神，教育者需要具备跨学科的知识背景、过硬的教学能力、勤勉的教学态度、科学的教学方法和丰富的实践经验。劳动教育强调技能的传授和实践操作，而创新创业教育则需要教育者具备引导学生进行创新思维和创业实践的能力。因此，教育者应当坚持面向世界科技前沿、面向经济主战场、面向国家重大需求、面向人民生命健康，不断更新自己的知识体系，掌握最新的教育理念和教学方法。教育者应当成为学生创新精神的激发者。当今时代，创新已成为推动社会发展的核心动力。高校作为培养创新人才的摇篮，教育者的角色至关重要。教育者需要设计富有挑战性和创新性的学习任务，激发学生对于知识的兴趣，鼓励学生在实际操作中发现问题、解决问题，从而培养他们的探索精神、创新意识、劳动能力。教育者应当成为学生劳动能力的培养者。劳动教育与创新创业教育融合，要求学生不仅要掌握扎实的理论知识，更要具备将知识运用到实践中的能力。教育者应当创新教育方法，通过项目式教学、实习实训等方式，为学生提供实际操作的机会，帮助学生在实践过程中将理论与实践相结合，鼓励学生通过学习、实践了解社会民生、行业发展，在现实情境中厚植劳动情怀、提升专业能力、增强社会责任感，培养学生的服务意识、奉献意识、劳动精神、担当精神、创新精神，引领广大青年学子将青春的激情与活力注入中国梦的壮阔实践之中。

劳动教育与创新创业教育在高素质创新人才培养过程中具有关键作用，是高校落实立德树人根本任务，培养更多具有为国奉献、意志坚定的高素质人才的重要环节。劳动教育不仅关乎学生理论知识与专业技能的培养，更是塑造学生思想道德素质的熔炉。作为劳动教育与创新创业教育的领航人，教育者的思想政治觉悟与师德修养直接影响着教育的质量和效果。首先，教育者应具备坚定的政治立场和正确的世界观。在教育过程中，教育者不仅是知识的传递者，更是价值观的塑造者。通过劳动与创新创业融合教育，教育者可以向学生传达劳动的尊严和价值，创新的意义与作用，引导学生通过劳动和创造磨炼意志、提高能力。其次，教育者需要在劳动教育与创新创业教育融合中融入思想政治教育的元素，引导学生理解劳动与社会发展的关系，认识到劳动对于个人成长和社会进步的重要性，帮助学生形成正确的劳动观念和强烈的社会责任感。最后，教育者应以身作则，展现良好的劳动态度和创新精神。在劳动教育与创新创业教育融合过程中，教育者的言行举止都会成为学生模仿的对象。教育者的积极参与和热情投入，能够激发学生对劳动与创新创业的兴趣，增强他们参与学习实践的积极性。高校应严格落实劳动与创新创业教育师资管理制度，把劳动教育与创新创业教育纳入教师培训内容。同时，一名合格的任课教师，应具有至诚报国的理想信念、行为规范的道德情操、乐教爱生的仁爱之心。因此，要着力开展师德师风建设，确保教育者具有良好的思想品德与职业道德。

（二）教育者队伍素质

由具有共同教育目标、教育理念，知识、年龄结构合理的高素质教育者组成的教育教学团队是实现劳动教育与创新创业教育融合目标的中坚力量，也是开展劳动教育与创新创业教育融合的组织保证。组建结构合理、专业互补的教育者队伍对提升教学质量、培育爱国奉献的时代新人具有重要意义。劳动教育与创新创业教育融合的高质量发展需要一支专业知识扎实、劳动素养深厚、富有创新创业经验的师资队伍。组建结构合理的教育团队，应充分考虑高校的实际情况和教育教学任务，确保团队成员在专业、年龄、学历、职称、能力、专兼职等多个维度上形成互补和协同。

年龄结构的合理性是构建师资队伍的基础。团队成员应涵盖年轻教师到资深教授各个年龄阶段。年轻教师充满活力和创新精神，而资深教授则拥有丰富的教学经验和学术积累，年龄层次的多样性有助于形成互补的教学团队。学历和能力的多样性也是组建师资队伍时需要考虑的重要因素。师资队伍中应包含不同学历背景的教师，以及具有不同职称、性别、专业技能、教学能力、实践经验的教师，师资队伍构成的多样性有助于提升教育教学质量和满足学生的多样化需求。

专业背景的互补性是构建师资队伍的关键。团队成员应涵盖不同学科领域，以满足跨学科教学和研究的需要。通过跨学科合作，可以激发新的教学方法和研究思路，促进知识的创新与应用。根据劳动教育与创新创业教育融合的特殊性，要建立专兼职教师队伍，两者的结合有助于学生更好地理解理论与实践的联系。专职教师负责日常教学和学生指导，而兼职教师要着力聘请企业管理人员、科学研究人员、社会服务者、政府工作者、大国工匠与劳动模范等具有劳动教育或创新创业教育实践经验的相关人员，这样可以带来更多的行业经验和实践知识。同时，要积极组织专兼职教师参加专业培训与创新创业类培训，促进教师知识更新，不断提升教师的劳动教育与创新创业教育融合能力、劳动素养与创新意识，提高“双师型”教师的比例，着力塑造一支具备“授课、辅导、实践”全方位能力的三能型师资队伍。

二、教育对象

教育对象是教育教学得以有效开展的依托者，是高校劳动教育与创新创业教育融合系统的核心要素。教育对象是教育内容的承载者，既是教育者的施教对象，也是教育效果的检验者，高校所有教育教学活动均是以教育对象为中心而开展的。高校劳动教育与创新创业教育融合是指在高等教育阶段，将劳动教育与创新创业教育相结合，以培养学生的实践能力、创新精神和社会责任感。因此，在本书中高校劳动教育与创新创业教育融合的教育对象是全日制在校本科生这一特定的教育群体。新质生产力的发展，以劳动者、劳动资料、劳动对象优化组合和更新跃升为内在要求。劳动者是其中最重要、最活跃的因素，对促进生产力的发展具有重要的作用。

作为中国特色社会主义的建设者和中国式现代化的促进者。在新时代背景下，大学生不仅是知识的接受者，更是劳动的参与者和创新的推动者。通过参与劳动实践，大学生能够理解劳动的价值，培养勤奋务实的品质，而创新创业教育则能激发大学生的创造力和解决问题的能力，鼓励他们将理论知识应用于实际问题的解决中。高校劳动教育与创新创业教育融合的教育对象需要具备开放的心态和跨界的思维，能够在不同学科和领域之间进行知识整合和创新。这种教育强调教育对象的主动性和参与性，鼓励他们通过项目实践、竞赛、创业孵化等形式，将所学知识与社会需求相结合，实现个人价值与社会价值的统一。为了增强教育对象的学习效果，达到高校劳动教育与创新创业教育融合的教育目标，教育者应基于教育对象的内在学习动力与外在学习行为不断探索和优化教育方法，提供丰富的教育资源和学习支持，以满足不同教育对象的发展需求，从而培养出更多具有国际视野和社会责任感的高素质人才。

（一）教育对象的学习动力结构

劳动教育与创新创业教育融合作为一种教育教学体系，其核心在于将理论教育与实践教育紧密结合，形成一种互补和互动的教育模式。这种体系强调在传授知识的同时，注重教育对象的实践操作能力和创新思维的培养。教育对象作为高校劳动教育与创新创业教育融合的认知主体，其对教育内容的内化认同与外化践行在很大程度上决定了高校劳动教育与创新创业教育融合的效果。而教育对象对于高校劳动教育与创新创业教育融合相关教育教学活动的认同、内化、外显，很大程度上取决于教育对象本身的学习动力结构。教育对象的学习动力是影响其学业成就和个人发展的关键因素，是教育对象一切学习活动与自身素质发展变化的内在依据。高校劳动教育与创新创业教育融合的框架设计要以教育对象的学习动力结构为基础，激发教育对象学习兴趣，提升学习热情，从而增强学习效果。教育对象只有主动接纳并且积极思考教育内容，才能真正地内化为日用而不自觉的行为准则。

教育对象的学习动力结构是指在外部刺激下由教育对象的内在需要和人格判断相互作用产生的个体学习动机和相应行为结构。外部刺激是指来自学习环境、家庭、社会等方面的影响因素，这些因素通过引导、激励等方式激发或增强教育对象的学习动机。高校应充分发挥外部刺激的独特优势，创设劳动教育与创新创业教育融合的教育情境，引导教育对象接受劳动教育与创新创业教育的内容。

外因是变化的条件，内因则是变化的根据，外因通过内因起作用。虽然外部刺激对教育对象起到了引领激励等作用，但教育效果最终得以实现的基础在于教育内容可以满足教育对象的某种内在需要。内在需要是教育对象内心深处获取知识的驱动力，它是推动教育对象自主学习和持续进步的关键因素。教育对象的内在需要包括自我实现、内在满足、兴趣驱动、成长心态、自我效能感等因素，是大学生学习动力结构的基础，不仅能够促进学生的自我发展，还能够提高学习效率和质量。有效的学习过程除了需要具备外部刺激与内在需要之外，还需要教育对象具备基本的人格判断能力。在学习动力的语境中，人格判断能力可以被理解为个体对自己和他人学习行为、动机、态度和个性特征的识别、理解和评估的能力，是决定教育对象学习行为选择的关键因素。人格判断从智力素质、思想道德素质与心理素质三个维度影响教育对象对教育内容的感知、选择、接受的反应方式，从而达到促进教育对象主动性和创造性充分发挥的作用。只有符合教育对象的人格判断，劳动教育与创新创业教育的内容才能对受教育群体具有吸引力与渗透力。

新时代大学生有着强烈的成长成才需求。他们希望自己在创新创业实践过程中形成尊重劳动、热爱劳动的价值观，践行精益求精、勇于创新的工匠精神，也希望自己在求学过程中可以提升劳动技能与创造能力，成为推动国家高质量发展的具有跨学科视野的复合型人才。而高校劳动教育与创新创业教育融合的任务则在于响应时代发展呼唤，紧密结合新时代、新实践，通过构建高校劳动教育与创新创业教育融合体系，帮助教育对象掌握劳动知识与创新创业知识，激发教育对象动手能力和创新思维，提升他们开展创造性劳动的能力和水平，让教育对象充分理解劳动、创新对于国家富强、社会发展的特殊价值，感知个人奋斗对于实现强国梦想的重要意义。

（二）教育对象的学习行为模式

除了要了解教育对象的学习动力结构，有效的教育教学活动也离不开对教育对象学习行为模式的研究与把握。心理学认为学习行为模式是由自我系统、元认知系统、

认知系统、知识系统四部分组成的。自我系统是个体内在的评估和调节机制，它对学习任务进行价值判断，影响个体的学习动机和行为。通过自我系统，个体能够识别和评估自己的知识水平、兴趣和目标，从而决定投入学习的资源和精力。自我驱动基于个体的内在需求和兴趣，能够激发持久的学习动力，有助于拓宽获取学习材料的广度和深度。自我系统还涉及自我效能感的建立，即个体对自己完成特定学习任务的信心，这对于克服挑战和持续学习至关重要。元认知系统是个体自我反思、自我监控和自我调节学习行为的高级认知功能，它允许教育对象在认知过程中评估自己的理解水平，调整学习策略以适应不同学习任务。通过设定明确的学习目标，元认知系统帮助个体规划学习路径，选择最合适的学习方法，并在过程中监控进度，确保学习目标的实现。此外，元认知系统还促进了学习后的自我评估和反思，使教育对象能够认识到学习中的不足，从而不断优化学习过程，调整学习策略和提高自我调控能力。认知系统是个体处理信息、构建知识并解决问题的基础架构，包括感知、注意、记忆、思维和语言等能力，是学习过程中不可或缺的部分。认知系统通过信息的存储和检索，使教育对象能够接收外界信息，并通过加工整合，形成有意义的知识结构，确保学习内容能够被有效利用。同时，认知系统在解决问题时也发挥出重要的作用，通过分析、推理和创造性思维，帮助教育对象适应复杂环境，实现知识的创新和应用。知识系统是个体或组织存储、组织和检索信息的框架，为认知活动提供必要的知识基础。知识系统通过整合教育对象的学习经历和外部信息，构建起涵盖事实、概念和原理、技能、策略等丰富资源的知识库，支持教育对象在面对新问题时进行有效的信息处理和决策，促进了知识的系统化和结构化，是教育对象适应快速变化的世界的关键。

自我系统、元认知系统、认知系统、知识系统相互作用，形成了教育对象的学习行为模式。具有相应知识储备与学习动力的教育对象在面对新学习任务时，首先会通过自身的内在评价系统对任务进行价值评估，考虑个人的经验和资源投入的合理性，以解决内在的学习动力问题。一旦确定了学习动机并准备投入学习，他们将利用元认知能力来设定清晰的学习目标、掌握有效的学习策略、制订合理的学习计划。在实际学习过程中，教育对象通过运用认知系统与知识系统中储存的技能与知识参与到各种认知活动中，处理学习材料，并最终完成学习任务。

在高校劳动教育与创新创业教育融合过程中，教育对象的学习行为运行机制可以理解为：教育对象基于自己现有的思想状态，通过一系列有效的外部刺激，正确识别自己当前状态与理想状态之间的差异，从而激发了自我完善和发展的需求。教育对象通过自我评估和判断，选择接受教育内容的动机，并采取相应的学习行动，通过努力实现现实自我向理想自我的转变。这既是一个螺旋上升的发展过程，也是教育对象通过学习实现认知、情感、意志和行为转变的过程。

三、教育目标

教育目标是教学活动预期达到的学习成果，教育目标的选择对教育内容、方法、载体、组织管理和评价方式的确定具有直接影响。教育目标的确立应当以知行合一和学以致用为原则，激励教育对象明确学习目标，坚定学习行动，建立广博深厚的知识结构，学会融会贯通的思维方式，最终形成开阔的见识、深入的认知、跨界的经验。鉴于高校劳动教育与创新创业教育融合具有综合性和复杂性教育，目标应包括总体目标和具体目标两个层面。总体目标指导教育的宏观方向，而具体目标则细化到每项教育活动，确保教育活动的开展既全面又具体。科学地设定高校劳动教育与创新创业教育融合的目标，是确保教育活动有效开展的关键。

随着时代的发展，新质生产力不断催生出大量的新兴职业及岗位，这既延伸了我国劳动教育的时代内涵，同时也对高校培养具有创新创业素养的复合型人才提出了新的要求。当今时代，科技是第一生产力，人才是第一资源，创新是第一动力。科技创新靠人才，人才培养靠教育。在推进中国式现代化进程中，劳动将与更多的生产生活要素深度融合，智能劳动、创造性劳动、服务性劳动成为开启新征程期间的全新要义。大学生是为国家发展、民族进步提供体力与智力支持的未来劳动力。高校劳动教育与创新创业教育融合发展，必将有利于培养知识型、技能型、创新型劳动者，进而为中国速度向中国质量转变、制造大国向制造强国转变、中国制造向中国创造转变提供人力支撑和智力支撑。劳动教育是进一步落实五育并举、五育融合方针的重要环节，创新创业教育则是高校培养拔尖创新人才、落实创新驱动发展战略的重要举措，促进二者的融合发展是适应时代发展需求、培养适应新质生产力发展创新人才的新范式。习近平总书记在全国教育大会上强调，要在学生中弘扬劳动精神，教育引导学生崇尚劳动、尊重劳动。懂得劳动最光荣、劳动最崇高、劳动最伟大、劳动最美丽的道理，长大后能够辛勤劳动、诚实劳动、创造性劳动。2020 年 7 月，教育部印发的《大中小学劳动教育指导纲要（试行）》指出，应强化马克思主义劳动观教育，紧密结合创新创业教育，通过实习实训、专业服务、社会实践和勤工助学等多样化活动，重视新知识、新技术、新工艺、新方法应用，创造性地解决实际问题，使学生增强诚实劳动意识、积累职业经验、提升就业创业能力、树立正确择业观，进一步明确了新时代劳动教育的发展方向，为高校劳动教育与创新创业教育融合提供了政策导向。劳动教育与创新创业教育的融合要紧跟时代步伐，开展智能化和创造性劳动教育，将劳动理念贯穿于创新创业教育的全过程。不仅要求培养学生的劳模精神和工匠精神，还要提高他们的创新创业能力、劳动能力和就业能力。高校应以高素质劳动人才培养为目标，深化教育改革，积极探索劳动教育与创新创业教育相融合的机制。通过理论与实践相结合，培养学生的创业素质、创新素质、劳动素质和专业素质。使学生在掌握专业技能的同时，在德智体美劳等方面得到全面发展。

在新时代背景下，高校劳动教育与创新创业教育融合被赋予了新的目标。根据教育部普通本科学校劳动教育与创新创业教育教学基本要求，以劳动教育为立足点，以创新创业教育为切入点，以劳动教育与创新创业教育互融、提升学生实践创新能力为导向，立足产教研协同，将劳动教育与创新创业教育纳入各专业人才培养目标之中，以“培养有行、有感、有情、有意的新时代美好生活创造者”为目标，以劳立德、以劳增智、以劳强体、以劳育美，充分将爱国精神、劳动精神、职业精神、创新精神与专业教育、科学研究、社会实践、实习实训等环节有机融合，精心设计教育方案，提高学生运用所学知识解决生产实际问题的创新创业能力，以及实践操作动手能力，在弘扬劳动精神和劳动价值观的同时全面增强学生的劳动素质。通过劳动教育与创新创业教育相结合，促进学生在深层次学习中建构新智慧和新方法论，在新型学习空间的创新性发展中学会思考、学会批判、学会选择，最终形成预判趋势的洞察力、整合资源的创造力、把握全局的领导力。

高校劳动教育与创新创业教育融合的目标是一个多维度、多层次的教育目标体系，旨在通过知识传授、能力培养和价值引领，培养具有专业能力、创新精神和社会责任感的高素质人才。国家已将劳动教育纳入高等教育的通识必修课，并强调在创新创业教育中有机渗透劳动教育。按照新时代劳动教育要求，高校劳动教育与创新创业教育融合的目标应从知识与技能、过程与方法、情感态度与价值观三个维度进行综合考量。知识技能维度主要包括劳动教育与创新创业教育的核心理念和基本知识，具体涵盖事实性知识、概念性知识、程序性知识等方面，即通过学习可以掌握理论知识、了解专业发展历程、认识到新时代国家发展对劳动与创新创业赋予的新要求，引导学生获取新知识、掌握新技术、锻炼新技能。过程与方法维度在劳动教育与创新创业教育融合过程中是承接知识技能维度和情感价值维度的中间环节，起到承上启下的作用。过程与方法维度的作用集中体现在理解和运用方面，劳育践创、以创促劳，学生在掌握基本理论知识的基础上，通过教育实践活动进行观察、感觉、知觉，形成分析、评价、创造的心理活动，通过教育实践活动，引导学生在知识内化的基础上，充分理解劳动、创新、创业的基本原理，并能充分运用理论知识分析社会现象，解决实际问题，引导学生充分释放出参与劳动、享受劳动的潜力与活力，从而提升劳动能力与创新创业能力。情感态度与价值观维度是教育目标的最高层次，情感不仅指学习的兴趣与责任，更重要的是乐观的生活态度、求实的科学态度、宽容的人生态度。高校劳动教育与创新创业教育融合最重要的目的是使学生对教育内容在价值上实现高度认同，让“劳动最光荣、劳动最崇高、劳动最伟大、劳动最美丽”入脑入心，在实践的过程中充分认识劳动与创新在创造人类美好生活中的重要价值，加强情感认同，引导学生注重劳动体验、感悟劳动成果、弘扬劳动精神、树立创造性劳动意识，成为懂知识、会劳动、能创新、能生存、做成事的新时代大学生。

四、教育内容

教育内容是为了实现教育目标而必须传输给学生的精神材料，学生通过吸收、掌握、践行教育内容来提高人格素养与专业能力。高校劳动教育与创新创业教育融合的教学内容具有科学性与政治性、理论性与实践性、历史性与现实性高度统一的特点。根据2020年7月教育部印发的《大中小学劳动教育指导纲要（试行）》中提出的，准确把握社会主义建设者和接班人的劳动精神面貌、劳动价值取向和劳动技能水平的培养要求，以劳动教育助推大学生坚定理想信念、厚植爱国主义情怀、加强品德修养、增长知识见识、培养奋斗精神、增强综合素质的总体目标要求，高校劳动教育与创新创业教育融合的教育内容应包括劳动价值观教育、劳动精神教育、劳动技能教育三方面。

（一）劳动价值观教育

劳动价值观是指人们对劳动的认知、态度，以及人们在从事劳动过程中的思维和取向，其直接决定劳动者的价值判断和价值选择，对劳动意识和劳动行为有着重要的影响和调节作用。新时代大学生劳动价值观教育应继承马克思主义经典作家关于劳动价值的理论观点，科学指导学生形成关于劳动本质、目的、意义、态度、精神等方面的思维和取向。高校劳动教育与创新创业教育融合的首要任务是帮助大学生树立正确的劳动观，即马克思主义劳动观。在劳动满足人体的生存和生活需求、激发人的精神追求、实现人的本性回归这一多维发展逻辑中，进一步探讨新时代背景下劳动价值与主体需求深度契合的规律，从而教育引导学生尊重劳动、崇尚劳动、热爱劳动，懂得劳动最光荣、劳动最崇高、劳动最伟大、劳动最美丽的道理，涵育勤劳节俭、艰苦奋斗、勇于创新、无私奉献的劳动情怀，养成诚实劳动、辛勤劳动、创造性劳动的行为自觉。

遵循价值观形成规律，劳动价值观教育应注重个体在劳动过程中对价值的认同、共鸣和自觉性，同时关注个体、集体和社会之间由价值冲突走向价值共享的过程。在个体层面，大学生的劳动价值观教育着重于个人劳动价值的创造，以自我教育和个人发展为导向，致力于提升自身专业技能和综合素质，目标是实现个人劳动成果的最大化。劳动价值观教育内容侧重于引导学生培养创造性思维，激发内在的主动性和创造力。通过发挥学生的创新潜力，激发他们的创新精神，引导他们树立创造性劳动的价值观念，将劳动视为一种自由自觉的创造性活动。鼓励学生积极参与实践活动，在实践中将主观能动性与客观实际相结合，将创意转化为有价值的劳动成果。在群体层面，劳动价值观的形成、确立和演变是基于个体与外部世界的对话、事件、情境和环境互动中获得的体验。大学生的劳动价值观教育强调在实践活动中团队及其成员的劳动成果、尊重每位群体成员的需求，并期望所有成员能够发挥自己的专长，为集体作出更大的贡献。群体层面劳动价值观教育的重点是引导大学生积极参与劳动实践，通过实践深刻理解劳动创造人这一本质含义，认识到劳动对于个体乃至整个人类社会生存和发展的重要性和价值。鼓励学生脚踏实地参与劳动，通过亲身体验来深化对劳动本质的理解，从而形成正确的劳动观念和态度，培养学生的合作精神和团队精神。在国家层面，劳动价值观教育侧重于学生在劳动过程中对国家建设的参与度、对社会创新的贡献度、对法律法规的遵守情况，以及是否具备开放的国际视野。劳动价值观教育在国家层面上承担着培养全面发展的社会主义建设者和接班人的时代任务，要求不仅要促进学生在德、智、体、美、劳等方面的均衡发展，而且要发挥劳动在塑造品德、增长智慧、强化体魄、培育美感、激发创新中的特有作用。通过教育活动，培养学生对劳动人民及其劳动成果的深厚敬意和热爱，将这种朴素的劳动情感逐步提升为对人民的深厚情感，从而坚定他们以实现中国梦为实践目标，以服务人民利益为奋斗方向，将青春梦想与人生价值在劳动中得以实现的理想和追求。

（二）劳动精神教育

劳动精神是广大劳动人民在劳动过程中秉承的劳动态度、劳动观念、劳动思维、劳动规范，以及在劳动过程中展现出来的辛勤劳动、艰苦奋斗、自强不息的精神风貌和人格品质。与劳动价值观不同，劳动精神作为一种精神现象，是中华儿女在5000多年劳动实践中逐步凝结出来的主体意识、社会秩序、价值体系等精神成果的集合。劳动精神不仅体现了以爱国主义为核心的民族精神和以改革创新为核心的时代精神，更是激励全党和全国人民不畏艰险、勇往直前的强大精神动力。在实现中华民族伟大复兴的道路上，我们需要以新时代劳动精神激活大学生参与劳动实践的积极性、主动性和创造性，引导学生为实现伟大梦想而辛勤劳动、诚实劳动、创造性劳动，以劳动托起中华民族伟大复兴的中国梦。

新时代的劳动精神承载着爱岗敬业、勤勉务实的传统，以诚信守诺、艰苦奋斗为特点，同时也包含挑战和创新的时代要求，要求全体劳动者在新时代形成钻研创新、追求卓越、超越常规、奋勇争先的创新精神；劳模和工匠精神则是劳动精神在当代社会的升华体现，鼓舞着我们在新时代敢于创新、敢于奋斗。通过弘扬劳动精神，勇于创新创造，将更好地支持中国式现代化建设的蓬勃发展。

劳动精神教育是培养和造就时代新人的必然要求。在新时代背景下，劳动精神教育和创新创业精神教育在教育内容选择上是相辅相成、不可分离的。劳动教育与创新创业教育融合有助于激发学生的创新潜能，引导学生树立敢于探索的创新意识，提升学生解决实际问题的能力，更好地培养出符合时代要求和社会需求的时代新人。因此，高校要着力加强劳动精神教育、激发劳动创造、彰显劳动之美，为中华民族伟大复兴提供不竭的精神动力。

（三）劳动技能教育

学生的劳动素养不仅包括对劳动的认识和情感态度，还应涵盖坚实的劳动技能和良好的劳动习惯。劳动技能教育内容的设置应结合专业人才培养需求，在专业教育中融入劳动法规、人工智能、信息技术与智能时代所需要的劳动知识，对接创新创业与劳动实践活动，激发学生积极的劳动态度和良好的劳动习惯，使他们在掌握劳动知识、具备实际操作能力的同时不断提升技术、管理、经营和人际交往等技术性劳动能力。引导学生积极参与创新创业实践活动，培养他们改进劳动方法、提高劳动效率的意识。通过学习实践，学生应能完成与其年龄和生理特点相适应的劳动任务，并在实践中展现其劳动知识、技能和行为方式的综合能力。

随着大数据、云计算、人工智能等新技术的兴起，现代农业、工业和服务业正在经历深刻的变革，这些变革不仅改变了传统的生产方式和劳动力组织形态，也使得传统的社会劳动形态呈现出交叉融合的趋势。在这一背景下，创造性劳动和复合型劳动正成为推动时代发展的新动力。面对劳动形态的新变化，劳动技能教育必须与时代同步，紧跟生产力发展的新需求，积极适应科技进步和产业变革，不断丰富和更新劳动技能教育内容，注重新兴技术对社会服务的影响。在教授传统劳动知识和技能的同时，应适当引入现代科技、数字技术和智能制造等现代劳动领域的内容，帮助学生掌握必备的现代生产知识和劳动技能。

五、教育方法

高校劳动教育与创新创业教育融合是具有启发性的教育实践过程，其教育方法的选择必须基于多样化的教育情境，以促进学生在知识迁移、品德塑造、能力培养以及个体全面发展等方面的多维成长。教育方法的选用旨在帮助学生深化对教育内容的理论认同、政治认同和情感认同。在教学方法的运用上，高校应采取灵活多样的教学策略，以适应不同学生的学习需求和教育背景。课堂教学方法应包括案例分析、专题研讨、问题导向学习、体验式学习和翻转课堂等，这些方法能够激发学生主动参与和深入思考，改善学习效果、提高应用能力。同时，高校还应重视课外实践教育方法的运用，如社会实践、专题讲座、主题演讲、劳动技能竞赛、创新创业大赛和实习实训等。这些方法不仅能够巩固学生的课堂学习成果，还能够提供实际操作的机会，让学生在真实或模拟的环境中应用所学知识，培养解决实际问题的劳动能力与创新思维。

高校劳动教育与创新创业教育融合是以国家发展的需求和社会发展规律为基础进行系统设计的。面对丰富多样的教育内容、个性化的教育对象、多样化的教育目标，以及不断变化的教育环境，高校在教育方法的选择和应用上需要采取多样化的策略，并进行优选组合，以适应复杂多变的教育需求。国内外学者的研究表明，现代教育方法的组合形式可分为静态组合与动态组合两种。无论采取哪种组合形式，对于教育方法的选择都应遵循一定的原则和标准。

第一，教育方法的有效运用与教育者的自身素养密切相关。在优化教育方法组合的过程中，不仅要关注教育方法的内在特性，还要考虑教育者的个人条件。教育者应在了解自身优劣势的基础上，探索与自身相适应的教学方法，以实现教育者素养与教育方法的准确匹配。例如，专题式教学法的实施有利于教育者根据自己的专业特长，选择自己较为精通的专题进行深入教学，不仅有助于教育者将教材内容有效转化为教学实践，还能促进教学与科研的深度融合，进一步提升教育质量。

第二，高校劳动教育与创新创业教育融合更注重发挥教育对象的主观能动性。在教学方法的选择上，应从重视教师的教转向重视学生的学，深入了解教育对象的心理特征、知识基础、认知结构，以及对新学习任务的适应性。教育者应根据教育对象的准备状态，优选和运用教育方法，引导教育对象主动参与实践学习，培养其能力和个性。例如，问题引导式教学将社会焦点问题和学生密切关注的议题作为教学的起点，有效激发了学生对理论课程的积极参与。通过这种方法，理论课程得以与社会实际紧密结合，与大学生的日常生活更为贴近，从而增强了课程的现实意义和说服力。

第三，教育方法的选择应基于实际教育的具体目标和任务。教育者需要具备将总体教育目标解构为具体可操作的教育子目标的能力，并在具体化教育目标和任务的基础上，选择和组合教育方法，以利于劳动教育与创新创业教育融合。

第四，高校劳动教育与创新创业教育融合内容具有多样化的特点，不同的教育内容具有不同的特点和内在逻辑。因此，在开展特定内容的教育教学时，应选择与之相适应的教育方法组合模式。《中共中央、国务院关于全面加强新时代大中小学劳动教育的意见》指出，除劳动教育必修课程外，可结合学科、专业特点，在其他课程中有机融入劳动教育内容，统筹安排课内外时间，可采用集中与分散相结合的方式开展劳动教育。例如，在专业课中讲解劳动与创新创业知识时，可采用专题式教学法，围绕统一主题组织教学活动，确保每个专题都具有清晰和突出的主题核心。这种方法使学生能够轻松识别并掌握每个专题的关键概念，进而有助于实现教学目标的达成。

第五，每一种教育方法都有其优缺点，具有特定的功能和适用范围。不存在万能的教育方法，任何一种教育方法的运用都是相对有效的。教育者在选择教育方法时，应充分了解各种教育方法的特性和适用范围，以实现教育方法的优选运用。例如，案例教学法来源于日常生活实例，具有生动性和吸引力，可以增强学生的代入感和理解能力，在促进学生对理论知识的深入理解方面，具有显著的优势。当生动的案例与关键知识点相结合，并在课堂教学中得到有效运用时，其教学成果往往能超越传统单一理论讲授的方法，展现出更加出色的教学效果。

第六，教育环境作为高校劳动教育与创新创业教育融合的外部条件，为教育提供物质和信息支持。一种价值观要真正发挥作用，必须融入社会生活，让人们在实践中感知它，领悟它。要注意把我们所提倡的与人们日常生活紧密联系起来，在落细、落小、落实上下功夫。教育环境影响和制约着教育方法的功能发挥，因此，教育者应根据教育环境的条件来进行教育方法的选择与运用，以实际教育环境为基础，通过信念引领、日常示范、文化育人等教育方法，引导学生树立正确的劳动价值观，涵养深厚的劳动情怀，增强善于创新的劳动精神，成为德智体美劳全面发展的社会主义建设者和接班人。

六、教育载体

教育载体是教育过程中传递教育信息的工具性实体。在高校劳动教育与创新创业教育融合过程中，教育载体不仅承载着教育内容，也是教育者与教育对象之间互动的桥梁。作为教育的有效工具，教育载体需要满足两个基本条件：第一，必须具备承载和传递教育信息的能力，并且能够被教育者有效操控；第二，应成为连接教育者与教育对象的纽带，使双方能够通过一定形式进行有效互动。正确运用教育载体，为学生提供真实情境下的亲身体验和直观感知，对于实现理论与实践相结合、提升认知水平、促进学生从理论学习向实际应用转变具有关键作用。以高校劳动教育与创新创业教育融合系统为研究重点，将教育载体主要分为引导示范教育型载体和情境实践型教育载体两大类。通过对教育载体的深入分析和合理应用，可以加深对知识的理解和应用，进而增强学生的劳动能力与创新创业素养。

（一）引导示范型教育载体

引导示范型教育载体通过典型人物或事例传递教育信息，以此激发教育对象的思考，提升他们的思想认识。案例分析、讨论、自学自讲、事迹报告、图片展览、爱国主义影视作品及纪念日活动等，都是这种载体的具体应用形式。其主要作用是将理论知识具体化，使学生在生动的案例中产生共鸣，并通过与个人行为的对照，激发模仿典型人物的动机。这有助于提高教育对象的思想觉悟，促使他们主动接受教育内容，并利用自身的积极因素来抵制不良思想和错误行为。

引导示范型教育载体具有较小的时空限制，教育者可以结合多媒体设备、智能移动终端、传统讲座和展览等多种途径，灵活地将其应用于劳动教育与创新创业教育融合过程之中。这种方式在满足教育对象多元化需求的同时，成本相对较低，是高校在教育教学中常用的载体形式。呼应时代需求、引导学生积极参与创新创业与劳动活动，在实践中展现青年学子有为担当，是新时代高校劳动教育与创新创业教育融合应有之义。可依托专业背景积极开展劳模大讲堂、企业家进校园、专业前沿讲座等活动，帮助学生建立起理论与实践相结合的桥梁，激发他们探索未知、勇于创新的热情。同时，引导示范型教育载体还可以强化学生的劳动观念，使他们认识到劳动不仅是实现个人价值的途径，也是推动社会进步的重要力量。

（二）情境实践型教育

情境实践型教育载体通过构建真实的教育环境，使教育对象能够深入体验实践活动，实现对教育内容的吸收和内化。这种载体包括顶岗实习、专业实训、生活劳动、社会调研、科研竞赛、公益活动、志愿服务、参观走访、校园文体等有形活动，社会习俗、规章制度、校园文化等精神文化产物，以及信息化教育平台等现代科技载体。

实践不仅是知识的源泉，也是检验真理的唯一标准。劳动教育能够为创新创业提供价值引领，创新创业为劳动教育注入创新活力。情境实践型教育载体承载了高校劳动教育与创新创业教育融合的实践教学信息，通过构建真实的情境，将客观世界与教育对象的主观世界相连接。在情境实践中引导学生观察、思考、创新，通过投身于社会服务、家乡建设等实践活动，挖掘劳动中的创新点、创业机会及其开发的潜在价值，拓宽视野、夯实基础、提升创新思维与创造能力，更有利于学生在劳动实践中开展创新创业工作，逐步将劳动与创新创业的教育内容内化为独立分析和处理问题的基本立场、观点和方法。充分利用各类技能比赛和创新创业大赛作为劳动教育与创新教育融合的载体，以竞赛的形式激发学生的参与热情。要重视校外资源的开发，加强与企业的合作，利用高校与企业之间的紧密联系，通过整合企业资源和社会资源，开展有专业特色的劳动与创新实践活动，通过体验式劳动教育，增强教育的吸引力，同时有效提升学生的劳动技能、创造能力、创新意识和创业素养。

七、教育环境

教育环境是一切与高校劳动教育与创新创业教育融合发展相关联的外部条件与力量的集合，既是教育过程中信息的来源，也是教育目标得以实现的基础。为了更好地理解和协调教育环境因素，可将教育环境分为家庭环境、学校环境、社会环境和自然环境。

（一）家庭环境

家庭作为由血缘关系维系的基本社会单元，不仅是个人成长的起点，更是人生的启蒙学校。它在塑造学生思想方面扮演着至关重要的角色，并对学校教育的有效实施起到关键的辅助和补充作用。家庭的教育特性体现在家庭成员的构成、相互关系、经济状况、社会地位、职业背景、教育水平及价值观念等多个方面，对学生的劳动素养、劳动行为、劳动观念和创新思维产生深远的影响。为了更好地推进劳动教育与创新创业教育融合，高校需要重视更新家庭的劳动教育观念。通过邀请相关领域专家面向家长进行劳动教育专题讲座和培训，可以增强家长对劳动教育的认同感，并激发他们积极参与和有效实施家庭劳动教育的意愿。高校还可以通过微信公众号、校园网等网络渠道，及时向家长传递崇尚劳动的积极信息，为劳动教育与创新创业教育融合的开展营造良好的家庭氛围，让劳动教育与创新创业教育延伸至学生家庭，这种积极的互动和信息传递，不仅能够提升家长对劳动教育和创新创业教育的认识，还能够促进家庭与学校在劳动教育与创新创业教育融合方面的协同合作，共同培养具有良好劳动观念和创新精神的新时代大学生。

（二）学校环境

学校是培育大学生劳动素养与创新创业能力的主要组织，是系统推进劳动教育与创新创业教育融合有力的主阵地。学校环境主要包括物质环境、文化环境和网络环境，三者以各自特有的方式对劳创教育与创新创业教育融合产生影响。

物质环境是学校环境的硬件基础，涵盖教学设施和教学时空。教学设施包括与劳动教育与创新创业教育融合相关的教学平台、仪器设备，劳动教育基地、创新创业孵化基地等校内教育场所，以及与学校共建的企业实习基地、城乡服务基地等校外实践基地。教学时空则涉及教学的时间安排与空间组合，如教学时长、时间跨度、教学人数规模、位置安排等。

文化环境由精神文化、制度文化、物质文化和行为文化构成，是校园环境的软件部分。精神文化是校园文化的核心，集中体现了学校的办学宗旨和培养目标，主要包括学校的文化传统、教育理念及全校师生所共有的价值观等。高校应发挥好文化的传承创新职能，牢牢把握习近平文化思想精髓，将精神文化融入劳动教育与创新创业教育融合之中，用精神文化激励学生勤奋劳动、创新创业，使大学精神成为学生不畏艰险、拼搏奋斗、开拓创新、奋楫笃行的精神引领。将精神文化与劳动教育相贯通、与创新创业相融合，使学生深刻认识到劳动创造幸福，实干成就伟业。将精神文化注入立德、以劳动与创新创业融合教育力促树人，真正做到以文化人、以文育人。制度文化包括学校的规章制度、规范条例、管理模式、行为模式，以及校风校纪、班风学风等。优秀的大学制度文化可以增强学生的约束力、向心力、凝聚力，对高校劳动教育与创新创业教育融合起到制度保障作用。物质文化包括承载着大学理念与人文精神的教学科研设施、建筑雕塑、校园绿化等物质因素，通过人文景观折射出校园文化的历史沉淀与文化意蕴，是其他文化形态的物质基础。行为文化是教育者根据一定的教育目的而采取的教育行动，通过教学科研、日常管理、服务保障、校园活动等形式展现校园文化风貌，对学生进行积极正面的影响，是开展劳动教育与创新创业教育融合的重要载体。高校应将文化环境融入劳动教育与创新创业教育融合之中，用文化的力量激励学生锐意创新、开拓进取，进而树立科学劳动价值观，掌握劳动真本领。

网络环境是融合了数字化技术、数据驱动、智能化应用和多主体协同的综合性教育环境，通过网络平台和技术支持，提升劳动教育与创新创业教育融合的质量和效果。信息时代对教育教学工作提出了新挑战新要求，高校应不断促进教育与信息技术的深度融合，加强信息化教学环境建设，拓展信息化环境下的教学模式改革，契合社会多样化、个性化人才培养的诉求，利用大数据、人工智能等技术践行个性化教学，以信息技术推动教育资源整合分配、教学空间转换和教学形态转变，为学生提供丰富的学习资源与真实感强、动态的教学情境。网络环境为劳动教育与创新创业教育融合带来诸多优势，它打破了教学时空上的束缚，加速了信息传播，为网络教育与客观实践相结合提供了技术支持与环境保障。

（三）社会环境

大学生的劳动价值观并非自发形成，而是个人因素与社会环境交织作用的产物。对高校劳动教育与创新创业教育融合产生影响的社会环境因素包括经济、政治、文化及科学技术。

经济环境在社会环境的诸多因素中起决定作用。对于学生来说，经济不仅能满足人的物质需求，还能提供社会实践机会，间接塑造了学生的劳动价值观和创新思维。一方面良好的经济环境构成了教育实施的坚实物质基础，为教育活动提供了必要的经济支持和物质条件。另一方面随着经济全球化的深入发展，教育资源得以在全球范围内流动和整合，不仅极大地丰富了教育内容，也使教育形式日趋多样化，满足了不同学生的学习需求。

政治环境是影响高校劳动教育与创新创业教育融合的重要因素。在劳动教育和创新创业教育融合过程中，学生从教育环境中获取与劳动及创新创业相关的政策引导与制度规范，在理论与实践学习中将获取的政策、制度规范与自身价值结构进行融合，形成稳定的劳动态度。良好的政治环境能够为高校劳动教育与创新创业教育融合提供方向和保障，可以对学生的劳动和创新创业活动起到引导、保证和激励作用。

文化环境是国家政治和经济的反映，是推动社会发展的精神动力，不仅影响着学生的劳动观念和行为，还对社会的劳动文化和劳动关系产生重要影响。由政治文化、全球文化、传统文化、大众文化等文化因素构成的社会文化环境，通过社会习俗、传统和信仰等元素，对学生的劳动价值观和创新创业行为规范产生潜移默化的影响。一个鼓励创新和创造性劳动的文化环境能够激发个体的创新精神，促进新技术、新方法的产生和发展。

信息环境正在成为助推教育现代化、建设教育强国的强力引擎。科技的快速发展提高了知识普及的便利性、丰富了数字教育资源供给、构建了广泛开放的学习环境、推动了学习平台资源共享，为高校劳动教育与创新创业教育融合提供了优质的教育资源与技术支持。学生通过积极参与科技研究和创新实践，掌握前沿科学技术，更好地了解国家和社会需求，在学习、实践中将个人发展与国家需求相结合，不断提升自身服务国家发展的能力。

（四）自然环境

自然环境是承载教育内容并对教育对象产生潜移默化影响的自然条件与自然资源的总和。自然环境构成了高校劳动教育与创新创业教育融合的物质环境基础，为劳动教育与创新创业教育提供必要的物质资料和教学场所。自然环境对高校劳动教育与创新创业教育融合的顺利开展起到了潜在的、基础性的保障作用，同时对教育主体的生理和智力发展起到了支持作用，影响着他们对价值观、生活方式和未来职业的抉择。考虑到自然环境的复杂性和多样性，高校劳动教育与创新创业教育融合应根据高校所在地的具体情况，合理开发和利用自然环境资源，因地制宜、扬长避短，优化教育教学的空间布局和组织形式，确保教育活动能够高效进行。

第二节　高校劳动教育与创新创业教育融合系统的结构

结构是构成系统的要素间相互联系、相互作用的方式和秩序，是系统联系的全体集合。联系是系统要素之间相互作用、相互依赖的关系，它是要素构成系统的媒介。高校劳动教育与创新创业教育融合效果的最终呈现，受制于系统各部分、各要素之间的有序同向、协同运转。只有坚持系统思维，注重把握内部各要素的联系性，做到各层面之间联通、各要素之间耦合、各举措之间协作，构成一个各要素规范有序、耦合协调的高校劳动教育与创新创业教育融合系统，才能聚集合力、产生效力、创造伟力，最终取得“1＋1＞2”的总体效应。掌握高校劳动教育与创新创业教育的融合系统的结构，需要从系统要素整体上的联结性、空间上的协同性、时间上的有序性三个层面进行研究与探讨。

一、系统要素的整体联结性

高校劳动教育与创新创业教育融合系统是具有内在联系的有机整体，该系统内各构成要素之间具有动态的、有序的、互动的有机联系，在系统运动过程中，相互渗透、有机融合，共同维持系统的稳定发展。运用系统科学的相关理论研究高校劳动教育与创新创业教育融合系统结构，关键在于深入分析其内部各构成要素之间的相互关系，明确各要素在系统中的功能与位置，优化各要素及其相互联系的结构布局，以实现系统整体功能的最大化发挥和最佳效果输出。

高校劳动教育与创新创业教育融合系统结构的整体性关系，在本质上是以教育环境影响为前提，以教育目标为指导，以教育者与教育对象为主体，以教育方法和教育载体为纽带，作用于教育内容，从而内化教育内容，提升教育对象创新性劳动能力，培养创新型人才的综合性教育活动。因此，系统结构联结的核心特性就是教育者、教育对象、教育内容三者在劳动教育与创新创业教育融合过程中形成的相互连接、相互作用的对象化关系。

（一）教育主体之间的内在关联

劳动教育与创新创业教育是新时代高校立德树人的重要渠道，具有树德、增智、强体、育美、创新的综合育人价值。在劳动教育与创新创业教育融合过程中要坚持以人为本，既要做到教育、引导、鼓励、鞭策，又要做到尊重、理解、关心、帮助，引导学生树立正确的劳动观念，培养科学的劳动精神，具备基本的劳动能力，形成良好的劳动习惯。高校劳动教育与创新创业教育融合以马克思主义劳动观为基础，注重发挥教育对象的主体性作用，主张突破传统的教育者灌输的对象性教育结构，构建教育者与教育对象良性互动的关系性教育模式，由单向灌输教育形态向交往互动教育形态转变。强调教育者价值引领与教育对象思想意识自主建构相统一，尊重教育主体的思维、认识与实践的平等性，实现教育对象个体精神世界与劳动、创新、创业融合教育资源之间的信息转换与精神整合。在强化马克思主义劳动观教育的基础上，围绕创新创业、结合学科专业开展生产性劳动和服务性劳动，帮助学生在积累职业经验的同时形成创造性劳动能力和诚实守信的劳动意识，提高在生产实践中发现问题和创造性解决问题的劳动能力。

人的主体性是人作为主体在与客体的关系中所表现出来的自为的、自觉的主观能动性。正如马克思所强调的，人不仅仅是自然存在物，而且是人的自然存在物，是自为地存在着的存在物，他既在自己的存在中也在自己的知识中确证并表现自身。在高校劳动教育与创新创业教育融合过程中，教育的主体性不但表现在教育者、教育对象与教育内容的相互作用中，还包括不同的教育者与教育对象在一定的教育环境下为完善、更新教育内容而进行的相互交往的特性。高校劳动教育与创新创业教育融合的主体活动是在教育者与教育对象、教育对象与教育对象之间多方互动关系中进行的。教育者与教育对象之间的互动是核心，教育者的主体性主要表现在设计、组织和主导教育活动的能力上。通过劳动教育与创新创业教育，教育者不仅促成了教育对象认识的转变，也实现了自我认识的更新。教育对象的主体性则体现为对教学内容的选择、解读、转化、创新和超越。教育者与教育对象的主体性互动对劳动教育与创新创业教育融合的成效具有直接影响。在劳动教育与创新创业教育融合过程中，教育对象的主体性得到充分发挥，并被纳入其主体性发展的轨道。在创新创业教育融合过程中教育者和教育对象通过教育资源进行精神对话、劳动体验和知识共享，形成价值共识。在这一过程中，双方相互尊重、理解，拓展各自的活动领域，实现平等、交互、协作和约束的主体间性特征，促进教育者与教育对象主体性的协调统一，构建双向强交互关系，激发师生的积极情绪和态度，营造一个愉悦高效的教育环境，不仅能够提高教育者接受反馈信息的效率，也激发了教育对象的主观能动性，使其积极参与劳动教育与创新创业教育相关活动，通过多种渠道与学习伙伴分享体验、汇报成果、提出问题，并得到教育者的反馈与支持，完成劳动教育与创新创业教育融合任务，实现劳动思想的转化。

教育对象之间的相互作用影响着劳动教育与创新创业教育融合的效果。社会关系论强调，个体所在组织的合力及其内部人际关系对信息接收和处理具有重要影响，即集体学习氛围直接影响教育对象的学习效果。高校作为一个特定的组织，内部存在着多样化的群体，这些群体通过不同的学习氛围对教育对象的学习过程产生影响。从群体性质来看，学生群体可以划分为正式群体和非正式群体。正式群体如学生会、班集体、科研团队、实践团队和志愿服务组织等，通常由学校进行统一管理和调控。这些群体的氛围和教育效果依赖于教育者与教育对象之间的协调沟通、教育对象之间的工作配合，以及工作体系的合理设计。非正式群体则主要指由同辈之间形成的朋友圈，成员在年龄结构、社会地位和心理特征等方面均相近，在交往过程中更易于形成共同的价值观念。他们善于通过各种媒介表达自己的观点，与价值观相近的同伴进行思想交流，形成群体间的互动影响。在劳动教育与创新创业教育融合过程中，教育对象既是教育信息的接收者，也是教育信息的传播者和创造者，通过亲身参与和相互协作来完成教育任务，要求教育者在教育过程中不仅要重视教育对象个体的自我教育能力，还要通过教育对象之间的协作学习，实现从教育者的价值引导到教育对象自我教育的转变。需要构建学习共同体的模式，尊重教育对象的主体精神，通过互动激发其积极性，促使教育对象共同探索、交流、协作和资源共享，从思想上意识到劳动的目的和价值，并在实践中不断提升其创造性地应用知识和解决问题的能力。

（二）教育主体、客体、介体之间的内在联结

1. 教育主体与教育客体之间的内在联结

在高校劳动教育与创新创业教育融合系统中，教育者、教育对象与教育内容之间构成了一个双向强化的互动结构。即在教与学两个子系统共同推动下，教育对象沿着螺旋曲线不断向上获取教育内容。教育内容是教育者规划教育活动的重要依据，为了将劳动教育与创新创业教育进行有效融合，教育者需充分了解教育对象意识发展水平

和接受能力，以教育内容为基准，对大量的教育信息和教育资源进行搜集、筛选、整合和设计，为教育对象提供具有针对性、相关性和多样性的教育内容、教育资源与教育信息。

在丰富多样的教育内容和教育信息的支持下，教育对象可以根据个人实际情况对教育内容和资源进行重新组织，选择并完成相关的教育任务，从而提升自己的创新思维和劳动能力。在此关系中，如果教育内容与教育目标不匹配，与教育对象的教育背景、主体需求不适应，与时代发展主题不贴合或在其他方面存在缺陷，将导致教育结构不合理，从而会从整体上削弱劳动教育与创新创业教育融合的效能。因此，教育者在设计教育活动时，必须确保教育内容与教育目标、教育对象需求，以及时代发展的主题相适应，避免结构性缺陷，确保劳动教育与创新创业教育融合的有效性和系统功能的完整性。

2. 教育主体与教育介体之间的内在联结

在高校劳动教育与创新创业教育融合系统中，教育者、教育对象与教育方法和教育载体之间同样构成双向强交互关系。高校劳动教育与创新创业教育融合更强调教育对象的自我参与自我体验，因此在教育方法、教育载体的选择上更应具有适配性与创新性。教育者通过选择有效的教育法与教育载体，保证教育对象在劳动教育与创新创业教育融合过程中发挥主动性。教育对象依赖教育方法和教育载体来获得教育信息，教育方法、教育载体在运送教育内容的同时也为教育对象创设适合的教育情境，教育对象可根据自己的学习特点选择学习任务、调节学习进度、获取学习内容。高校劳动教育与创新创业教育融合是教育对象多渠道获得教育信息、完成学习任务的过程，如果不能恰当全面地运用教育方法、教育载体运载教育信息，高校劳动教育与创新创业教育融合系统就无法发挥其应有的效能。

3. 教学客体与教育介体之间的内在联结

内容与形式是客观事物存在的两个基本要素，且内容对形式起到决定性作用。正如马克思所强调，如果形式不是内容的形式，那么它是没有任何存在价值的。内容在表征事物上占据中心地位，它决定了事物所呈现的形式。教育方法在教育过程中的重要性体现在它是连接教育者、教育对象与教育内容的桥梁。“事必有法，然后可成。师舍是则无以教，弟子舍是则无以学。”没有适当的教育方法，教育内容就无法有效传递。

如果把高校劳动教育与创新创业教育融合看作一个信息传递的过程，那么教育载体就是通过教育方法这一纽带，实现教育者与教育对象之间信息交流的工具。离开教育方法和教育载体，教育内容的传递就会受阻，教育过程也将无法顺利进行。教育方法、教育载体与教育内容之间存在着密切的强互动关系。教育方法和教育载体的选择与设计必须基于教育内容本身。教育内容通过教育方法和教育载体得以展现。教育者在设计教育活动时，需要精心选择和设计教育方法与教育载体，以确保教育内容能够准确、有效地传达给教育对象，从而实现教育目标。

教育者能够根据教育内容的特点和教育对象的需求，灵活运用各种教育方法和教育载体，激发教育对象的学习兴趣，提高教育效果。同时，教育对象也能在这一过程中，通过与教育内容的互动，不断提升自己的知识水平和实践能力。

（三）教育主体、客体、介体与教育环境之间的内在联结

1. 教育环境对教育主体、客体、介体的保障作用

第一，导向作用。高校劳动教育与创新创业教育融合系统的构建并非简单取决于系统内部各要素的属性和状态，还深受所处具体环境的影响。环境因素在高校劳动教育与创新创业教育融合系统的构建过程中扮演着至关重要的角色，它不仅决定了系统的形成和发展，还对教育模式的选择、组配和构建具有决定性作用。环境的导向作用深刻影响着劳动教育与创新创业教育融合的实施，教育内容、方法和载体的确定都是基于环境需求汇聚起来的。高校劳动教育与创新创业教育融合的实施，不仅反映环境的需求，还要求教育者、教育对象的思想状态与环境发展相匹配。高校劳动教育与创新创业教育融合系统须确保教育者、教育对象的思想现状与环境发展同步，以实现教育与社会需求的和谐统一。此外，高校劳动教育与创新创业教育融合系统的构建，应在确保教育者与教育对象的思想与环境发展相协调的基础上，进一步促进教育内容、方法和载体的创新性发展，以培养具有创新精神和实践能力的人才。

第二，保障作用。环境的保障作用是在环境和高校劳动教育与创新创业教育融合系统进行能量、物质、信息交换过程中实现的，并对教育内容的确定和教育的实施产生深远影响。作为信息的源泉，环境为高校劳动教育与创新创业教育融合提供了丰富的信息资源。高校劳动教育与创新创业教育融合系统在与环境的相互作用过程中对信息进行深入分析与提炼，根据环境中存在的突出矛盾、热点问题，以及环境对教育者和教育对象的影响来确定教育内容，以确保教育内容与社会需求的紧密对接，增强教育的针对性和实效性。环境是能量源，教育者针对具体教育内容在环境中精心选择具有说服力的典型事例、实践基地、音像资料等教育资料与教育场景，全方位的影响教育对象，帮助他们加深对教育内容的理解与认同。这种教育实践不仅能增强教育的吸引力，也可以提高教育的感染力。环境是物质源，为高校劳动教育与创新创业教育融合系统提供了必要的物质保障与政策保障。系统从环境中获取资金、设备等物质资源，确保了教育活动的顺利进行。在政治环境中，通过家庭、学校和社会的相互作用，实现教育对象的政治社会化。在文化环境中，系统获得了开展劳动教育与创新创业教育融合所需的文化支撑和理论指导，这些都是确保教育活动有效进行的关键因素。

第三，支配作用。环境对高校劳动教育与创新创业教育融合系统的演变模式、运行方向和发展路径起着支配作用，推动着高校劳动教育与创新创业教育融合系统的发展。宏观上环境引领高校劳动教育与创新创业教育融合系统的运行与发展，劳动教育与创新创业教育的融合内容体现着劳动教育理论、创新创业教育理论与当代中国发展实际的有机结合，高校劳动教育与创新创业教育融合系统的功能输出也必须满足环境对人才的需要。随着环境的不断变化和发展，高校劳动教育与创新创业教育融合系统

也面临着新的挑战和机遇。环境的每一次变化都可能成为系统演变的新起点，引导系统在新的方向上发展。在面对新的演变分叉点时，高校劳动教育与创新创业教育融合系统可借鉴社会中的现有发展模式，以确保其自身的有序发展和适应性。环境对系统的支配作用，要求高校在构建和实施劳动教育与创新创业教育融合工程时，必须具备高度的灵活性和适应性。高校需要不断地审视和调整策略，以响应环境的变化，确保教育内容和方法能够满足时代发展的需求。

2. 教育环境对教育主体、客体、介体的制约作用

第一，环境影响教育者与教育对象的劳动品质与创新思维的形成与发展。劳动教育与创新创业教育融合是以教育者与教育对象自身的思想发展水平为前提的，而教育者、教育对象的劳动价值观的形成与发展不仅是劳动教育的结果，也是环境潜移默化的结果。教育者、教育对象的劳动价值理念、为人民服务的劳动情感、劳动精神和劳动技能、劳动实践经验都是在具体环境和社会关系的综合作用下形成的。自然环境通过提供生存空间和生活条件，间接影响教育者和教育对象的活动范围和认知视野。社会环境、学校环境和家庭环境则以更为直接的方式影响着教育者和教育对象的劳动价值观和劳动能力的形成。环境因素不仅决定了教育者和教育对象的行为模式，还影响着他们的思想意识和价值观念。环境中的制度范式、意识形态和风俗习惯等元素，逐渐积淀并内化为教育者和教育对象的思想结构，从而影响他们的思维方式和行为习惯。教育者和教育对象内在思想结构的差异，导致他们在面对相同教育内容时，可能会产生不同的反应，如完全接受、部分接受或完全不接受。这些不同的反应，皆是长期受不同环境影响的结果。

第二，环境影响高校劳动教育与创新创业教育融合的全过程。具体说来，环境对系统的开放性和自由度具有制约作用。高校劳动教育与创新创业教育融合系统作为社会大环境中的一个子系统，不可避免地受到外部环境的制约和影响。这种影响不仅体现在系统内部的动态变化上，也是系统内部产生涨落的条件与契机。环境的性质和变化对教育目标和内容的设定具有决定性作用。随着环境的不断变化，新的挑战和问题不断涌现，要求高校能够根据具体的现实问题，制定具有针对性和适应性的教育目标和内容。这种灵活性和针对性是确保教育活动与社会需求相匹配的关键。同时，教育方法的选择和实施也受到环境的影响。积极向上的环境能够提高教育者与教育对象之间的互动效率，从而提升教育效果，促进教育目标的实现。充满矛盾和冲突的环境确实会对教育方法的有效实施产生阻碍，并对教育者与教育对象之间的关系产生影响。消极、落后的环境因素则可能进一步削弱甚至消除教育的积极影响与成效。因此，高校在实施劳动教育与创新创业教育融合时，必须充分考虑环境因素，优化教育环境，以确保教育活动的成效和教育目标的实现。

第三，环境影响教育者和教育对象思想外化的程度。高校劳动教育与创新创业教育融合的最终目的是使教育对象接受教育内容，形成劳动最光荣、劳动最崇高、劳动最伟大、劳动最美丽的劳动观念，并在实践过程中将教育内容外化于行，不断提高运

用马克思主义劳动观分析问题、解决问题的能力。实现教育目标是一个多维度的过程，它依赖于两个关键因素，一是教育思想本身必须具备科学性和可行性，确保其理论基础的坚实；二是必须存在有利于将教育思想转化为实际行动的环境条件。环境决定了教育思想外化的路径和方式，以及最终的行为表现和结果。有利的环境可以促进教育思想的外化，使之内化为个体的行为习惯和价值观，不利的环境可能会阻碍教育思想的形成，甚至导致教育目标偏离。

二、系统要素的空间协同性

劳动教育在创新创业教育中扮演着重要的引导角色，而创新创业教育则为劳动教育注入了创新的活力。培育具备劳动精神、创新意识和创业能力的高素质人才是高校劳动教育与创新创业教育融合的应有之义。大学生是高校劳动教育与创新创业教育融合的核心，是构建劳动教育与创新创业教育融合系统的主体。各高校应着力面向全体学生，针对环境差异与学生认知水平的不同，分类施策开展劳动与创新创业融合教育，将培养创新精神和劳动能力作为主线，与新兴的产业、业态和技术保持同步，不断探索新时代高校劳动教育的新内涵。通过劳动教育鼓励学生运用新知识新技术，采用新工艺新方法，以创造性的方式解决实际问题，培养学生的创新意识、创造能力和创业素养，使劳动教育更加贴近实际，更加具有实践性和实效性。

高校劳动教育与创新创业教育融合系统并非单一线性的，具有多维度的结构形式，涉及不同领域和多元主体，可以从时间结构和空间结构两个维度进行解构。空间性协同是指高校劳动教育与创新创业教育融合系统在空间上的并存性问题，即系统各构成要素及其相互联系在空间上的划分与归类。从空间维度上，通过系统各要素之间不同的联结与作用方式，遵循连接、互动、共创内在逻辑，以为全体学生提供结合专业、按需施教、能力培养为目标，劳动教育与创新创业教育融合系统的空间性协同结构可以分为课程化劳动与创新创业融合教育、活动化劳动与创新创业融合教育、基地实践教育三大类。三类模式相互促进，确保教育内容的全面性和深入性，使得学生能够在不同层次上获得均衡发展。课程化劳动与创新创业融合教育重点传授劳动教育与创新创业教育的基础知识，为学生打下坚实的理论基础。活动化劳动与创新创业融合教育通过将校园各类活动与课堂教学相结合，进一步丰富学生的实践经验与劳动体验。而实践基地教育则更加注重从理论到实践的过渡，涵盖实习和实训环节。

（一）劳动教育与创新创业教育融合的课程化

课程体系的构建是实现劳动教育与创新创业教育融合目标的关键，遵循面向全体本科生、教学内容与专业特色相结合、课程目标与高校人才培养方向相一致的原则，包括通识型与融入型两种形式。

通识型课程是指面向全体本科学生开展的劳动教育与创新创业教育的必修类课程和选修类课程。对于必修类课程高校应规定学分，以确保学生接受系统的劳动教育与创新创业教育。例如，开设“劳动教育”“创业基础”“创新创业导论”等课程，对教育对象进行劳动与创新创业基础知识的传授。通过劳动教育课程，使学生掌握劳动理论、劳动文化、劳动实践、劳动报酬、劳动关系与劳动权益保障、劳动评价、劳动未来等基础知识。通过创新创业课程，使学生掌握创新创业理论、创新创业精神素养、创新创业思维方法、创新创业环境分析、创新创业商业模式、创新创业风险防范、创新创业实操及创新创业实践等基础知识。随着国家不断提高对劳动教育与创新创业教育的重视程度，高校劳动教育与创新创业教育融合在教育内容、教材选用、课程形式上的融合也不断推陈出新，根据学生自身需求与爱好分类设计课程模块，使劳动教育内容与创新创业理论与实践充分融合，真正做到因材施教。同时，选修课程将劳动性与创新性课程作为任选内容，作为必修课程的补充，发挥其在劳动教育与创新创业教育融合中的重要作用，比如“学科前沿专题”“创新创业导论”“创造性思维与创新方法”等课程。高校应积极探索线上线下混合教学模式，通过慕课、云课堂、微课堂等在线课程平台开设在线精品课程，满足学生个性化、碎片化的学习需要。同时，可面向有创新创业意愿的学生设置提升型选修课程。通过联合企业资源和校外专家的指导，为有志于创业的学生提供深入的战略管理培训和项目指导，在课程中融入工匠精神和企业家精神相关教育内容，加强劳动伦理和对行业发展趋势的教育，着力培养学生的劳动精神、创新意识与创业能力。学生通过输出创意点子、展示创新作品、项目路演等形式汇报学习结果，将理论知识应用于实践，从而在实际操作中锻炼自己的能力。高校应根据学生需求选择适宜的课程形式和内容，从而提升学生的创新创造能力和自主决策力，不仅让学生掌握劳动与创业知识，更激发了他们的创新性劳动意识。

劳动教育与创新创业教育融合的核心在于满足社会与行业发展对人才需求的多样性。因此，应面向高校所有专业学生，开设与学科专业紧密结合的劳动课程与创新创业课程，并将劳动与创新创业的元素融入专业教学环节，以期培育符合国家发展需求的专业素养、劳动技能、创新思维和创业能力。劳动教育与创新创业教育融合发展并非独立于专业教育之外，而是与其形成了一种互补关系。这种互补性对于推动劳动教育、创新创业教育和专业教育的共同发展具有重要意义。在劳动教育与创新创业教育融合过程中，必须以科学和辩证的态度处理劳动教育、创新创业教育与专业教育之间的关系，避免因过分强调专业教育而影响劳动与创新创业知识的传授，在具体实施过程中，应基于学生的专业背景，开展劳动意识与创新思维的训练。教育者应深入分析不同行业和专业的就业、创业前景，通过合理引导，鼓励学生对专业知识进行创新性思考，有效培养其创新思维能力，为劳动教育与创新创业教育融合搭建坚实的发展平台。

（二）劳动教育与创新创业教育融合的活动化

与劳动教育与创新创业教育融合的课程化相比，劳动教育与创新创业教育融合的活动化模式更加突出实践的作用，强调实践与理论的知行合一，其内容和形式更为丰富，更易于被学生所接受，是劳动教育与创新创业教育融合的重要载体。劳动教育与创新创业教育融合活动化模式通过开展军事训练、国情考察、实践教学、专业实习、志愿公益、社会服务、课外创新和海外实践等多样化的主题活动，将活动与教育相结合、理论与实践相结合、认知与探究相结合、思考与行动相结合，培养学生的劳动意识、创新精神和创业能力。为培养高素质劳动者，厚植发展新质生产力人才基础，高校应把握时代的特点，将劳动教育与创新创业教育融合作为推动劳动教育课程改革的关键，打破传统的课堂界限，促进从教师为中心向以学生为中心的转变，在设计学生喜闻乐见的活动上发力，潜移默化地影响学生的劳动观念、情感、意志和行为。

劳动教育与创新创业教育融合活动化模式在具体实施中可以分为普及型、项目型、竞赛型。普及型教育活动面向全校学生，通过沙龙、讲坛、论坛、训练营、特色品牌讲堂、创客节等形式，普及劳动与创新创业知识，培养学生的劳动意识和创新思维，使学生的素质能力与社会发展和国家战略需求相匹配。项目型教育活动则更为正式和系统，针对部分学生开展公共服务、社会实践、实训实习、勤工助学、大学生创新创业训练计划等项目化活动，培养和锻炼学生的创新能力、协作能力及决策能力等。竞赛型教育活动则通过引导学生参加各类学术学科竞赛，激发学生的创新热情和参与度，竞赛可分为国家级、省级、学科专项和综合类四个层次，如“挑战杯”全国大学生系列科技学术竞赛、“互联网＋”大学生创新创业大赛、劳动技能与智能设计大赛、劳动教育创意大赛、科技制作与创意大赛等各级各类竞赛。将学科竞赛、创新创业大赛、技能培训、创业训练等活动及其资源加以整合，构建科学的竞赛型劳动教育与创新创业教育融合体系，引导学生在各类竞赛中自主学习劳动与创新创业知识，将理论运用到实践中，激发学习兴趣，形成热爱劳动、尊重劳动、辛勤劳动的劳动精神与劳动习惯。活动型教育活动是课程化教育模式的有效延伸和补充，强调探究体验的实践过程，本质上是一种探究式、体验式和服务式教育，是大学生提升创新意识和创造能力的重要途径。随着社会发展进入新阶段，教育与生产劳动的结合呈现出新的特点。高校需要提升站位，从教育链与创新链相互促进的角度，构建劳动教育与创新创业教育融合系统，加强学校教育与社会生活、生产实践的联系，将劳动教育与创新创业教育融合作为学生认识社会、服务社会、改造社会的有效途径，将社会创新、科普推广与服务社会的实践转化为生动的劳动教育与创新创业教育融合的育人场景。

（三）劳动教育与创新创业教育融合的实践化

仅应用课程化和活动化的教育模式无法达到劳动教育与创新创业教育融合最优化的效果，高校还需要依托企业、政府部门、事业单位等多方主体，共同建设劳动教育与创新创业教育融合的实践基地与实训平台，开展与传统教学方式不同的实践类教育活动。劳动教育与创新创业教育融合实践基地作为高校培养学生劳动技能、劳动态度、创新意识和塑造人格、提升就业创业能力的有效途径，也是贯彻新时代劳动观，促进学生全面发展的实践平台。劳动教育与创新创业教育融合实践基地的建设，是贯彻落实构建德智体美劳全面发展教育体系的重要举措，是推动劳动教育与创新创业教育融合不断深化的务实行动。

劳动教育与创新创业教育融合实践基地既包括校外实践基地，也包括校内实践基地。校外实践基地作为专业场所开展劳动教育与创新创业教育实践，能够拓展学校和家庭劳动教育与创新创业教育的时空场域，具有天然的育人优势。高校应加强与政府部门和企业的合作，共建共享实践教育基地，深入挖掘本地具有教育意义的资源，因地制宜建立劳动教育与创新创业教育融合实践基地，并不断丰富活动载体，搭建活动平台，结合当地实际情况开展文化宣传、振兴乡村、非物质文化遗产开发、社区服务等劳动与创新创业融合教育，营造育人环境，让校外劳动教育与创新创业教育融合实践基地成为学生成长的乐园。同时，高校应以实践基地为依托分类开发基地课程，构建不同层次、类别的课程，满足不同学生的多元选择需要，结合地方优势，借助数字化技术建设特色课程资源库，形成协同育人新模式，为学生学以致用、提升创新性劳动能力提供试验田。

校内实践基地则是以学校场地、设施为依托，是高校开展劳动教育与创新创业教育融合实践的主阵地。高校应以自身学科专业特色为基础，积极整合校内的优质资源，在提升学生实践操作能力的同时培育其勤劳勇敢、爱岗敬业的职业精神。高校应充分利用校内创新创业基础实验实训室和各专业基础实验实训室，开展劳动与创新创业实践训练，培养学生的劳动精神，激荡学生的创新创业思维，启发引导学生探索创业之路，激发学生的创新精神和创业意识。同时，依托劳动实践基地、专业综合实验实训室、大学生创新创业中心和学校科研创新平台等场所，提升学生的创新性劳动能力，为区域经济发展贡献力量。打破固定化实践教育基地的限制，延伸和拓展教育空间，与校外专业孵化机构深度合作，共建学校创新创业项目孵化平台，通过提供一站式服务和专业孵化助推创新创业项目落地发展。在创新创业项目的孵化过程中，学生通过全面参与劳动与创新创业实践，激发劳动创造力、提升劳动与创新实践能力、形成自身特有的劳动价值观与创新创业意识。

三、系统要素的时间有序性

教育对象价值观念和行为习惯的塑造是一个逐步积累的进程。从劳动教育与创新创业教育融合的阶段性来看，教育对象形成创新性劳动思维的过程是一个长期发展的过程。通过学习实践教育对象最终会形成一套自我认同的价值体系和行为准则，并通过个人行为表现出来。时间有序性是高校劳动教育与创新创业教育融合系统中各个要素相互联系作用，促进教育对象思想转化的运作方式，是内化与外化交替递进深化发展的过程，随着教育环境的变化和系统内部各要素之间的矛盾运动，呈现出螺旋上升的态势。高校劳动教育与创新教育融合结构上的有序性体现为教与学过程的统一，即教育对象在教育环境的影响和教育者的引导下，能动地接受教育内容。从时间维度上，遵循发展、联结、共生的内在逻辑，分为内化、外化、反馈三个连续的阶段。劳动教育与创新创业教育的融合贯穿大学四年的学习之中，需从学生入校开始构建链条式教育模式，将劳动教育与专业学习、创新创业教育、科研实践、校园活动、实习实训有效结合，以达到通识性、专业性和实践性教育交叉耦合的目的。

（一）内化阶段

“知”是对教育内容内化的结果，在教育过程中，教育对象已经对教育内容做出了个体的理解与选择。但是教育对象将劳动教育与创新创业教育融合课程倡导的理念转化为自身运用的理论是一个复杂的内化阶段，且教育对象对理论的接受度和态度转变可能并不总是有效的。苏联著名教育实践家苏霍姆林斯基认为，学生在掌握知识的过程中总是将认识的目的放在第一位，而教材中蕴含的思想理念则是居于次要地位的，因此将知识转化为信念的有效系数是很低的。对新思想观念的真正内化是建立在真学真信真用之上的。教育者在理论教育中要提高知识转化为信念的有效性，引导教育对象确信理念的真实性、正确性与有效性，并主动吸收新的思想观念，进而调整和优化自己的认知结构，自觉地将这些理念纳入自己的价值信念体系。

内化是个人认可社会价值观或行为规范，并主动将其纳入自己心理素质构成的过程。就劳动教育与创新创业教育融合而言，内化是指教育对象运用理性思维对教学内容进行验证、同化、顺应，进而转化为个体劳动观念和信念的过程。此阶段是继理论教学之后的又一由外向内的二次强化过程。通过劳动教育与创新创业教育，教育对象接受并主动将马克思主义劳动价值观融入自身价值理念体系之中，在实践中逐渐形成良好的劳动习惯。正如伽达默尔所说，人的“先入之见”是理解和接受新思想观念的前提条件。因此，内化阶段首先是依据教育对象的先在结构来设计和传导劳动与创新创业教育内容。教育者需综合考量教育对象的内在需求及其认知水平，结合社会发展、科技革命、行业趋势制订教育方案、确定教育内容。通过创设真实的教育环境、提升教育信息的新颖性，激发教育对象的学习热情，达到理解和掌握教学内容的目的。其次，要创新教育方法与教育载体，开展具有针对性的教育活动，通过持续的互动和交流，教育者可以引导教育对象重新审视和调整自己的认知结构，促进思想上的转变，实现教育内容的内化。

恩格斯曾说：“就单个人而言，他行动的一切动力，一定要转变为他的意志动机，才能使他行动起来。”个人对思想的接受不是消极、被动的承袭，而是教受双方互动的视野融合过程，是通过意义创生提升精神境界的过程。劳动教育与创新创业教育的融合建立在参与社会生活、实践活动和群体交往的基础之上，教育对象不可避免地会受到外部环境的影响，这些影响既包括积极的社会主流意识，也包括消极的社会不良信息。在真实的社会环境中，外部环境、教育活动及教育对象原有的劳动价值观三者相互作用，促使教育对象原有的认知结构和劳动教育与创新创业教育融合的内容产生碰撞，进入价值认知的整合阶段。整合阶段可能出现三种不同的情况：一是当教育内容与教育对象现有的认知结构相吻合时，教育对象能够顺利地吸收并整合教育信息，将其融入自己的劳动认知体系。教育对象会根据自己的理解对教育内容进行重新解读，从而使这些理念在个人思想中展现出新的活力。二是如果教育内容与教育对象的原有认知存在差异，但通过教育活动，教育对象能够识别并摒弃错误的观点，接受正确的理念，这将促进其认知结构的更新和发展。三是如果教育内容与教育对象的认知基础差异过大，或者受到周围多数人的质疑和反对，教育对象可能会对劳动教育与创新创业教育融合所倡导的价值理念持保留态度，难以完全接受和内化。这三种情况导致教育对象对教育内容的接受态度可能呈现为真诚接纳或被动接受两种截然不同的反应。劳动教育与创新创业教育融合在引导教育对象价值整合过程中存在复杂性和挑战性，同时也强调了教育者在设计和实施教育活动时需要考虑教育对象的认知背景和外部环境的影响，以促进教育内容的有效传递和学生对劳动价值观的深入理解。苏霍姆林斯基曾说，只有对真理的认识能成为个人的观念，能激发出个人深沉的情感同个人意志融合，才能谈得上道德信念。劳动认知的整合是教育内化过程中的一个关键阶段，但并非终点。为了促使教育对象真正主动接受教育内容，教育者须在教育活动中不断地对教育内容进行反复强化，以获得学生情感上的共鸣和态度上的认同，将教育内容逐渐转化为教育对象个体信念，并在认知结构中逐渐固化，最终形成坚定的马克思主义劳动价值观。

在内化阶段，教育对象需要在教育者的指导下，通过教育活动对教育内容进行深入的思考和理解，解决认知上的矛盾，实现价值观的更新和提升。教育者要充分认识到外部环境的复杂性，设计合理的教育方案，创设有利于教育对象学习成长的教育环境，引导教育对象在学习中不断探索和体验，通过与社会生活的紧密结合，促进教育对象劳动价值观的形成和发展。同时，教育者也要关注教育对象在接受教育过程中可能出现的困惑和挑战，帮助他们正确应对外部环境的影响，形成积极健康的价值观。例如，高校可根据学生的不同学习阶段和需求进行有针对性的课程设计。第一学年劳动教育与创新创业教育融合的设计着重帮助学生适应大学生活，开设一些与日常生活劳动、志愿服务及职业规划相关的课程，培养学生的基本生活技能，并让他们体验劳动的价值。第二学年，随着学生对专业知识学习的逐渐深入，劳动教育与创新创业教育融合的重点应转向专业技能的实践和创新能力的培养。此时，高校应提供与学生专业课程紧密结合的实训项目和创新训练，深化学生对专业知识的理解，引导学生在实践中感悟劳动精神，从而更好地将理论知识与劳动实践相结合。

（二）外化阶段

“行”是教育对象劳动价值观外化的表现，是教育对象对教育内容的深层接受。内化阶段仅仅标志着学生对知识理解的初步完成，为学生接受教育理念奠定了基础。然而，在复杂多变的社会环境中，内化的知识并不能保证必然转化为实际行动。实际上，在劳动价值观的实践中，教育对象通常具备基本的劳动认知和创新意识，但往往缺少将这些认知转化为实践的勇气与技能。因此，劳动教育与创新创业教育融合的关键在于促使教育对象将内化的教育理念转化为外在的具体行动，从而真正实现其内在劳动价值观的重塑。

外化是将观念孕育出的新行为行之于外，付诸实践并接受实践检验的过程。在高校劳动教育与创新创业教育融合中，外化表现为教育对象的亲身参与教育活动和深刻体验教育内容，最终实现理论与实践的统一。外化过程不仅是教育对象将内化的思想、认识、信念和社会规范转化为具体行动的过程，也是其自主进行行为转化的过程。教育对象的行为外化不仅依赖于内在的认知、情感和意志的支持，还需要具备对劳动行为进行判断、选择和实施的能力。因此，教育者在开展劳动与创新创业融合教育时，应关注教育活动的效果，评估教育对象在知识、情感、态度和价值观方面是否展现出积极的变化，以及这些变化的速度和质量。同时，教育者还应考察教育对象是否能够形成自我调节、自我管理和自我教育的内在机制。

外化阶段教育者需关注几个关键问题：一是动态观察并记录教育对象的行为变化。正如马克思所言，人们的行为与他们的利益紧密相连。教育者应根据教育对象的社会角色和需求，设计有效的教育活动，激发教育对象将教育内容付诸行动的意愿和动机，并通过选择恰当的行为模式加以展现。如果缺乏合适的行为模式，动机可能会减弱或转变为其他动机，导致劳动观念无法外化。即便教育对象对教育内容有深刻的理解，也无法真正提升其创造性劳动素质。因此，教育者应持续跟踪教育对象的行为变化，并有意识地引导他们选择更适宜的行为方式。二是教育者应从教育对象的个体特点出发，将教育内容与国家发展需求及教育对象的日常生活紧密结合，营造一个积极的育人环境。提供必要的条件和机会，使教育对象能够在复杂多变的社会环境中将内化的劳动观念转化为实际行动，并在实践中不断提升劳动和创新创业能力。三是良好的劳动习惯需要通过持续的教育活动来巩固。教育者应培养教育对象强化内在行为的意识和能力，鼓励他们亲身参与劳动实践、创新竞赛、创业项目等实践活动，不断重复教育实践的过程。教育者可以通过提供创新创业机会等方式，帮助教育对象将内化的劳动价值观通过不断地实践转化为思维习惯，并最终固化为创造性的劳动行为，形成良好的劳动习惯。

在深入探究高校劳动教育与创新创业教育融合的过程中，针对所面临的问题，教育者需不断调整和优化劳动教育与创新创业教育融合模式。教育对象的行为外化是一个多阶段的复杂过程，通常包括平稳、矛盾和整合三个阶段。在平稳阶段，教育对象通过与外部环境的互动，有效吸收、内化教育内容。他们对劳动理念、劳动知识、劳动技能有了清晰的理解，并开始将这些理念与自己原有的认知结构相融合，形成一种行为外化的心理准备和行动趋势。在这一阶段，个体的教育理念和社会规范之间达到了一种和谐与平衡，不存在任何矛盾冲突。但实践本身的复杂性决定了理念向行为的转化是一个复杂且渐进的过程。教育对象的内在认知、外部环境等多重因素均可能对其行为产生影响，导致内化的认知与外在行为之间出现不协调，进而进入矛盾和冲突的阶段，并产生多种可能的结果：一是当教育对象的内在认知与外在行为相一致，且处于一个支持性的社会环境中，他们的劳动认知能够顺畅地转化为劳动行为，实现教育目标。这种情况是劳动教育与创新创业教育融合所追求的理想状态，体现了教育与实践的和谐统一。二是即使教育对象已经高度内化了教育内容，如果外部环境不支持行为的转化，也可能会出现外在行为的暂时性缺失。这种情况下，教育对象的内在认知未能得到有效的外在表现。三是如果教育对象处于一种表面或不完全的内化状态，即使外部环境提供了良好的支持，其内化的程度也不足以支撑行为的外化。这表明教育对象的认知尚未达到能够转化为行为的程度。四是可能会出现偶然的情境，例如，出现积极的群体效应，会导致教育对象在没有完成内化的情况下，偶然地表现出教育内容的外化行为。然而，这种劳动行为是偶发的，与教育内容的内化并无直接联系。综合上述四种情况，只有第一种情况在真正意义上实现了创造性劳动行为的外化，其他三种情况由于内化与外化过程的不完全，未能完成行为的外化。

为达成知行合一的教育目标，教育者需积极发挥主观能动性，动态地对教育过程进行调整与完善。通过进一步优化教育方法，对教育者的教育行为和教育对象的学习行为进行重新调整，教育者能够协助教育对象将知、情、意与外部环境形成合力，从而解决知与行之间的矛盾。在外部环境并不支持的情况下，教育对象的高度认知内化状态能够激发其坚定的意志和信念，帮助他们克服环境的不利因素，实现行为的外化。或者，教育者与教育对象可以共同努力，将不利的环境条件转变为有利的条件，使那些暂时未能表现出来的行为得以显现。对于那些内化过程被动、虚假或不完全的教育对象，教育者应以引导为基础，帮助他们通过自身的努力，克服错误的思想观念，深化对教育内容的内化，重构认知结构，并加强意志品格，以实现劳动思想与行为的外化。当教育对象处于偶然有利的环境时，教育者应抓住这一时机，利用外部环境的强化作用来熏陶和感染教育对象，促进其行为的外化。通过这些措施，可以促使教育对象的思想认知与外在行为达到平衡与统一，并不断为行为外化提供内生动力，确保行为外化过程的顺利进行。

高校劳动教育与创新创业教育融合的实施应遵循一个有序且连贯的时间逻辑，以确保学生在劳动能力与创新素养方面得到全面的发展。如在第三学年，教育的重点应转向与实际工作紧密相关的领域，通过顶岗实习和就业创业准备，加强学生的生产劳动和创业实践能力。为此，高校应开设与学生未来职业发展紧密结合的劳动与创新创业课程，这些课程不仅教授生产劳动的技能，也涵盖创新创业教育的内容。第四学年，课程设置应进一步聚焦于就业和创业的实际需求设计实习实训、就业指导及创业孵化等教育活动，通过产学研相结合的方式，提升学生的劳动技能与创业能力，以适应未来职场的挑战。构建全链条式劳动教育与创新创业教育融合体系，将劳动教育与创新创业教育贯穿于大学本科教育全过程，引领学生在劳动素质和专业能力上实现全面提升。

（三）反馈阶段

随着时代的发展，教育信息呈现出多样化、便捷化和即时化的趋势，这使得教与受的过程由传统的直线性联系逐渐向网状性联系转变。教育对象不再仅仅依赖教育者传授知识，他们可以通过互联网、日常生活、家庭及朋友圈等多种渠道获取教育信息。教育信息来源的广泛性使得教育对象受到外部因素影响的可能性增加，也可能使他们在接受劳动与创新创业融合教育时，易出现波动、曲折甚至反复的情况。为了确保劳动教育与创新创业教育融合的成效稳定，并促进教育对象养成良好的劳动行为习惯，持续而有效的反馈机制是必不可少的。教育者可以根据反馈结果了解教育对象的学习状态，评估教育方法的有效性，并相应调整教育策略，确保教育目标的实现。

反馈机制是控制论中的一个核心概念，它描述了在控制系统中，输出信息如何被重新引入系统，并通过这一过程实现对系统的调控。在系统的实际运行中，会受到内部因素和外部环境的多重影响，这些因素的相互作用可能导致系统无法维持稳定状态或无法实现预定目标，从而偏离预期效果。因此，反馈机制的引入对于系统稳定性和目标达成至关重要。它允许系统根据输出结果与预期目标之间的差异进行自我调整，以减少偏差并提高效率。通过这种方式，系统能够对内外环境的变化做出灵活响应，不断优化自身的运行策略，确保在复杂多变的环境中实现稳定和有效地控制。高校劳动教育与创新创业教育融合的反馈主要由教育者和受教育者共同完成的，双方通过通信手段进行信息的交换和知识的传递，形成了闭环信息反馈系统。反馈系统中的指令（信息输入）是教育者的要求，即教育要求。而受教育者则是被控制对象，教育对象的学习成效是反馈系统中的被控量（信息输出），直接反映了教育目标的达成情况。教育者向教育对象传递特定的劳动教育与创新创业教育融合的内容，教育对象在接受这些信息后，通过实践和模仿，将学习成果反馈给教育者。教育者通过观察和分析，评估教育对象对知识的掌握程度，并据此制定相应的教育策略，同时调整教育流程，以提高教育质量并确保教育目标的实现。教育对象在接受知识的过程中，会根据理论知识和实践技能的学习，以及从教育者和其他同伴处获得的信息，进行自我反思和自我反馈，从而深化对知识的理解。在反馈阶段，教育者通过反馈机制监测学教育对象的思想和行为变化，利用反馈结果对教育过程进行调整，纠正实际教育效果与预期目标之间的偏差，从而增强劳动教育与创新创业教育融合的实效性。

在高校劳动教育与创新创业教育融合过程中，根据教育对象的学习过程可划分为三个递进的反馈阶段，分别为基础知识学习阶段、能力提升阶段和综合应用阶段。基础知识学习阶段：在学生掌握必要的劳动与创新创业理论和技能后，通过反馈检测来识别教育对象的学习兴趣和基础学习中遇到的问题，为下一阶段的教育提供指导。能力提升阶段：教育者根据教育对象在基础学习阶段表现出的兴趣点，制订个性化的学习计划，同时记录学习过程中的不足，以便有针对性地进行改进。综合应用阶段：教育对象将之前学到的知识和技能应用于实习、实训或竞赛等实践活动中，以加强理论与实践的结合。同时，教育者将综合应用阶段与前两个阶段的反馈信息进行整合分析，以指导下一学年的劳动与创新创业融合教育。通过反馈机制，高校劳动教育与创新创业教育融合能够不断调整和优化教育方法，确保教育内容与教育对象的实际需求相匹配，促进教育对象劳动能力和创新创业素养的提升。

第三节　高校劳动教育与创新创业教育融合系统的功能

系统的功能是系统所固有的或后天获得的一种能力与效用，在系统与环境的输入与输出的相互关系之中表现出来，是系统属性与价值的一种表征。系统的功能既受系统外部环境的影响又受系统内部结构的制约。结构是对系统内部的描述，反映了系统内部各要素之间的排列秩序及组合关系。而功能则是对系统外部进行描述，反映的是系统整体与其所处外在环境进行物质、能量、信息交换的秩序与能力。高校劳动教育与创新创业教育融合系统的功能是在系统自身的内动力和外在环境的外动力相互作用中体现出来的能力与作用。

系统通过物质、能量、信息的持续性输入和输出，完成物质生产、能量流动和信息传递的功能，通过系统的自我反馈和调节，维持系统的存在和演化。系统内部要素的动态变化及其结构的调整都会对系统的整体属性和功能产生影响。高校劳动教育与创新创业教育融合系统通过不断的要素耦合，实现其持续的动态演进。从宏观角度审视，系统需从其生存和发展所依赖的环境中吸取必要的信息和物质资源，通过与环境的互动展现出其独特的功能。具体而言，高校劳动教育与创新创业教育融合系统的功能，是通过系统内部各要素的相互作用以及与外部环境的互动，共同作用于学生劳动思想的发展，激发出积极的教育成效。系统功能不仅反映了系统内部的协调性，也体现了系统与外部环境的适应性和互动性。

遵循结构决定功能的原理解析高校劳动教育与创新创业教育融合系统功能生成逻辑，高校劳动教育与创新创业教育融合系统由教育目标、教育者、教育对象、教育内容、教育方法、教育载体和教育环境七个关键要素构成。根据高校劳动教育与创新创业教育融合系统中的教与受两个方面，七要素相互作用和联系，构成了教育者主导结构和教育对象主体结构两大核心结构。在教育者主导结构中，教育者负责把控教育方向，组织教育活动，并管理整个教育系统的运作，确保了劳动教育与创新创业教育融合系统在价值导向、思想保证和人才培养方面发挥其功能。教育者的作用不仅在于传授知识，更在于引导学生形成正确的劳动价值观和劳动思维。另外，教育对象主体结构强调了教育对象的实际需求和成长规律，构成了教育活动开展的基础。教育系统的设计和实施必须以教育对象为中心，确保满足其学习需求和发展目标。这一结构赋予了劳动与创新创业融合教育以道德养成和精神培育的功能，旨在培养学生的道德品质和精神风貌。高校劳动教育与创新创业教育融合系统通过这两大结构的相互作用，实现了教育功能的生成和发挥。教育者主导结构和教育对象主体结构共同塑造了一个既注重知识传授又强调价值观和思想引导的教育环境，为教育对象的全面发展奠定了坚实的基础。

一、导向引领功能

导向引领功能是在价值认知、情感倾向和价值观确立等方面的传导和引领功能。高校劳动教育与创新创业教育融合的基础性功能就是导向引领功能。劳动教育主要承担引导学生树立马克思主义劳动价值观的主要职责，要引导学生正确认识劳动创造价值，培养学生对劳动和劳动人民的情感，进而确立劳动光荣、劳动幸福的价值观，实现学生在劳动教育中深化劳动认知、培育劳动情感继而确立劳动价值观的教育目标。其中，劳动创造价值是认识基础，热爱劳动和劳动人民是情感中介，劳动光荣、劳动幸福是价值追求。大学生创新创业教育是一种能够反映复杂知识劳动的实践活动，以创新为导向的教育，强调创意、创新和实践，其本质是培养学生的创新能力、创业意向、创造能力，注重学生劳动能力的提升和内在潜力的挖掘，有助于实现学生的全面发展。

（一）认知导向功能

高校劳动教育与创新创业教育融合系统的导向引领功能具有增强教育对象认知能力的作用。通过精心设计教育内容、严格过程管理和有效反馈等教育策略来帮助教育对象实现知识纵向流动，劳动教育与创新创业融合的各项教育活动不仅能够激发学生的学习热情，锻炼他们的意志力，还能使理论知识在实际操作中得到检验和修正，从而纠正错误观念，解决思想上的困惑，提升他们的认知水平。此外，劳动教育与创新创业教育的融合还能促进学生个体在认识、态度和行为上的转变。通过劳动教育与创新创业教育融合，教育对象能够将理论知识内化为自己的思想体系，形成正确的劳动观念、创新能力和价值取向，为自身的全面发展奠定了基础，而且对于培养具有社会责任感和创新精神的高素质人才具有重要意义。

高校劳动教育与创新创业教育融合发展不仅促进了劳动知识与创新创业知识的内化和劳动观念的转变，而且培养了教育对象运用马克思主义的劳动观和创新观来观察、分析和解决问题的能力。劳动教育与创新创业教育融合强调通过直观体验来丰富教育内容，使教育对象能够通过亲身实践、观察、参与和体验，深入社会、理解社会，从而感悟劳动的真谛和创新的价值。教育者致力于让教育对象通过实际参与创新创业活动，如走进企业、社区、参与志愿服务等，来体验劳动的过程和创新的实践，帮助教育对象理解劳动的重要性，激发他们创造性劳动的潜能。通过研究具体问题，教育对象能够将抽象的理论知识转化为解决实际问题的具体方法和立场，提升科学分析和解决问题的能力。教育对象积极参与生产劳动，通过辛勤工作和智力投入，将个人能力转化为有价值的成果，这一过程不仅见证了价值的创造，也体现了劳动的伟大。此外，通过参与创新项目、专业实训和科学竞赛等活动，学生投入时间和精力，创造出对他人有用的价值，同样是一种极具意义的劳动。劳动创造价值的理念是劳动教育与创新创业教育融合的基础，也是其导向引领功能的核心。通过教育学生不仅掌握了劳动技能，更重要的是理解了劳动对于个人成长和社会进步的重要性，形成了正确的劳动价值观，有助于学生在思想和行动上实现从理论到实践的飞跃，为他们的全面发展奠定坚实的基础。

（二）情感导向功能

劳动就是奋斗，幸福生活是劳动创造的，美好未来是劳动创造的，和谐社会是劳动创造的，国家富强是劳动创造的，民族复兴是劳动创造的，劳动在价值创造和社会进步中占有核心地位。劳动不仅是人类社会发展的动力源泉，也是个人实现自我价值和自我完善的重要途径。通过劳动，人们能够挖掘和发挥自身的智慧与潜能，创造出有益于社会的成果，从而推动社会向前发展，并在精神和物质层面实现自身的丰富和提升。在社会主义情感导向中，热爱劳动和尊崇劳动人民的观念被视为基本的价值取向。劳动是连接个人与社会的桥梁，它不仅决定了社会的物质基础，也是社会精神文明建设的重要组成部分。劳动人民作为社会发展的推动者，他们的辛勤工作和不懈努力是社会进步不可或缺的力量。因此，将热爱劳动、尊崇劳动的理念内化为国民的共识，对于构建和谐社会、促进人的全面发展具有重要意义。这种共识不仅体现了对劳动价值的认可，也是对劳动人民辛勤付出的尊重和肯定。

对劳动的积极情感主要表现为热爱劳动、积极参加劳动活动，接受在创新创业实践中进行劳动锻炼。培养热爱劳动的感情首先需要对劳动价值有一个正确的认识，这是激发热爱劳动情感的基础。正确的劳动观念能够让人深刻理解劳动对个人成长、国家繁荣和民族强盛所具有的决定性作用。这种理解是内心产生对劳动的热爱的关键因素。当个体形成了对劳动的正面认知时，他们将自然而然地对投身于劳动实践的人们产生敬意。这种尊崇感是热爱劳动情感的自然延伸，对劳动的热爱不仅仅体现在对劳动本身的尊重，更体现在对劳动者的尊重和赞赏上。劳动者通过辛勤工作，不仅为社会创造了物质财富，也推动了社会的进步和发展。培养尊崇劳动、热爱劳动的情感对于加强学生对劳动价值的认识，激发他们对劳动的热爱，进而在情感上促进他们对劳动人民的尊崇，实现个人和社会的全面发展至关重要。

系统在本质上具有信息传递的功能，高校劳动教育与创新创业教育融合系统作为一种强指向性的教育信息传递平台，通过具体而生动的案例来启发教育对象，使他们在创新创业的实践中获得对劳动的深刻感性理解。在参与和体验社会主义现代化建设的创新过程中，教育对象的劳动观念将受到深刻的触动，劳动情感也将随之升华，进而增强自身的使命感与责任感。教育对象在教育过程中不仅亲身体悟到劳动与创造的重要性，而且在情感上接受了创新性劳动教育的价值。这种情感上的认同进一步转化为学生自身的学习与实践动力，使他们能够将所学知识应用于实际问题的解决，从而在实践中不断成长和进步。

（三）价值导向功能

劳动是社会财富和个人幸福的源泉，劳动不仅为人们提供了物质生活的基础，而且其本身也是一种实现幸福的途径。在劳动实践中价值不断地被创造和积累，劳动的过程本身就是人们对幸福的追求和体验。认识到劳动在推动人类社会发展中的关键作用，是形成对劳动和劳动人民深厚情感的基础。劳动价值观的形成，不仅基于个人对劳动价值的深刻理解和劳动给个人带来的成就感，更源自社会对个人劳动贡献的认可和赞誉。劳动光荣这一价值观念的确立，是对劳动在社会发展中不可替代作用的肯定。它体现了个人劳动对社会的贡献，以及社会对这种贡献的尊重和鼓励。对劳动的认可和褒扬，不仅增强了劳动者的自豪感和归属感，也激励着更多的人投身于劳动，为社会的发展贡献自己的力量。在高校劳动教育与创新创业教育融合中，培养学生对劳动的热爱和尊重，是实现教育目标的重要途径。通过教育和实践，学生能够深刻理解劳动的价值，体验劳动带来的幸福，从而树立正确的劳动观念，形成积极的劳动态度。这对于学生的全面发展，以及社会主义核心价值观的传承和发展具有重要意义。

高校劳动教育与创新创业教育融合以马克思主义劳动观为核心，坚持教育的价值引领功能。从认识劳动创造价值的基础出发，通过增强教育对象对劳动及劳动人民的情感认同，最终引导他们做出正确的价值选择，发自内心认识到劳动的光荣与幸福。世间的美好梦想、发展中的难题、生命中的辉煌，无一不是通过诚实劳动来实现和铸就的。让学生深刻理解劳动在创造价值过程中的关键作用。鼓励学生通过诚实和辛勤地劳动，运用自己的智慧与汗水，去获取所需的物质财富。激发学生对劳动的热爱和对劳动人民的尊崇之情，教育他们崇尚劳动，坚守劳动人民的主体地位。学生能够用自己的劳动创造幸福生活，通过为他人带来幸福来实现个人的人生价值。

在高校劳动教育与创新创业教育融合实践中，教育对象所展现的观念和行为是衡量教育成效的重要指标。这种成效不仅为教育者提供了反馈，促使其对教学方法进行评估和调整，通过将理论知识与实际相结合，促进了教育对象思想与行为的转变。具体来说，教育效果首先通过学生的反馈循环传递给教育者，这为教育提供了宝贵的评估信息，帮助教育者优化教学策略。其次，教育对象通过将理论学习与实际情境相结合，实现了思想观念的更新。思想上的转变进一步通过学生的实践活动反映出来，他们在实际工作和生活中运用所学知识，解决了劳动自主性与社会化需求之间的冲突。此外，教育过程中的价值引领对于巩固教育成果具有重要作用。通过明确的价值导向，教育对象能够更好地理解劳动的意义，认识到劳动与个人发展、社会进步之间的联系。价值引领不仅帮助教育对象形成了积极的劳动观念，而且激发了他们投身于劳动和社会服务的热情。

二、政治认同功能

政治认同最早是由威尔特 A. 罗森堡姆提出的，在《政治文化》一书中，罗森堡姆将政治认同定义为个体对于自身属于某一政治单位、地理区域和团体的感知，这种归属感在个体的主观意识中占据重要位置，是其社会认同的一部分。政治认同是社会成员在政治生活中形成的情感和归属感，它体现了公民对政治体系的认知、评价、接受、遵从和参与。政治认同是一种政治心理活动，由政治认知、情感、意志、信念和行为等构成，这些要素既相互独立又相互影响，共同形成一个完整的政治心理过程。政治认同的功能是多方面的。首先，它能够促进个体对政治体系的认同，为政治组织和制度的合法性提供基础，提升其制度化水平。其次，政治认同有助于公民形成共同的政治信仰和目标，激励他们为共同的事业而努力。最后，政治认同能使政治组织的方针和政策得到广泛认同，从而确保政治过程的参与度和支持度，推动政治组织方针政策的有效实施。通过以上方式，政治认同在维护政治稳定和推动社会发展中发挥着关键作用。

在马克思主义理论中，劳动占据着核心地位，其理念深刻影响了国家制度和文化体系的构建。鉴于此，劳动教育与创新创业教育融合不仅是基本的教育内容，更具有深远的政治意义。它在促进个体对政治体系的认同方面发挥着关键作用，特别是在加强人们对制度和理论的认同感方面表现尤为显著。劳动教育与创新创业教育通过培养个体对劳动和创新价值的认识和尊重，使他们更好地理解和接受国家制度。劳动教育与创新创业教育融合强化了个体对制度背后理念的认同，从而为制度的稳定性和持续性提供了社会心理基础。同时，劳动教育与创新创业教育还促进了教育对象对马克思主义劳动观的认同，使个体能够更好地理解并接受马克思主义劳动理论对社会发展的指导作用。通过劳动教育与创新创业融合教育，个体不仅学习到劳动的技能和价值，更在深层次上建立起对国家政治生活和理论指导的认同感，对于构建和谐社会和推动国家发展具有不可替代的作用。

（一）制度认同

制度认同是一个多维度的概念，是个体在特定时期内对制度的认知评价、价值认同、情感体验及实际行动的集合。高校劳动教育与创新创业教育融合对于塑造学生的政治和经济制度认同感具有重要作用。通过劳动教育学生能够理解并体会到劳动的价值和尊严，创新创业教育激发大学生的创造力和主动性，使他们能够在经济制度下发现并抓住机遇，有助于加深学生对政治和经济制度的理解和认同。

在政治制度方面，我国宪法明确了国家的根本性质，我国是一个以工人阶级为领导核心，以工农联盟为基础的社会主义国家，实行人民民主专政。国家体制的确立，不仅凸显了工人阶级和农民阶级在国家政治生活中的主导作用，也强调了社会主义劳动者在国家政权中的重要地位。维护国家的根本制度，关键在于坚持劳动人民的主体性，确保工人阶级的领导权。人民创造历史，劳动开创未来。高校劳动教育与创新创业教育的融合，旨在培养学生对劳动的热爱和对劳动者的尊重，激励他们通过劳动创造美好生活，为民族的繁荣复兴贡献力量。在新时代的教育实践中，提升学生对党和国家重要战略方针的认同感至关重要，包括对自主创新能力的认可、对建设创新型国家的信任、对民族复兴的归属感，以及对社会责任的担当。通过增强对政治制度的认同，大学生将形成积极的社会政治心理倾向，学生能够自觉地按照国家的要求规范个人行为，将个人发展融入国家发展大局，在以中国式现代化全面推进强国建设、民族复兴伟业的伟大征程中贡献青春力量，实现人生价值。

在经济制度方面，我国建立以公有制为主体的基本经济制度和实行按劳分配为主体、多种分配方式并存的分配制度，旨在实现效率与公平的有机结合，充分调动劳动者的积极性。长期以来，我国高度重视劳动和劳动者的核心地位，倡导劳动精神，弘扬劳动的尊严与价值，强调劳动是光荣的，是社会进步的动力。同时，国家不断努力维护劳动者的合法权益，并致力于建立和谐的劳动关系。对于经济制度的认同可以激发大学生投身社会发展的责任感与使命感，有利于培养大学生坚定的理想信念、务实的工作态度，以及在面对挑战时展现出的奋斗精神和坚韧不拔的品质。高校劳动教育与创新创业教育融合，为大学生提供了培养政治责任感和锻炼政治品质的机会。在参与创造性劳动的过程中，大学生不仅能够体会到艰苦奋斗和勇于创新的重要性，而且在将知识应用于社会实践的过程中，能够正确认识自己的社会角色，理解个人价值实现的途径。

高校劳动教育与创新创业教育融合系统通过促进资源与能量的有效流动，确保了教育实施过程的活力与效果，为激发学生的政治热情提供了坚实的物质基础。通过强调创造性劳动在经济与社会发展中的核心作用，教育引导教育对象认识到劳动人民是社会进步的主导力量，是所有物质财富与精神财富的创造者。同时，引导教育对象深刻理解并坚持劳动人民在社会中的崇高地位，以及在国家政治经济生活中的主体作用。这有助于加强教育对象对社会主义发展道路的认同，以及对中国特色社会主义制度的拥护与支持。政治认同功能就是培养社会成员对政治体系的支持和认同，为实现这一功能，不仅需要系统的理论教育与宣传，还需要动员社会各界力量与资源，创造有利条件、提供实践机会，使教育对象在实际参与中体验政治体系的合理性与有效性，通过开展与时代发展紧密相连、与学生实际相结合的劳动与创新创业实践活动，传播当代主流政治理念与劳动价值观，激发教育对象的政治热情。此外，劳动教育与创新创业教育的丰富活动需要持续的能量补给以保持其活力。能量流动是教育活动得以持续进行的物质基础，也是确保教育活动顺利开展的关键要素。高校劳动教育与创新创业教育融合系统从国家、社会机构及高校等不同层面获得人才、资金、设备、场地等资源的补充，为劳动教育与创新创业教育融合的有效实施提供了必要的物质保障。

（二）理论认同

政治立场的坚定建立在对理论的深刻理解和清晰认识之上，源自对马克思主义理论的深刻洞察和坚定信仰。若理论认识浅显，思想上缺乏明确性，政治立场便可能变得摇摆不定。对马克思主义理论的深刻理解和坚定信仰，不仅为人们提供了坚实的理论基础，还赋予了人们强大的理论自信，使人们能够学习和掌握正确观察问题的思想方法，运用唯物辩证法认识和解决社会矛盾。马克思以劳动解说唯物史观、以劳动构建剩余价值论、以劳动奠基人的解放学说，从而形成了其内涵丰富的劳动思想。马克思主义劳动学说既是劳动教育的根本遵循，也是劳动教育的核心内容。劳动教育既有劳动创造人的本体论意义，也有促进人的全面发展和现代生产发展的时代性意义，还有热爱劳动和劳动人民的社会主义道德、文化和政治的综合性意义。新时代劳动教育与创新创业教育融合要坚持马克思主义劳动学说的指导地位，通过课堂教学与实践活动引导受教育者系统学习马克思主义劳动思想，促进受教育者对马克思主义劳动理论的理解和认同。

高校劳动教育与创新创业教育融合系统通过内部能量的有序流动，引导学生坚定政治立场，增强政治品质。在强化理论认同中增强政治判断、政治领悟和政治自觉。领导者和管理者通过制定规章制度、整合资源、提升服务质量等措施，为劳动教育与创新创业教育融合的顺利进行提供坚实的管理支撑。教育者则通过丰富教学内容、创新教学方法，确保教育信息和能量的有效传递，帮助教育对象深化对制度和理论的认同，不断强化政治意识，保持正确的发展方向。此外，高校劳动教育与创新创业教育融合系统通过社会的认可来吸引更多的能量输入，提高学生的政治鉴别能力，促进理想与现实相结合。进入新时代，人们的生产生活方式、交往方式、思想方式都发生了重大变化，在劳动教育与创新创业教育融合实践中学生能清晰认识到中国正处于高质量发展阶段，能够认识到改革开放 40 多年来中国取得的巨大成就，以及社会生活各方面发生的深刻变化，他们对中国的社会和政治发展将持有更加理性和现实的看法，从而提升对现行政治体系的信任度，增强国家高质量发展的信心和底气。

培养学生对政治现象的观察、分析和判断能力，以及对政治行为方式的选择和把握能力，可以预防和克服政治上的盲目性和偏激性。通过劳动与创新创业融合教育，学生能够积极践行马克思主义劳动价值观，通过自己的行为将正能量传递给社会，为社会创造价值，并得到社会的认可。这种正能量的输出不仅有利于促进社会的发展，也实现了高校劳动教育与创新创业教育融合系统能量流动的良性循环，确保了政治认同功能的有效发挥。

三、精神培育功能

“人无精神则不立，国无精神则不强。”精神是民族发展进步的不竭动力，是战胜各种风险挑战、从磨难中奋起的意志保障。精神是决定人生轨迹和事业成败的关键要素，昂扬的精神会增强克服困难、实现目标的勇气和力量。“劳动创造幸福，实干成就伟业。”全面建成社会主义现代化强国，实现中华民族伟大复兴的中国梦，根本上靠劳动、靠劳动者创造。伟大的事业需要伟大的精神，我们要在全社会大力弘扬劳动精神，贯彻尊重劳动、尊重知识、尊重人才、尊重创造的重大方针，树立辛勤劳动、诚实劳动、创造性劳动的理念，让劳动光荣、创造伟大成为铿锵的时代强音。习近平总书记提出要大力弘扬劳模精神、劳动精神和工匠精神，为新时代劳动教育与创新创业教育融合提出了新的要求。

高校劳动教育与创新创业教育融合系统应充分发挥精神培育功能，成为培育和弘扬劳模精神、劳动精神和工匠精神的主阵地。以劳动教育与创新创业教育融合为基石，塑造学生的劳动价值观和精神品质，培养学生的创新创业能力，为未来发展打下坚实的基础。让学生亲身参与到生产劳动与创新创业实践中，有助于提升其劳动意识、加深其劳动体验，激励学生勤奋工作、勇于创造，为实现中华民族伟大复兴贡献力量。

（一）劳动精神培育

劳动精神是劳动者在劳动实践活动中所展现的品格特质，它不仅是成为合格劳动者的必备条件，也是社会精神文化的重要组成部分。习近平总书记将劳动精神内涵界定为“崇尚劳动、热爱劳动、辛勤劳动、诚实劳动”。劳动精神的内涵可以从价值观和实践行为两个层面来理解和把握。在价值观层面，崇尚劳动和热爱劳动是内外相辅相成的关系。崇尚劳动是一种外显的价值取向，强调对劳动的重视和尊重；而热爱劳动则是自发的价值观念，是个人对劳动的热爱和追求。在行为要求层面，辛勤劳动和诚实劳动是劳动精神的具体体现。辛勤劳动要求学生通过自己的努力和实干来获取幸福，不仅需要学生不断提高专业技能和劳动能力，还要其发扬求真务实、脚踏实地的优良品质。

新时代的劳动精神，是在社会存在和发展的基础上形成的，必须满足时代发展和社会现实的需求，应体现出劳动者对劳动成果的高质量追求和自我超越的精神动力。这种动力促使学生不断学习新知识、掌握新技术、培养创新思维，推动自身通过劳动不断创造新的价值。将劳动精神融入学生的学习和实践中，让学生在价值创造的过程中实现人格的淬炼，将劳动创造人的价值理念内化于心，从而全面提升大学生的综合素质，为中国特色社会主义建设培养高素质人才。

通过对劳动意义的深刻认知和时代精神的体悟，帮助学生树立正确的劳动价值观和崇尚刻苦奋进、公平公正的劳动道德。不仅是劳动精神培育所带来的精神财富，也是大学生在劳动精神习得过程中逐渐明晰的社会责任和公民义务。教育对象通过参与创造性劳动，深刻体会到劳动所需的开拓创新和砥砺奋进的品质，明确劳动在社会中所需的契约关系和等价交换规则，重塑契约精神，增强公平正义的劳动道德观。

（二）劳模精神培育

劳模精神是劳动模范群体所特有的精神特质，具有更强的先进性，是广大劳动者不断前进的标杆和方向，它不仅是对劳模群体取得成就的经验总结，也是民族精神和时代精神的集中体现，具有深远的现实意义和时代价值。作为社会的精神财富，劳模精神不仅对劳动者的辛勤付出表示赞誉，更彰显了全社会积极向上、奋发有为的精神风貌，是社会主义核心价值观的生动体现。劳模精神是我们的宝贵精神财富和强大的精神动力，全社会都应尊敬劳动模范、弘扬劳模精神，使诚实劳动、勤勉工作成为社会风尚。

劳模精神强调自强不息、坚持不懈、勇于奋进、积极进取的精神，激励着无数劳动者爱岗敬业、坚守职业道德，并勇于创新创造。榜样的力量是巨大的，实现我们的发展目标，不仅要在物质上强大，更要在精神上强大。劳动模范是民族的精英、人民的楷模，必须大力弘扬劳模精神、发挥劳模作用。劳模们所展现的伟大品格和优秀品质，是激励大学生在任何困难面前都坚持不懈、辛勤劳动、诚实劳动、创造性劳动、勇敢前进的强大精神动力，成为大学生追求美好生活的精神支柱。

劳模精神的内涵可概括为爱岗敬业、争创一流，艰苦奋斗、勇于创新，淡泊名利、甘于奉献。高校劳动教育与创新创业教育融合应重视先进榜样的激励作用，积极开展劳动模范进校园活动，使学生能够近距离接触劳动模范，了解劳模的优秀事迹，真实感受劳模精神的强大力量，从而营造一个学先进、做先进的良好环境。不仅有助于提升学生的劳动意识和劳动技能，更能够激发他们的创新精神和社会责任感，为培养具有劳模精神的新时代好青年奠定基础。

劳模精神的培养对于塑造具有高尚品德、卓越才能和强烈社会责任感的新时代青年至关重要，它提供了强大的内在驱动力。劳模精神以其爱岗敬业、追求卓越的风貌，成为新时代青年面对挑战、实现自我突破的关键动力。劳模精神所包含的艰苦奋斗和勇于创新的品质，构成了新时代青年不可或缺的精神底蕴。劳模精神所体现的淡泊名利、甘于奉献的态度，也是新时代青年不断追求的精神境界。随着我国进入高质量发展的新阶段，对劳动者的素质提出了更高的要求，大学生需要成长为能够进行创新创造工作的高素质人才，以及能够熟练掌握新质生产资料的应用型人才。高质量发展是新时代的紧迫任务，而发展新质生产力则是推动高质量发展的内在要求。通过深入培育劳模精神，学生能够认同内化并在日常学习、工作和生活中积极践行正确的劳动价值观，热爱劳动、崇尚劳动，并珍视劳动成果。在劳模精神的激励下，学生的创造潜能得到激发，勇于探索和实践，提高劳动积极性，形成良好的劳动习惯，不断实现个人价值和社会价值。

新时代大学生劳模精神的培育是一项系统而复杂的教育活动，不仅包括专业知识的传授和劳动技能的训练，还涉及劳动道德修养的培养。高校在劳动教育与创新创业教育融合系统的构建中，应从课程体系、实践模块到校园氛围营造等方面全面推进，致力于培育具有正确劳动价值观、高超劳动技能和良好劳动精神面貌的高素质劳动人才，为国家的高质量发展贡献人才力量。

（三）工匠精神培育

工匠精神是劳动者群体在生产实践中逐渐形成的执着专注、精益求精、一丝不苟、追求卓越的精神品质，体现出劳动者传承创新、价值坚守、精益求精、不懈追求的职业精神。工匠精神不仅追求外在成就，更强调内在的自我超越。即使技术已领先行业，工匠们仍需不断自我挑战，力求达到更高的技术水平。在各个行业中，工匠精神的代表们以其卓越的品质和开拓精神，成为支撑行业发展的中坚力量。我国正处于加快发展现代产业体系、推进质量强国战略、实现高质量发展的关键时期，弘扬工匠精神显得尤为重要。它不仅是培养高素质劳动者队伍的关键措施，也是为社会主义现代化建设提供精神和智力支持的重要途径。工匠精神在平凡的岗位上孕育着非凡，它激励着劳动者不断超越自我，追求工作的极致和价值的实现。在劳动教育与创新创业教育融合中，工匠精神扮演着核心角色。弘扬工匠精神，展现了一个民族对知识、劳动和创造的尊重，对民族进步、企业发展和个人成长具有深远的影响。通过培育学生的工匠精神，可以为他们的职业发展和创业之路提供持续的精神文化支持，激发他们的成功潜能，提高创新创业的成功率，并培养出一批批能够推动国家持续发展的复合型、技术型人才。

工匠精神是爱国精神、时代精神、劳动精神、求真精神、创新精神、无私精神的集中展现，大学生作为社会主义建设者和接班人，应在为国建设中不断涵养工匠精神，在各自所在的行业中，勇于创新、善于钻研。高校劳动教育与创新创业教育的融合强调理论与实践相结合，以培养创新能力为核心，贯穿于专业知识的教育之中。高校劳动教育与创新创业教育融合应结合专业知识，注重理论与实践并行，将劳动教育、创新教育、创业教育及专业教育相互融合。打造劳育课程＋专业课程＋实习实践＋双创竞赛的教育模式，在丰富劳动教育形式、创新劳动教育内容的同时，深入挖掘专业课程和创新实践课程中的劳动教育元素，以此引导学生形成正确的劳动价值观、劳动品质、劳动习惯、劳动精神及工匠精神。肩负着培养高素质人才和时代大师的重任，高校应在劳动教育与创新创业教育融合设计中融入大国工匠、时代楷模等教育元素，以此激发学生的爱国情怀和社会责任感。引导学生深入劳动一线，亲身体验和感悟大国工匠、劳动模范以及工艺传承者所展现的工匠精神，从而帮助他们树立崇高的工作理想，培育积极向上的劳动价值观，并在学生心中播下工匠精神的种子。

（四）科学家精神培育

科学成就离不开精神支撑。科学家精神是科技工作者在长期科学实践中积累的宝贵精神财富。我国一代代科学家前赴后继、接续奋斗，在长期的创新实践中，铸就了以爱国、创新、求实、奉献、协同、育人为内涵的科学家精神。科学家精神不仅是一种思维方式，更是一种人生态度和价值追求，这种精神财富不仅属于科技工作者，也是整个社会的共同财富。培育学生的科学家精神，有助于引导他们深入理解杰出科技工作者如何将对创新的热忱、对真理的探求、对国家和民族的深情厚爱集于一身，理解创新的动力源自对科学真理不懈追求、对人类文明进步的坚定信念。这对于培养新时代的复合型人才具有深远的意义。

中华民族自古以来就是富有创新精神的民族，底蕴深厚的创新文化孕育出众多闪耀史册的发明创造，推动人类社会发展进步。中华文明的创新性，从根本上决定了中华民族守正不守旧，尊古不复古的进取精神，决定了中华民族不惧新挑战、勇于接受新事物的无畏品格。将科学家精神融入高校劳动教育与创新创业教育融合体系，不仅是响应国家战略的需要，也是为实现科技自立自强和建设创新型国家提供坚实的精神支撑。通过打造高校创新创业培训活动品牌，创新培训模式，面向大学生开展高质量、有针对性的创新创业培训，提升大学生创新创业能力。大力弘扬创新文化，传承中华优秀传统文化的创新基因，使其成为培养创新精神的深厚土壤，不断激发创新创造活力，不仅能够培养学生的创新能力和实践技能，还能够塑造他们的创新意识与创新精神，激发青年一代树立远大理想、热爱祖国、勇于奉献、坚持创新，引导他们成为能够担当民族复兴大任的时代新人。

四、人才培养功能

当今世界，各个国家间的综合国力竞争，归根结底是科技实力的竞争。青年具有敏锐的观察力和判断力，是推动科技进步的关键力量。在新时代的新征程中，大学生作为现代化建设的中坚力量，肩负着实现中华民族伟大复兴的中国梦使命，更需切实将个人发展融入国家发展大局，在以中国式现代化全面推进强国建设、民族复兴伟业的伟大征程中贡献青春力量、实现人生价值。高校劳动教育与创新创业教育融合系统的人才培养功能，就是在教育中引导学生立足时代前沿，立足自身实际、立足工作岗位、立足国情时局，扎根中国大地，把满腔热忱转化为创新创造的具体实践，投身于创新事业，走创新之路，不断夯实专业理论、提升专业技能、掌握核心技术，努力成长为堪当民族复兴重任的时代新人。

（一）促进全面发展

“实现中华民族伟大复兴的中国梦，必须依靠知识，必须依靠劳动，必须依靠青年。”作为国家的建设者和接班人，大学生承担着引领时代进步的重要角色，他们需要具备强烈的责任感和使命感，以担负起推动社会前进的重任。高校劳动教育与创新创业教育融合的首要任务是培养德智体美劳全面发展的创造性劳动人才。高校劳动教育与创新创业教育的有机结合，对于培养学生的创新精神和正确的劳动价值观，塑造学生勇于担当、乐于奉献、积极作为的优秀品质至关重要。同时，在教育过程中，能够引导学生树立中华民族凭借劳动而实现崛起、繁荣与强大的自豪感，坚信劳动是实现中国梦、创造幸福生活和价值的关键。要构建一个涵盖德、智、体、美、劳全面发展的教育体系，以形成更高质量的人才培养模式。随着科技的迅猛发展和产业的深刻变革，个人的创新能力和实践能力变得尤为重要。高校劳动教育与创新创业教育融合的创新发展要彰显时代特征，适应科技发展和产业变革，积极拓展和丰富劳动教育内容，注重新兴技术支撑和社会服务新变化，探索劳动教育与创新创业教育协同耦合的有效路径，着力提升学生的劳动技能和创新创造能力，为社会主义建设培养出合格的建设者和接班人。

现代社会生产要求劳动者的全面发展，也只有全面发展的劳动者才能担负起现代社会的大生产，这是现代社会生产的客观规律。另外，马克思主义理论强调，劳动是个体自我发展的基础和关键途径。个体只有通过自由地劳动才能摆脱外部因素的制约，实现自身的全面发展。因此，教育与生产劳动相结合是现代教育发展应然状态的展现。高校劳动教育与创新创业教育的融合为学生提供了将理论与实践相结合的平台，帮助学生在实践操作中积累经验、磨炼意志，提升自身的综合素质和竞争力，引导他们树立劳动光荣的价值观念，促使学生全面发展，保持作为社会主义国家主人翁的劳动本色。在新时代背景下，劳动教育与创新创业教育融合代表了工具理性与价值的融合，已超越了单纯的知识传授，体现了思想情感与价值判断的统一。新时代大学生劳动教育与创新创业教育的融合，适应智能化和信息化时代的需求，将体力教育与智力教育、主体性和创造性相融合，鼓励教育对象重新构建自我认知、激发内在潜力、实现个人价值，为培养全面发展的新时代大学生开辟新的道路。

（二）提高创新能力

创新是推动民族发展的核心动力，在智能化时代背景下，产业的调整和升级已然成为重要的时代使命。实现这一目标，不仅依赖于现有劳动者的持续创新，更需教育引导大学生在内心深处播下创新的种子，确保每一代劳动者都能持续地贡献创新的动力、能力和活力。新时代对创造性劳动人才的需求日益增长，尤其是对那些能够从事复杂劳动、具有创新性和综合性技能的人才。大学生通过劳动与创新创业融合教育亲身体验劳动过程，不断提升自己的创新能力，打破传统劳动思维模式，通过实践学习新思想、新观念和新方法，以更好地适应社会发展需求，服务于经济建设。在高校劳动教育与创新创业教育融合中，应以劳动教育为基础，帮助大学生树立正确的劳动观念，培养科学的劳动习惯，塑造坚韧的劳动品质。通过劳动教育与创新创业教育融合，学生能够了解生产技术，掌握劳动技能，并在劳动中实现个人价值的追求。劳动教育本质上是一种创新教育，在现实生活中，各种劳动形式都是创新的起点，其创造性源于劳动的多样性、开放性和互通性。“动手动脑，心灵手巧”“智慧在手指上”等谚语充分展示了劳动教育中蕴含的创造性活动的本质，表明劳动教育对于提升大学生的创新能力具有重要的现实意义和深远价值。

人才培养功能是高校劳动教育与创新创业教育融合系统的发展性功能。高校劳动教育与创新创业教育融合系统作为一个自组织的开放体系，在与外部环境进行能量、物质和信息的交换中，通过其内在的调节机制，有效减少了外部信息的干扰和损耗，保持了能量和物质的平衡。在此基础上，系统不仅促进了学生的持续培养和知识的更新，还提升了学生的创新素养和劳动水平，从而充分发挥了其在社会发展中的功能。高校劳动教育与创新创业教育融合系统通过优化自身的运作机制，实现了对外部环境变化的适应和响应，确保了教育质量和效果的持续提升。这种自我调节和自我完善的能力，使得系统能够在不断变化的社会需求中，培养出具有高度政治意识和道德责任感的人才。

高校劳动教育与创新创业教育融合系统的高效运作依赖于各子系统的协调合作，领导层的战略规划、管理层的组织实施，以及保障层的资源配置，教育者的创新教学和教育对象的积极参与，共同构成了一个动态循环、不断增值的教育生态系统。高校领导机构、管理机构和保障机构为系统的运行、发展和演变提供了必要的资源、政策和制度支持，确保了教育环境的稳定和教育资源的有效配置，为劳动教育与创新创业教育的融合提供了坚实的基础。教育者扮演着推动者的角色，他们通过知识传递，为人才培养功能的发挥、加强和深化提供了动力。教育者的专业能力和教学方法直接影响着教育对象对知识的有效转化和创新思维的培养。教育对象通过有效筛选信息、深入理解和内化教学内容，减少了系统在人才培养过程中的能量损耗。教育对象的积极性和主动性对于实现教育目标至关重要，他们通过学习不仅提高了自身的知识水平和创造性劳动能力，也促进了劳动教育与创新创业教育融合系统价值流、知识流和能力流的增长和提升。

高校劳动教育与创新创业教育融合系统以满足创造性劳动教育的需要为出发点，着眼于教育对象的全面发展，注重帮助教育对象在教育过程中正确认识社会、认识劳动、认识创新创业，并在提高认知能力的同时实现知情信意行的统一，凸显了高校劳动教育与创新创业教育融合系统的培养新时代创新型劳动人才的功能。一方面，高校劳动教育与创新创业教育融合系统致力于激发学生的主观能动性，通过参与劳动、创业、合作和创新等活动，提升他们的劳动技能和创新创业能力。不仅有助于学生在实际操作中增长才干，而且促进了他们对劳动价值和创新精神的深刻理解。另一方面，高校劳动教育与创新创业教育融合专注于对社会热点、行业趋势、现实生活和具体问题的深入分析与研究，培养教育对象自主学习能力、创造性思维和劳动技能，从而增强他们通过劳动为社会作出贡献的能力。通过学习教育对象能够在面对复杂多变的社会环境时，展现出更强的适应性和创新性，为社会的发展贡献自身力量。

第五章　高校劳动教育与创新创业教育融合系统的机制探析

要确保系统的有效运行和功能的最大化，必须构建与高校劳动教育与创新创业教育融合系统特点相适应的运行机制。机制是组织或组织内部各部分之间相互作用的过程或方式，高校劳动教育与创新创业教育的融合机制是指对二者的要素、结构、功能进行解构与重构，模糊或突破原有各自的系统边界，建立新的教育框架并有序运行的过程。新时代高校劳动教育与创新创业教育融合应在实践中动态完善运行机制，既要在顶层设计上投入更多的精力，确保各部门之间的紧密配合和同步发展；也要在执行过程中加强协同管理，统筹兼顾各项具体工作。构建运行机制的关键在于以培养劳动能力为基础，以激发创新精神为动力，以培养全面发展的社会主义建设者和接班人为目标，从供需关系的根本出发，充分激发教育者和受教育者的主动性，发挥优势、弥补不足、找到支点，不断提升创造性劳动人才的培养质量。

第一节　高校劳动教育与创新创业教育融合系统的组织决策机制

组织决策机制在高校劳动教育与创新创业教育融合系统中处于主要地位，不仅是设计其他机制的基础，而且贯穿于其他各机制运行的始终。健全的组织决策机制是有效决策的必要条件，为劳动教育与创新创业教育的融合发展提供了清晰的指引和坚实的支撑。它通过制订战略规划和政策指导，为教育活动提供框架；通过协调各方利益，促进资源共享和优势互补，提高教育活动的质效；通过打造优化协同高效的机构职能体系，汇聚成推动高校劳动教育与创新创业教育融合系统发展的强大动力，扎实推动高校劳动与创新创业融合教育高质量发展。

一、高校劳动教育与创新创业教育融合系统的组织机构

为了实现高校劳动教育与创新创业教育融合发展的目标，高校应围绕推动高校劳动

与创新创业融合教育高质量发展，通过优化机构设置和职能配置，构建设置更加科学、职能更加优化、权责更加清晰、监督监管更加有力、运行更加高效的管理部门负责合理配置各种资源，组织开展各项教育教学活动，确保高校劳动教育与创新创业教育融合系统的有效运行。

（一）领导决策机构

领导决策机构是系统的指挥中枢和决策核心，主要职责是制订劳动教育与创新创业教育融合的总目标和发展规划，制订相应教育教学政策，并对所涉各项工作进行统一指挥与协调，领导决策机构在组织和管理中占据核心地位，起着至关重要的作用。高校应建立健全党委领导的自上而下、职责分明的领导决策机构，充分发挥党委的示范引领、思想凝聚作用，以确保劳动教育与创新创业教育的有效融合和持续发展。首先，高校应在思想上统一认识，通过工作会议、座谈、宣讲等方式，将劳动教育与创新创业教育融合理念逐层传递，在全校范围内达成思想共识，凝聚全体师生力量，从而在各个层次的组织架构中，领导者、管理者、教育者、学生均能发挥各自的优势，实现劳动教育与创新创业教育的融合育人目的。其次，高校应在战略上将劳动教育和创新创业教育纳入学校教学工作的核心，精心设计整体布局，统筹规划劳动教育与创新创业教育融合育人的实施计划和实施方案，使劳动教育与创新创业教育融合各项工作的开展有章可循，确保劳动教育与创新创业教育的融合能够有序推进。通过建立科学的领导机构和决策机制，保证教育教学活动在正确的方向上持续发展，确保不同资源在教育教学过程中的有效运用，最终实现劳动教育与创新创业教育的全面融合。

在劳动教育与创新创业教育融合工作的具体实施中，应由高校党委书记担任领导机构组长，分管教学的副校长或主管学生事务的党委副书记担任副组长，教务、科研、人事、财务、学工、团委等部门负责人任领导机构成员。组长对课程建设、师资队伍、改革试点等重要任务亲自部署协调，各机构成员在经费保障、教学科研、实践平台等领域积极协调配合，带领各部门做好相关协调沟通、后勤保障工作，构建自上而下、职责分明的领导决策机构。领导决策机构的主要职责是全面执行上级的相关文件要求，明确劳动教育与创新创业教育融合的指导原则，结合不同学院的专业特色制定总体规划、实施细则、课程建设、师资配置、经费与设施、科研立项、质量评估、教学管理等方面的政策和制度。领导决策机构需通过定期组织工作会议、检查教育教学的实施情况，对劳动与创新创业融合教育进行监督和评估，提出加强和改进工作的指导性建议，解决推进过程中产生的问题，协调各相关部门共同保障劳动教育与创新创业教育融合的实效性。在部署相关工作时，领导决策机构需细致考虑各学院的专业特点，统筹工作方案的具体实施，对教育过程进行科学指导、过程督查与实效评估，解决推进过程中出现的各种问题，确保劳动教育与创新创业教育融合工作能够取得实际教育效果。

除此之外，高校应成立由校外知名教授、实践教学基地负责人，以及校内相关专家组成的劳动教育与创新创业教育融合研究咨询委员会，通过定期举办专题研讨会，对教学各环节提供建设性的指导，扎实推动劳动教育与创新创业教育融合有力有序有效开展。高校要高度重视顶层设计，立足于劳动教育与创新创业教育的融合实践，通过领导决策机制建立相应的工作机制，统筹劳动教育、创新创业教育的工作，形成二者融合发展的长效机制，推动集校党委领导、部门管理、师生参与、规划科学、有序实施、制度保障等为一体的运行体系建设，从而实现对学生创新意识与劳动能力的培养。

（二）教育实施机构

教育实施机构是连接教育理念与实践的桥梁，通过跨学科团队的合作、详细的教学计划、持续的评估与反馈，以及不断创新的教育模式，将教育理念转化为具体的教学实践，确保劳动教育与创新创业教育融合目标的实现。教育实施机构应在领导决策机构的统筹规划下，打通部门壁垒，细化各部门责任清单，明确责任分工，确保各项教育工作任务细化落实。

首先，教育实施机构应组建一支由劳动教育专家、创新创业教育者、行业专家，以及学生事务管理人员组成的跨学科团队，负责劳动教育与创新创业教育融合课程的设计和实施，确保课程内容有效融合劳动教育与创新创业教育的元素。

其次，教育实施机构负责协调各相关部门的具体分工，对校内外的教育教学资源进行整合利用，统筹劳动教育与创新创业教育融合的课程设置、教学方案、师资管理、考核评价等方面的工作开展，将劳动教育与创新创业教育的内容融入专业教育之中，为学生提供全方位的学习体验。教务部门承担组织和领导劳动教育与创新创业教育融合课程建设、教学培训及教学质量监督等关键任务。学生工作相关部门将创新创业要素融入劳动观念教育与劳动安全教育之中。科研部门负责创新创业意识的培养，以在创新创业实践活动中提升学生的劳动能力和劳动意识。宣传部门致力于挖掘和宣传在创造性劳动方面表现突出的师生典型，通过各种渠道和形式，营造一种崇尚劳动、鼓励创新的校园文化氛围。同时各二级学院要结合专业特点，在专业课程中融入劳动教育与创新创业教育的知识，让学生在专业知识学习过程中树立尊重知识、尊重创造、尊重劳动的意识。

最后，教育实施机构要明确劳动与创新创业融合教育的课时安排、经费预算、教育内容、教学形式、组织实施等具体教育教学环节，制订详细的教学计划和活动安排，并严格执行教学制度保障劳动教育与创新创业教育的融合有序开展，实现教育目标和学生全面发展目标相协调。同时，教育实施机构还应承担评估和反馈职能。通过定期评估监测教育活动的效果，收集学生、教师和行业专家的反馈不断优化教育方法和内容。在系统运行过程中，教育实施机构需要具备灵活性和适应性，不断探索新的教育模式，在应对教育环境和劳动市场变化的同时，不断激发学生的创造力，提升解决问题的能力。

（三）支持服务机构

高校劳动教育与创新创业教育融合是一个长期复杂的过程，需要统筹协调校园内外各方力量、齐抓共管。支持服务机构通过资源扩展、专业培训、合作共建、宣传推广等方式为高校劳动教育与创新创业教育融合系统的有效运行提供了坚实基础。首先，支持服务机构负责拓展和管理校内外的教育资源，包括资金、设施、技术等，确保教育活动能够顺利进行，包括为劳动教育和创新创业教育融合提供必要的物质基础，如实验室、工作坊、实践基地等，以及为学生提供必要的工具和材料。其次，支持服务机构应承担为教师和学生提供专业发展和培训的职责，主要涉及组织讲座、研讨会和培训课程，帮助教师提升教学技能、创新教学方法及为学生提供必要的指导和咨询。最后，支持服务机构负责建立和维护与企业、行业和其他社会组织的合作共建关系。为学生提升劳动与创新创业能力提供实践实训、科研比赛、创业孵化等信息和资源，帮助学生获取更多信息与实践资源，带领学生接触真实的工作环境，鼓励学生将理论知识应用于实践，助力学生不断成长。并通过校园媒体、社交媒体和公共关系活动，宣传和推广劳动教育与创新创业教育融合成果，突出劳动教育与创新创业教育融合的重要性，提高校园内外对劳动教育与创新创业教育融合模式的认识和支持。

（四）学生组织机构

发挥在校学生的主观能动性，将学生组织纳入劳动教育与创新创业教育融合的组织管理机构，发挥其自我教育、自我组织、自我策划、自我管理的能力，有助于增强劳动教育与创新创业教育融合的有效性。学生组织不仅是劳动教育与创新创业教育融合活动的参与者，也是劳动教育与创新创业教育融合活动的组织管理者。为了充分调动学生组织的积极性和创造力，应鼓励他们积极参与到劳动教育与创新创业教育融合的管理中来。学生组织一般分为三个群体：一是行政教学班，二是各类学生社团，三是校园两级学生会。

首先，依托行政教学班开展劳动教育与创新创业教育，行政教学班是学生进行自我教育、管理、服务的主要组织载体。通过加强班集体建设，可以有效推进劳动教育与创新创业教育融合的实施。其次，学生社团作为劳动教育与创新创业教育融合的重要实践平台，其活动多样化和实践性强的特性能够满足劳动教育与创新创业教育融合的需求。教育实施机构可以分配相关实践教学任务给相关社团，或专门成立创新创业实践社团，利用社团成员在不同专业中广泛分布的优势，将教育与社会调查、科技创新、劳动实践、志愿服务等活动结合起来，增强劳动教育与创新创业教育融合活动的生动性和吸引力，从而提升教育的实际效果和针对性。同时，应加强对学生社团的指导，为相关社团配备指导教师，引导学生通过自我学习和自我教育来深化教育成果。最后，校院两级学生会作为校团委领导下的学生组织，成员多为学生中的优秀分子，是加强学生劳动教育与创新创业教育融合的重要依靠力量，在劳动教育与创新创业教育融合工作中，要发挥校园两级学生会在教育、团结和联系广大学生方面的优势，发挥他们的桥梁纽带作用，在教师的指导下，开展生动有效的劳动教育与创新创业教育融合活动，最终达到带动全体学生共同提高的目的。

二、高校劳动教育与创新创业教育融合系统的决策制定

决策制定直接关系高校劳动教育与创新创业教育融合目标的设定、资源的配置、课程的设计及教学方法的选择。正确的决策能够确保劳动教育与创新创业教育的有效结合，促进学生在实践中学习、在创新中成长，培养学生的实践能力、创新精神和社会责任感。

（一）应对劳动教育与创新创业教育融合中的问题与挑战

高校劳动教育与创新创业教育的融合发展，是根据学生成长和社会发展提出的较新的融合育人模式，在劳动教育与创新创业教育融合系统运行过程中，高校一方面要探索新的育人模式与育人理路；另一方面要关注实际的教育过程与预期的教育目标之间存在的偏差，且这种偏差可能会随着时间的推移而加剧，导致问题出现的频率增加，对教育目标的实现产生负面影响。因此，对于劳动教育与创新创业教育的融合实践，必须持续监测教育成果与目标之间的差异。为了确保教育目标的实现，高校需要采取积极的措施来观察和评估实际教育效果与预期目标之间的偏差。利用大数据技术收集和分析高校内外的教育成果数据，通过深入的问题诊断来识别问题的根源，并制定科学的决策来有效应对这些问题，这不仅有助于及时发现问题，还能为问题的解决提供数据支持和科学依据。

高校劳动教育与创新创业教育融合要依循准确全面描述问题、系统分析问题、综合评估问题，以及最终确认真正原因四个步骤，对劳动教育与创新创业教育融合过程中出现的问题进行全面而深入的分析，为制定有效的教育决策提供坚实的基础。系统化的问题分析和决策制定过程，不仅有助于提高教育质量，还能促进学生的全面发展，满足社会对高素质人才的需求。在实际操作中，高校需要建立一个多维度的监测和评估体系，包括学生满意度、课程实施效果、教师教学能力、资源配置合理性等多个方面。通过这些指标，可以更准确地把握教育过程中的实际情况，及时发现问题并采取相应的改进措施。此外，高校还应鼓励教师和学生参与到问题的识别和解决过程中来。教师作为教育实践的直接参与者，对教育过程中存在的问题有着直观的感受和深刻的理解。通过教师的反馈，可以更准确地识别问题并制订解决方案。作为教育的接受者，学生对教育效果的直接体验也是识别问题的重要依据。通过学生的反馈，可以更全面地了解教育效果，从而为教育决策提供更丰富的信息。高校劳动教育与创新创业教育融合是一个复杂的动态过程，需要高校持续进行监测、评估和调整。

（二）确定劳动教育与创新创业教育融合的决策管理目标

确定决策管理目标是指导教育教学管理工作的核心，只有方向明确，教育教学管理工作的思想才能统一。为了应对劳动教育与创新创业教育融合过程中的挑战，并提升劳动教育与创新创业教育融合过程中的管理质量，决策领导层需制定具有针对性的决策目标，以保障劳动教育与创新创业教育融合所需人力、物力和财力资源的有效配

置。确立决策管理目标的作用在于提供一种将整体目标转换为每个成员目标的有效方式，整体目标的转化与分解，不仅能够激发个体的潜力和责任感，还能明确共同的奋斗方向。在确保教育结构合理性的前提下，激发教育参与者的积极性，通过建立合作机制，协调个人目标以实现集体利益，从而促进高校劳动教育与创新创业教育的有效融合。

劳动教育与创新创业教育融合的推动力并非源自外部的命令或说服，而是源于任务本身的客观需求，促使教育主体自发地采取行动。因此，在制定劳动教育与创新创业教育融合的决策管理目标时，必须实现教育主体主观愿望与客观现实的有机结合。首先，高校在确立决策管理目标时，应以劳动教育与创新创业教育的融合育人为出发点，确保决策管理的方向正确无误。在制订人才培养方案时，高校需将劳动教育与创新创业教育的教育目标相结合，树立培养创新型劳动者的理念，并在方案中体现协同育人的设计。在此基础上，明确劳动素养作为大学生的核心要素，将其纳入创新创业教育的目标体系，并以此为深化教学融合的起点和归宿。其次，决策管理目标的制定应以科学理论为基础，利用大数据、云计算和人工智能等技术，对教育数据进行精准抓取、分析和判断，以识别不同类型学生的教育需求。在广泛调研的基础上，运用科学手段预测劳动教育与创新创业教育融合的发展趋势，并据此制定相应决策，确保管理工作遵循教学规律，健康发展。再次，制定劳动教育与创新创业教育融合的决策管理目标时，需考虑高校自身的人力、财力、物力和办学基础等主客观条件。在系统分析这些条件后，应制定出能够发挥优势、弥补不足、挖掘潜力的教学决策管理目标。最后，树立创新型劳动者的培养理念，通过营造协同育人的校园文化环境，促进行政管理、专业教师、学生、服务保障等实践主体在价值层面达成基本共识和认同，是实现劳动教育与创新创业教育融合育人的关键前提。在制定决策管理目标的过程中，应充分调动师生的参与性，广泛听取意见，以发掘融合教育中的问题，提高责任感和期望值。这样，全校师生能在劳动教育与创新创业教育融合过程中形成育人合力，主动克服困难，创造性地完成教育任务，确保决策管理目标得以层层实现。

（三）制订劳动教育与创新创业教育融合相关制度和实施方案

人才培养方案是高校人才培养的顶层设计和实施依据，完善的制度体系是实现高校劳动教育与创新创业教育融合科学化、规范化的有效保障。通过构建科学的制度框架和实施方案，可以有效地促进劳动教育与创新创业教育的深度融合，有助于培养符合社会需求、结构合理、素质优良的人才队伍，为新质生产力的发展夯实人才基础。

在宏观层面，高校应依据国家及地方教育部门发布的关于劳动教育与创新创业教育的指导文件，完善人才培养方案，制定相应的融合制度，将创新创业教育与劳动教育融合贯穿人才培养全过程，确保宏观层面的制度保障。高校应将劳动教育与创新创业教育作为必修课程，纳入统一的教学计划和课程管理体系中，确保劳动教育与创新创业教育在课程结构、教学内容上有机融合，以维护课程的权威性。为此，高校应聚焦战略性产业与未来产业的发展以及传统产业的转型升级，以劳动教育、创新创业教育、专业教育等学科交叉融合为途径，丰富跨学科、跨领域的劳动与创新创业融合课程内容，制定《劳动教育与创新创业教育融合课程指导纲要》《劳动教育与创新创业教育融合实施办法》《劳动教育与创新创业融合教育实施方案》《劳动教育与创新创业融合教学大纲》等一系列教学管理文件，凸显劳动教育与创新创业教育课程融合理念，探索集成劳动基础、数智科技、创新精神的交叉课程的创新模式，在教育中引入新知识，培训新技能，提升大学生创新思维和劳动能力，更好地适应新质生产力的发展要求。

课程是育人的基本途径，课程设置关系到如何培养学生，学生应具备怎样的知识结构。在微观层面，高校需要建立专门的劳动教育与创新创业融合教育管理实施机构，在教务处的指导下，科学地规划理论与实践教学课程的学分和学时，确保这些课程作为必修课被纳入教学计划。明确授课对象、课程时间，并严格执行教学效果考评制度等具体的教学管理文件，以确保劳动教育与创新创业融合教学的顺利进行，让学生通过学习深刻理解，在尊重知识、尊重创造的过程中尊重劳动。在通识教育课程中可引入专门针对创造性劳动的课程或模块，或者在课程中安排相应教育内容，专门讲解创造性劳动的理论与实践。同时，在创新创业教育课程中重点讲授实践操作的方法，在劳动教育课程中强调创新思维的培养。专业课程的设计也应融入劳动和创新创业的相关元素。通过案例分析、实验操作、社会调查等多样化的教学方法，可以有效地将理论与实践相结合，培养学生通过实践将抽象思维与现实世界相联系的能力，激发学生的主动性和创新潜能。加强校企、校地、校校合作，开展共建课程，通过引入优质教育资源加强产教融合、科教协同和校校共享，强化劳动教育和创新创业教育的实践基础。

此外，学生处、团委等相关职能部门应充分利用第二课堂，发挥其在劳动教育中的作用，积极组织科研竞赛、创新创业大赛、实习和社会实践活动，通过这些实践活动培养学生的劳动技能和创新创业素质。只有从宏观与微观两个层面构建“领导机构－劳动教育与创新创业融合教学部门－相关职能部门－二级学院－教育主体”这一立体式的管理制度框架，才能建立起稳定的教学秩序，激发教育主体的参与热情，防止劳动教育与创新创业教育融合的随意性及理论教学与实践教学脱节等问题的产生。通过保障劳动教育与创新创业教育融合各项工作的顺利开展，最终实现提高劳动教育与创新创业教育融合工作质量的目的。

第二节　高校劳动教育与创新创业教育融合系统的教育管理机制

高校劳动教育与创新创业教育的融合是一个复杂的过程，它要求教育过程中各要素之间存在一种内在的机制，能够自组织地使教育者与教育对象通过诠释、沟通、理解等方式进入彼此的视域，最终从思想认识与价值观念上实现教育目标所预设的融合统一。构建科学的教育管理机制可以提升各类资源在劳动教育与创新创业教育融合过程中的配置效率和利用效率，有效解决当前劳动教育与创新创业教育融合发展中遇到的各类困境。摆脱只有劳动教育相关课程才进行劳动教育的狭隘理念，将学科之间的藩篱打破，结合创新创业课程进行劳动教育资源挖掘，把课程资源、学术资源全部利用好，实现育才育德、知识与价值传授的统一。高校要建设融合性教育管理机制，既要做好劳动教育与创新创业教育的分工，又要建立起相关部门和人员之间的协作机制，同时注重融合政府、行业和企业资源。为了提高劳动教育与创新创业教育融合质量，需要做好整体统筹，从宏观方面持续改进制度体系设计，从中观方面要严格抓责任落实制度，从微观方面要构建资源整合机制。在本节，我们将探讨如何构建一个系统的教育管理机制，以促进劳动教育与创新创业教育的有效融合。

一、树立融合同行的教育观念

观念是人们在实践当中形成的各种认识的集合体，是人在改造客观世界中的能动的反映。观念是认识论和方法论，正确的观念有利于在正确的时间做正确的事情。观念决定思路，思路决定出路。教育观念的统一有助于形成共识，推动劳动教育与创新创业教育融合系统的建立与完善。高校应秉持融合共生、同向同行的育人观念，结合自身办学实际和学生的劳动意向、创新创业需求，制定长期、稳定的创新型劳动人才培养目标，培养国家发展所需的创新型、技能型、实践型人才。

（一）坚持融合互促目标导向

劳动教育与创新创业教育融合的目标是从根本上促进大学生的全面发展，二者虽各有侧重点，但它们的目标在很大程度上是相互交织的，共同致力于培养具有健全人格的劳动者。新时代劳动教育的核心在于培育具备创造性劳动能力的劳动者，这种劳动能力基于开放思维和挑战性实践，通过智力劳动实现技术、知识和思维方式的创新，从而提高劳动效率并创造超额的社会价值。根据马克思主义理论，生产劳动与智育的结合不仅是提升社会生产力的手段，更是实现人的全面发展的唯一途径。在劳动教育与创新创业教育的结合中，教育观念的兼容性、教育目标的一致性、教育内容的关联性及教育方法的共通性，为两者的有机融合提供了坚实的逻辑基础。将劳动精神融入创新创业教育有助于学生锻炼意志、塑造品格、增强实践能力、培养创新创业精神。

反之，将创新精神融入劳动教育则有助于学生适应新型劳动形态，掌握新知识、新技术、新工艺和新方法，学会创新性劳动。

教育目标在劳动教育与创新创业教育的融合中起着至关重要的导向作用，它不仅指导教育内容的制定，还影响教学方法的选择和评价体系的构建。劳动教育与创新创业教育融合的最终目标是培养学生在实际工作中所需的劳动能力和创新思维，即利用专业知识和技能创造性地解决复杂问题，并在实践操作中产出有实际价值的劳动成果。这不仅反映了高校对创新型社会发展的适应性需求，也是全面育人理念的必然要求。从三维目标体系的角度更有利于解析劳动教育与创新创业教育融合的目标，知识层面要求学生在掌握劳动教育和创新创业教育基础知识的基础上，以专业知识和技能的创新应用为核心教学目标。技能层面则着重培养学生在职业环境中主动分析问题和创造性解决问题的能力。在情感态度与价值观层面，需要培养学生吃苦耐劳、追求卓越的品质，以及勇于开拓创新的精神。

因此，高校必须确立劳动教育与创新创业教育融合的目标，明确两者融合的育人方向和路径，为深度融合创造有利条件。应明确劳动教育与创新创业教育在育人目标上的一致性，确立以培养学生创新思维、创业能力和正确劳动价值观为核心的教育目标，并将其贯穿于融合教育的各个环节。引导学生形成正确的劳动观念和创新创业思维，树立劳动光荣的观念，唤醒学生的创新创业意识，培育学生精益求精、追求卓越的创新精神，提升学生批判思维、问题解决、组织管理、团队协作等创业能力。

（二）瞄准国家人才培养需求

高校在构建劳动教育与创新创业教育融合系统时，需要兼顾国家发展、社会需求与学生个人成长，确保二者有机结合，并明确劳动教育与创新创业教育融合的发展方向。人才培养是高等教育的核心任务，劳动教育与创新创业教育融合应以学生的成长和发展为首要目标，形成统一的目标认同。在此基础上，建立融合的体制机制，确保课程建设与学校的办学理念、学科特色、发展规划、人才培养以及顶层设计的指导思想相一致、相贯通，促进不同教育要素之间的良性互动，使之有序运行，发挥最大效能，真正融入全员育人、全过程育人、全方位育人体系之中。

教育目标的具体实施需要在劳动教育和创新创业教育两个层面同步进行。一方面，要明确劳动教育的目标，并在劳动教育中融入创新创业教育的元素；另一方面，需明确创新创业教育的目标，并在创新创业教育中渗透劳动教育的相关内容。具体来说，劳动教育的开展应与学生的实际状况和就业市场需求紧密结合，以增强学生的认同感，提高劳动教育的吸引力和教学质量。同样，在创新创业教育中，也应全面融入劳动元素，在培养学生创新思维和精神的基础上，提升学生的劳动品质和劳动素养，确保学生的培养符合国家和社会的要求，实现教育目标的一致性。

高校应积极鼓励学生跨学科学习，成为复合型创新人才。未来社会的发展动力将不仅依赖于传统的劳动力量，更依托于科技进步的推动。为了实现这一目标，我们必须激发学生的自主创新意识，提升他们的认知和应用能力，使他们能够熟练掌握并运用新技术，以有效应对市场供需的挑战。只有通过满足新兴产业和未来产业的技术需求，提高科技劳动和智慧服务的转化效率，高校培养的劳动者才能在未来的工作中为国家发展作出应有的贡献，为民生福祉提供坚实的保障。同时，高校要引导学生坚持听党话、跟党走，从实际出发，提升核心竞争力，努力成长为国家新兴产业和未来产业所需的关键人才，实现高质量的就业和创业，进而推动社会的高质量发展。

(三) 明确融合共生育人理念

为进一步深化劳动教育与创新创业教育的整合，高校必须更新其教育理念，确保劳动教育与创新创业教育在育人价值上的一致性。在劳动教育与创新创业教育的有机融合过程中，高校应坚持协同共进和融合共生的教育理念，制定集劳动观念、创业意识、创新精神、创业能力为一体的培养目标，以培养符合新时代要求的创新型、技能型、实践型人才为出发点，将实现人的全面发展贯穿于二者融合的始终。

劳动教育应以马克思主义劳动观为基础，为创新创业教育提供动力，树立集劳动教育、创新思维和创业能力为一体的教育观。充分把握劳动教育的科学性、先进性，以引导创新创业教育的发展，激发大学生的主动性、积极性和创造性。此外，劳动教育还应培养学生的敬业精神、诚信意识、责任感和团队合作精神等优秀劳动素质。通过多种途径激发大学生的劳动热情，鼓励他们积极参与创新创业实践，使他们认识到劳动教育与创新创业教育融合的重要性，推动二者沿着社会主义方向协调发展，实现同步同频的融合。

创新创业教育为劳动教育提供了新的时代内涵和实践平台，成为检验和巩固劳动教育成果的重要实践。通过制度化的措施，可以产生劳动教育与创新创业教育的协同效应，坚持劳动教育与创新创业教育相结合的原则，加深学生对两者内在联系的理解。通过教育逐步实现育人目标，增强学生的创新创业热情，激发他们的劳动创造力，培养他们吃苦耐劳、艰苦奋斗、创新实干的精神，提升他们的批判性思维、问题解决、组织管理、团队协作等创业能力。这将帮助学生适应未来的工作岗位，并在情感上认同劳动教育与创新创业教育，积极投身于融合性教育的实践活动。

随着社会劳动形态的不断演变，以智力劳动为核心的劳动形态越来越重要。因此，高校应提高脑力劳动和智力劳动的比重，注重培养学生创新劳动的意识和技能。激发学生新质战斗力，服务社会发展，积极参与到基层创新创业之中，鼓励他们将自己的特长应用于新兴产业和未来产业，如算力、新能源、新材料、生命科学、数智经济等，发挥自身专业优势，以新质生产力驱动学生挺膺担当，为推动社会发展贡献个人才干。

二、构建融合互促的课程体系

国家发展靠人才，人才培养靠教育，教育载体在课程。合理的课程设计和健全的教学体系是培养学生劳动与创新创业素养的关键支撑，也是实现高校人才培养目标的重要组成部分。高校应坚持从实际出发，以教育内容的融合为切入点，进一步优化课程设置，将创新创业教育与劳动教育课程有效整合进现有的课程体系中。遵循能力导向的教育理念，以学生在创新创业及创造性劳动方面的能力提升为目标，打造有特色、高质量的课程体系。重视理论课程与实践课程之间的协同，确保通识课程、专业课程、创新创业课程、劳动教育课程之间的有效互动，做到课内与课外的有机结合，从而实现劳动教育与创新创业教育的多维度协同发展。

（一）构建多元立体课程体系

高校劳动教育与创新创业教育的课程融合应从整体上进行统筹规划，梳理和分析劳动教育内容与创新创业教育内容的契合点，围绕精神培育与能力培养，对劳动教育与创新创业教育课程内容、课程结构进行整合，在课程维度上为促进高校劳动教育与创新创业教育融合系统的循环与演替奠定基础。在构建课程体系时应以理论教学为基石、以实践教学为抓手优化相关课程设置，针对不同学生群体设计多样化的课程，充分结合各个专业学科的特点，对相关课程的教学内容进行完善，使劳动教育与创新创业教育融合变得更有针对性、有效性。在课程建设上做到全覆盖、分层次，紧跟社会需求变化，有针对性地开展技能型人才的培养。把准学生教育规律，尊重学生的个性化学习需求，实施针对性培养，通过差异化的教学策略，更有效地满足不同学生的学习需求，培养出既有扎实劳动理论基础又具备创新创业精神的人才。聚焦劳动与创新创业意识激发、劳动与创新创业思维培养、劳动与创新创业技能提升三个关键节点，合理划分模块，实现通识教育、专业教育、劳动教育、创新创业教育的有效契合。第一阶段为始业阶段，面向全体学生开设创新创业体验课、职业生涯规划课、劳动教育等课程，在基础课程中引入劳动教育的相关内容，如劳动概论、劳动伦理、劳动政策与法律等，以深化学生对劳动理论的理解，提升他们的劳动素养，并激发他们对创新创业的兴趣和参与劳动的意愿。第二阶段为专培阶段，面向有较强创新创业意愿和潜质的大学生，开展应用类实践课程，结合高校学科、专业特点，开设提高大学生劳动和创新知识、劳动和创业技能的社会实践类、劳动技能类、专创融合类课程，将价值观与能力的培养融入课程建设之中。第三阶段为实践阶段，面向正在开展或实施创业的学生，开设提升大学生创新创业实际运用能力的实践课程，并依托创新创业实践基地和劳动教育实践基地开展实战训练，增强学生的劳动实践能力、专业实践技能和创新创业综合素质。第四阶段为顶岗实习期，重点放在提升学生在专业领域的实际操作技能上，尤其强调在职业素养中融入劳动创新能力的培养。鉴于学生的实习活动主要在校外进行，利用教育信息化技术可以增强学校与企业之间的联系，确保学生在实践中获得必要的指导和支持，从而在真实的工作环境中培养出创新意识和劳动素质。

同时，完善课程的层次结构，建立一个相互促进、共同发展的课程体系。课程设计应遵循由浅入深、由简到繁的逻辑，逐步提升难度。一是构建全面的通识教育课程体系，从引导学生更深入地理解劳动和创新创业入手。设置马克思主义劳动观、劳动通论系列课程、创新创业基础课与通识选修课、专创融合课程系列课程，以促进学生对劳动教育和创新创业教育形成正确认识。二是将劳动教育和创新创业教育融入专业课程体系的建设中。加强各课程各环节的融合，在课程设计过程中深入挖掘并整合专业课程中关于劳动和创新创业的特色元素，并将这些内容引入专业课程体系中，使知识学习既有深度也有宽度，不断强化学生对创新创业知识点和知识架构的全面掌握，有助于在提升专业技能的同时，培养学生的奋斗、创新和奉献精神，同时激发他们的企业家精神。三是注重综合实践课程体系的建立。聚焦劳动价值观的塑造、实践能力的提高以及创新创业意识的培养，打造包括校内劳动教育课程、专业岗位实习，以及校外基地实践课程等在内的综合实践课程体系。通过综合实践课程的学习，学生能够将专业知识与创新劳动相结合，进而有效提升创新创业能力。

在课程建设中要充分考虑国家的相关政策和法律法规，多结合社会热点来设计融合性教育内容，强化实践案例的教学，适当融入劳动伦理和创业法规等内容，开发出更有针对性、时效性的教学案例，提高学生运用理论分析和解决实际问题的能力。课程以普及劳动与创新创业理论知识作为主要内容，以讲清劳动道理、塑造创新精神为着力点，将劳动与创新创业的理念贯穿于整个教学过程。通过实习实践、创新创业及技能特长等综合学习，引导学生树立正确的劳动观和创新意识，形成良好的劳动习惯、提升劳动能力和创业技能，让学生在学习中体验到劳动的乐趣和满足感。同时培养学生的社会责任感，使他们深刻理解空谈误国，实干兴邦的道理，也为高校实现全过程育人创造有利条件。

（二）增加实践教学课程比重

劳动教育与创新创业教育均具备较强的实践属性，在高校劳动教育与创新创业教育的课程融合过程中，在注重理论与实践平衡的基础上，以学生多样化发展的需求为基准，增加实践课程在整体课程体系中的比重，结合劳动教育和创新创业教育在实践教学内容上的关联性，突破各自的教学内容壁垒，进行知识点重组，构建涵盖劳动基础、技能提升、科技创新等内容的递进式劳动教育与创新创业教育融合知识架构。将理论学习、实践训练、竞赛培育、岗位锻炼等模式相互融合，打通螺旋式上升的育人路径。在实践教学课程内容的规划上，应贯彻以人为本、因材施教的原则，创设激发学生动力的教学模式，创设实践导向型的教学情境，根据学生的个性、兴趣和职业发展意愿，设计出差异化和个性化的实践教学方案。在实践教学环节积极组织学生参与文化教育、卫生保健、科研和技术研究等领域的新型服务性劳动，在实践中培养学生勤俭奋斗、创新奉献的劳动精神，增强他们的社会责任感和公共服务意识。积极鼓励学生广泛参与学科竞赛、创新创业训练和专业实践活动，培养他们发现、质疑和探究问题的习惯。充分利用校外实习基地搭建实践教学平台，依托专业实验室、工程训练中心、虚拟仿真实验室、大学生创新创业实践基地等开展实践教学，加强实践教学平台的开放共享，为劳动教育和创新创业教育的融合提供硬环境。通过沉浸式实习和实训，让学生在真实环境中参与劳动和实践，掌握最新的技术和方法，巩固专业理论基础，提高实践操作能力，以及创造性解决问题的能力，鼓励大学生立足所学专业，深入了解对口行业、产业发展现状与实际需求，探究行业、企业前进方向，以专业知识为依托培养学生创新创业发展思路，为毕业后积极投身工作做好理论与实践准备。推进项目教学、案例教学，使学生在专业领域中追求高质量、高效能和高科技的发展，积极响应时代发展呼唤，勇于担责、敢于创新，投身于建设社会主义现代化强国的伟大事业。

三、搭建融合共享的教育平台

资源共享平台对于促进资源要素的高效组合和顺畅流动至关重要，为了促进劳动教育与创新创业教育之间的协同发展，必须构建高效的资源整合平台。平台应涵盖学校、企业、地方政府以及社会组织等多方利益相关者，形成线上线下相结合的资源共享机制，以实现高效的资源整合，弥补劳动教育与创新创业教育在技术、人才、资金、政策、场地、设备等方面的不足，进而实现劳动教育与创新创业教育更高质量和更高水平的融合。为了实现高校劳动教育与创新创业教育资源的最大化利用，高校应积极整合现有资源，科学拓展融合空间。鉴于劳动教育与创新创业教育的实践性，学校需要建立更为丰富的实践性教育平台，以更好地培养学生的劳动精神、劳动情感、创新思维和创业意识。协同企业进行创新创业项目的研发与成果转化，取得劳动教育与创新创业教育融合成果，引导学生在实践操作中深化对劳动价值和创新创业重要性的理解，从而为他们的全面发展奠定坚实的基础。

（一）依托第二课堂搭建实践教学平台

首先，高校应依据自身人才培养特色和专业优势，加强校内劳动教育与创新创业教育实践平台的建设，开设素质拓展实践课程及实践活动。依托“一站式”学生社区、校内素质拓展基地，组建专创融合型教学团队、创新发明型学生组织，成立劳动教育与创新创业教育融合型学生社团、学生创业工作室、众创空间，建立创新园区、学生创新创业模拟实训中心、创业孵化园等实践场所，通过师资引领、队伍搭建、实践开展等形式，构建科学完善的第二课堂教育体系。整合社团活动与科技竞赛平台资源，开展创新创业竞赛、训练项目、学科竞赛、职业规划大赛、劳动技能培训、暑期社会实践、志愿服务等活动，不断完善第二课堂实践教学体系，激励学生在追求梦想的同时，注重脚踏实地，在实践中激发他们的劳动内在动力和创新创业热情。

其次，高校应定期邀请各领域专家、杰出企业家、优秀基层工作者、劳动模范等成功人士进入校园进行示范性教育活动，分享他们的奋斗故事，以及在创新创业过程中的做人、做事和实现梦想的经验，引导大学生转变劳动观念，为就业创业提供必要的技能和经验支持。通过这些真实案例的分享，学生能够更深刻地理解成功与失败，思考作为新时代大学生对国家和民族应有的责任与担当，引导大学生到西部去、到基层去、到祖国最需要的地方去，锻炼他们的实干精神、坚毅品格，不断提高与时代发展和事业要求相适应的素质和能力，在工作岗位上锐意进取、建功立业，在创新创业中展示才华、服务社会，让青春在为党和国家事业不懈奋斗中绽放光彩，成为堪当民族复兴重任的时代新人。

最后，应积极推进高校之间教育资源的互补和共享，根据国家对劳动教育与创新创业教育的要求，积极推进理论与实践资源共享，特别是新知识、新技术、新方法的交流。推进教学、培训、孵化、资助四位一体实践实训模式的构建，让大学生深入了社会发展对劳动技能与创新创业能力兼具人才的要求，培养具有跨专业知识、综合劳动能力和广阔创造视野的高素质创新创业人才。

（二）依托线上课程搭建资源共享平台

在知识经济和创新驱动发展的背景下，高校承载着培养具有创新精神和实践能力高素质人才的重任。为了更好地实现劳动教育与创新创业教育融合目标，高校需要搭建综合性网络在线教育平台，不仅能够促进劳动教育与创新创业教育资源的优化配置，还能为学生提供更加灵活多样的学习方式，满足他们个性化的学习需求。

高校需要开发模块化的在线学习系统，在内容构建上包含丰富的课程资源，涵盖从基础理论到实践操作的各个层面。这些课程包括但不限于劳动法、劳动经济学、创新管理、创业基础、项目管理等，融入来自社会各界的创新创业成功案例，引导学生在学习时感悟工匠精神与企业家精神。同时，平台还应提供一系列实践指导课程，如创业计划书编写、市场调研分析、商业模型设计等，以帮助学生将理论知识转化为实际操作技能。学生可以利用碎片化时间进行自主学习，从而增强在劳动、创新创业等方面的理论素养，培养创业意识。

为了提高课程的吸引力和实用性，高校还应建立在线精品课程共享机制。据调研中国大学 MOOC 网、学堂在线等主流开放式慕课网站，与劳动相关的课程达六百多门，创新创业类课程达五千多门，为高校搭建劳动教育与创新创业教育融合平台提供了丰富的线上课程资源。高校可整合国内外优秀的在线开放课程资源，创建一系列高质量的网络课程，为学生提供更丰富的学习资源，在有效满足学生劳动素质多元化发展需求的同时，实现教育资源的优化配置和高效利用。技术层面上，依托云计算、大数据分析、人工智能等先进的信息技术，确保课程内容的实时更新和个性化推荐。通过大数据分析学生的学习行为和偏好，平台可以为学生提供定制化的学习路径和资源，从而提高学习效率和效果。此外，线上课程资源共享平台还应注重互动性和社区建设，鼓励学生、教师和行业专家在线交流、探讨、合作。利用在线讨论区、项目协作工具和虚拟实验室等模块，学生可以在实践中学习、在学习中实践，从而更好地为他们未来的职业生涯做准备。

搭建高校劳动教育与创新创业教育融合线上课程共享资源平台，是实现高等教育现代化、培养创新型人才的重要途径。通过平台建设高校可以为学生提供更加丰富、灵活和个性化的学习资源，同时也为教师和行业专家提供一个交流和合作的平台。这不仅有助于提升教育质量，还能促进教育资源的均衡分配，为社会培养出更多具有创新精神和实践能力的高素质人才。为了确保平台的可持续发展，高校需要建立一套包括在线课程质量控制、用户反馈收集、技术支持和更新维护在内的完善的管理和运营机制，与企业、政府和其他高校合作，共同推动平台的建设和发展。

（三）依托专业实践搭建实习实训平台

专业实践是连接专业教育、创新创业教育与劳动教育的共同纽带。基于这一共同点，高校应设计并搭建融合专业实践、创新创业实践和劳动实践的实习实训平台，以此构建一个多维度的学习情境。通过实训、实习、项目开发等多种方式，将专业知识、专业技能与社会需求、行业发展相结合，推动劳动教育与创新创业教育课程从单一型向综合型转变，以培养具有高素质的复合型劳动者。专业实践实训基地（主要包括专业实践基地、创新创业基地和职业实习基地）作为专业教育、创新创业教育和劳动教育融合的交汇点，对于促进知识整合、技能训练、创新应用、职业价值观塑造、劳动习惯的培养起着至关重要的作用。

专业实践基地通常位于校园内，如教育学专业的微格教室、中药学专业的炮制实验室、机械制造专业的数控机床实训室、新闻学专业的新闻传播实验室、生物专业的微生物实验室等。教师在指导学生进行专业实训时，不仅要确保学生掌握扎实的专业知识与专业技能，还应有意识地引导他们将所学知识与现实问题、产业发展趋势相联系，运用所学专业知识解决发展中的实际问题，并从专业实践中提炼出有潜力的创新创业实践项目。大学生创新创业基地包括校内外两种类型，校内的基地包括大学生创业园、众创空间、创新创业孵化基地等，校外基地则包括各地的高新园区、创业园、科创空间等。这些基地开展的创设可切实拓展大学生就业创业空间，优化创业环境，为大学生的学习、就业、创业提供更加便利的条件，为劳动教育与创新创业教育的融合发展提供新动能。职业实习基地则通常是真实的职业环境，如与学生专业对口的政府部门、企事业单位、学校等，或者是由学生基于自己的专业、特长、兴趣创办的新企业。在这些职业环境的学习实践中，重点在于增强学生的创新能力和创造性劳动能力，确保他们在未来职业生涯中能够发挥关键作用。

在专业实训平台上，专业实训过程以专业技能训练为主，同时融入创新思维训练、科学劳动知识学习及培养学生积极、认真、负责的劳动态度。在基于专业的创新创业实践中，重点培养学生将专业知识和技术应用于解决实际问题的能力，同时融入工匠精神与就业创业观念的教育。在职业场域的实践中，核心目标是培养学生的工作胜任力、创造性解决问题的能力，以及对工作的热爱和敬业精神。实践场地的转换和过渡实际上反映了劳动教育和创新创业教育融合课程目标与内容的逐步深化。专业技能训练作为主线，贯穿整个实践过程。通过在不同场地的实践锻炼，学生能够逐步培养在真实工作环境中所需的职业行为和创新能力。同时，创新创业精神和劳动价值观的教育也在实习实训过程中逐渐渗透，帮助学生形成全面的劳动技能和正确的劳动观念。

（四）依托社会组织搭建协同育人平台

劳动与创新创业教育融合的社会化实践需要现实载体，高校必须深化产教融合的理念和实践，实现教育链、人才链与产业链、创新链的有机结合，构建社会化协同育人的平台。高校应与行业领军企业、高新技术企业、中小型企业等不同类型的企业建立紧密的合作关系。通过共同建设实习实训基地、实施校企合作项目、邀请企业导师参与教学等多种形式，联合培养符合社会需求的人才，并共同创建或共享劳动实践基地，以推进劳动教育与创新创业教育的融合。

高校应利用校企合作共建的契机打造特色课程、扩充师资资源，加快劳动教育与创新创业教育的深度融合，激励学生利用自己的专业优势参与创新创业活动，从而不断提升他们的创新动力和社会价值创造能力，为发展新质生产力、推动高质量发展培养急需人才。同时，高校还应积极参与到当地的创客空间、众创空间等创新创业平台的建设中，推动校内外创新创业实践平台的互动发展，并发挥高校在更广泛范围内引领社会化协同育人机制建设的作用。

校友会是连接高校、校友和社会的重要桥梁，高校需要不断完善校友会在就业创业方面的职能，团结校友支持母校的发展，挖掘和整合校友资源，并鼓励校友回馈母校，充分发挥校友会在促进就业和创业中的重要作用。通过这样的机制，校友会不仅能够为在校学生提供宝贵的经验分享和职业指导，还能在学校与社会之间搭建起一个有效的沟通和合作平台，进一步推动劳动教育与创新创业教育融合发展。

四、形成融合共创的教育模式

在新质生产力发展背景下，高校劳动教育与创新创业教育的融合已成为培养复合型人才的重要途径。创新融合教育模式，探索将劳动教育与创新创业教育贯穿大学学业始终的教育方法，对于提升学生知识的接受度与认可度，激发学生的劳动能力、创新意识和社会责任感具有重要意义。

（一）探索两线贯穿的教育方法

随着社会的发展和技术的革新，劳动教育的内容和方法也需不断更新和改进。探索两线贯穿教学方法有利于劳动教育与创新创业教育更好地融合，两线贯穿教学方法中的两线指的是在劳动教育与创新创业教育融合中的理论教育与实践教育两个部分。贯穿是指内容与时间上的相互贯穿，在大学本科四年学习中进行持续的教育来不断发展和提升学生的创造性劳动能力。在传统的劳动教育模式中，教学通常以讲授为主，学生多处于被动接受知识的状态，鲜少有机会参与实践活动。然而，在劳动教育与创新创业教育融合的模式下，两线贯穿教学方法不仅将教学场景从封闭的教室扩展到开放的真实环境，还从单一的纸质教材转变为多样化的动态教学资源，从而丰富了教学内容。此外，教学方式也经历了从教师主导到学生主导的转变，实现了从被动听到主动讲的变革，体现了以学生为中心的教学理念。这种转变强调了学生从学而信到信而学的过渡，将传统教学方法转变为一种更加生动、互动，以实践操作为核心、注重学生参与的教学方式。以问题为导向、以项目为驱动、以团队为基础，采用课内与课外，讲授与实践相结合的形式，通过项目式学习、翻转课堂、实践工作坊等互动式教学模式，创造真实的学习情境，激发学生的思考能力，促进他们自主地识别和解决问题。在课后布置探究式学习任务，将实践和教学相结合，引导学生逐步完成从提出问题、自我学习、协作讨论到解决问题的全过程，从而锻炼他们创新性解决问题的思维模式。需要注意的是，在教育过程中，教师不仅是知识的传递者，还是学生的引导者和促进者。教师需要设计有意义的教学活动，提供及时的反馈，帮助学生在实践中学习和成长。同时，教师还需要不断更新自己的知识和技能，以适应劳动教育与创新创业教育融合模式的变化。

（二）创新数字化教育方式

在数字化时代，科技的革新为教育领域带来了前所未有的信息空间，先进的数字化技术推动了教育的数字化和智能化进程，赋予教育新的形式和特征。数字化已成为推动教育变革的核心动力，教育需求正引领着数字化转型的方向。近年来，教育界逐渐步入数字化与智能化并行的新阶段，数智化成为学术界和实践育人领域的共识。数智技术在教育系统中扮演着感知和运算的角色，同时发挥着外部推动和内部赋能的双重作用，促进了教育主体、教育载体等要素的革新，构建了一个虚实交互的育人环境，使学生能够随时随地获取教育资源，促进了学生思想和思维方式的转变。劳动教育与创新创业教育均强调实践活动的参与性，需要形成学生的感官体验，可以利用数字技术打破地理限制，创造多元感知的数字化教育空间，全方位感知学生的行为、学习和个性化需求，为大学生提供一个沉浸式的劳动教育与创新创业教育融合的智慧学习环境。

为了有效地促进劳动教育与创新创业教育的融合发展，高校应利用数字技术拓展劳动教育与创新创业教育的数字化学习空间。应加强数据挖掘、机器学习和大数据分析技术的应用，从学生的教育背景、思想动态和行为偏好中提取关键信息，为教学决策提供科学依据。应加强自然语言处理和情感分析技术，及时了解教师和学生的教学体验和情绪变化，提供个性化的情感支持和反馈，实现师生间的情感共鸣、思想认同和价值共振。应加强智能信息推送系统的开发，对不同群体的思想行为进行精准预测和立体画像，实现教育内容的精准推送。对于学生群体，通过自动采集、计算和推测，以学习资源的形式完成信息推送，帮助学生形成稳定的劳动价值观和行为模式；对于教师群体，通过个性化采集和精准云计算，实现对教师群体日常教学模式和话语表达方式的多维掌握，以教师所需的教学设计和课堂教学资源的形式完成信息推送，使教师能够精准掌握教学过程的育人效果并及时调整策略。高校应创新劳动教育与创新创业教育资源的个性化配置，高效利用数字化资源，增强劳动教育与创新创业教育教学的新动力，促使教学资源的生产方式从人工创造转向智能生成。高校应针对劳动与创新创业教育课程，精准开发高质量的教学资源，合理利用最新的数字技术，为学生提供学习复杂劳动技能所需的工具，使教学过程更具吸引力。借助大数据、人工智能等技术，为教学活动提供智慧支持。开发和整合数字化资源，包括电子教材、在线课程、虚拟实验室等，拓展教育的时空维度。建设智慧校园和实训场所，依托物联网、云计算等技术，打造可持续发展的数字生态教育环境。应推进劳动教育＋创新创业教育＋数字技术的深度融合。利用人工智能技术创设劳动教育与创新创业教育的学习场域，推动教育内容的数字化生成，构建一个具有具身性、交互性、可感触的虚实结合场景，让大学生在虚拟世界中进行劳动实践，沉浸式理解劳动与创新创业的内涵和精神。应利用大数据技术对大学生的学习结果进行动态化的收集、整理和分析，拓展传统教育评价系统的视域，将培育劳动能力与创新创业素养贯穿于教育评价全过程。可以搭建劳动与创新创业融合智慧教育平台，全面记录大学生劳动与创新创业实践的行为表现，对他们的学习情况进行及时的评价和反馈，动态测量大学生的劳动观念、创新能力、知识技能等，评判个体的受教育过程，合理运用评价结果，展现劳动与创新创业融合教育的质量和水平，推动劳动与创新创业融合教育评价不断走向智慧化。

第三节　高校劳动教育与创新创业教育融合系统的保障机制

高校劳动教育与创新创业教育的融合作为一项复杂的系统工程，需要人力、财力、物力等资源的支撑。为了确保高校劳动教育与创新创业教育融合系统的有效运行，高校应建立健全相应的支持保障机制。科学的保障机制不仅能够激发劳动教育与创新创业教育融合的活力，确保教育活动在资源充足、管理有序的环境中进行，为学生提供更加丰富和深入的学习体验，还能够促进教育内容和方法的创新，增强教育的适应性和前瞻性，以满足社会发展对人才的多样化需求。高校应通过建立健全师资保障、制度保障、物质保障、服务保障等服务措施，保障校内外各要素之间有效协同，确保高校劳动教育与创新创业教育融合系统各要素有序运转。

一、高校劳动教育与创新创业教育融合的师资保障

在高校劳动教育与创新创业教育融合发展的过程中，一流的教师团队建设至关重要。为确保教育目标的实现，师资队伍的建设不仅要关注教师个人能力的发展，增加教师的知识储备，增强他们的教学能力、道德素养，以及在创造性劳动实践中的能力；还需要打造一支强有力的教师团队，为实现团队成员之间的协同合作和共同发展，高校需构建多维度、立体化的师资保障机制，为高校劳动教育与创新创业教育融合发展提供坚实的师资力量。

（一）提升教师教书育人能力素质

劳动教育与创新创业教育融合是一项集思想性、知识性和实践性于一体的教育实践，既需要教师具备丰富的劳动知识、专业知识、创新创业知识，还需要教师具备指导劳动实践的能力与经验。因此，任课教师不但要了解劳动教育与创新创业教育相关理论知识、掌握二者有效结合的机理与逻辑，还需要具有洞察社会问题、解读公共政策、系统解决实际问题的专业知识与实践能力，以及具备劳动精神、挑战精神、奉献

精神、创新创业精神等心理素质。

教师能力素质的提升是劳动教育与创新创业教育融合课程建设的关键环节，对任课教师的教学能力提出了新要求，任课教师在头脑中要形成相应的教学理路，在实际授课过程中，结合相关课程开设情况，对劳动元素、创新创业元素、专业元素融入教学的过程进行有效控制，在创新创业教育中加入专业元素与劳动元素，有利于提升学生对专业劳动的认识，也能帮助学生将学习到的劳动知识、创业知识、创业技能真正转化为未来工作中的实际能力。

在促进劳动教育与创新创业教育融合过程中，高校应做好任课教师培训计划，实现任课教师专业素养和教学水平的全面提升，根据学生需求、教师情况、学校资源，有针对性、有计划性地开展培训工作。帮助任课教师在培训过程中转变自身教学理念、完善自身知识结构，围绕劳动教育与创新创业教育融合任课教师应具备的知识、能力和素质，设置相应教育培训课程，支持任课教师通过学习、交流、讨论，把握学科知识体系之间的结构和关系，理解专业和实践、专业和劳动之间的关系，鼓励任课教师关注社会发展、关注国家和国际大事，从自己所熟悉的、所在学科的职业范畴、行业规范、伦理道德入手，从诚实守信、踏实奉献、爱岗敬业、遵纪守法等行为习惯入手，从仁爱、精诚、创新、勤奋等优秀的精神文化入手，将劳动教育与创新创业教育紧密结合，在教育教学过程中帮助学生掌握理论知识、提升实践能力、树立科学劳动观与创新创业观。

一方面通过专业培训增强教师的专业素养；另一方面借助产学研、校校合作、校企合作等项目将教师“送出去”，赴中央国家机关、地方基层、国有企业等部门，以挂职行政岗位、受聘为研究员等形式开展实践锻炼，增进对国情、民情、社情的了解。也可以将校外优秀人才“引进来”，如聘请企业家、大国工匠、知名教授等专家到校开展培训，秉持开放共享的理念，构建一个多方参与的交流学习平台，实现培训资源的有效整合与共享，促进任课教师综合素质与教学能力的提升。

（二）构建高素质专业化师资队伍

创造性劳动人才的培养是高校主导、多部门齐抓共管、社会多方参与的系统培养过程，需要汇聚教师资源，形成培养合力。专业课教师、竞赛指导教师、大创项目指导教师、各学院专职实验课教师、辅导员、就业指导教师、心理咨询教师、“双师型”教师是任课教师队伍建设的核心，高校劳动教育与创新创业教育的融合发展需要打造多元化复合型师资队伍，协同推进创新型劳动人才的培养。

1. 聘用专职教师

搭建一支多元化、高水平师资队伍，是决定高校劳动教育与创新创业教育融合成功的关键。与其他从事基础课程、专业课程教学的教师不同，从事劳动教育与创新创业教育融合工作的教师需要充分依托劳创融合、专创融合、产教融合和校企合作开展理论与实践教学活动，需要打造一支高素质、高标准、高要求的专兼结合的师资队伍，来践行高校劳动教育与创新创业教育融合育人的目标。

专职教师是师资队伍建设的主要保障，专职教师在教学改革和教学成果方面取得的成就，是劳动教育与创新创业教育融合改革与发展的有力支撑。在构建专职教师队伍时，首先应重视教师的选拔和聘用。应从劳动教育课程教师、创新创业课程教师、专业课教师、辅导员等层面进行选拔，重视任课教师的专业背景、实践经验及对社会发展趋势和行业前景的理解。选拔“专业型”专职教师主要通过学校公开招募，鼓励各学科教师自主报名，并通过初步筛选，再根据其科研成果、教学技能、实践经历，及教师自身的奉献精神和创新能力进行深入筛选。而“交叉型”专职教师的选拔则侧重于在开展劳动教育与创新创业教育的学院中进行定向招募，通过宣传、引导和公开讲座等方式吸引相关专家参与。通过这样的方式，可以构建由“专业型”和“交叉型”师资组成的专职教师队伍，这两类教师基本满足了劳动教育与创新创业教育融合的核心师资需求。

2. 聘请社会专家

劳动教育与创新创业教育融合是一种既注重理论又强调实践的教育模式，在组建师资队伍时，必须重视搭建产教融合的桥梁，积极吸纳有意投身教育事业的实践型社会专家。具有不同专业和行业背景的多元师资力量有利于实现知识传授与实践体验的有机结合，从而充分激发学生的学习积极性、创造性和持久性，并持续提升劳动教育与创新创业教育融合的质量和水平。

劳动教育和创新创业教育都具有很强的时代感和实践性。实践型社会专家具有丰富的工作经历与实践经验，在教育过程中能够充分发挥自身优势，将劳动意识、创业经历、工作经验融入课程，在教育实践过程中采用案例教学、情境模拟、启发式教学等方法，激发学生的学习兴趣，帮助他们更好地理解和接受知识、拓宽视野。同时，实践型社会专家可以在教育实践中将理论教育与实践案例相结合，经验分享与实际操作相结合，科研竞赛与模拟创业相结合，采用情境式教学、现场模拟教学等方法，使教学过程更加具体化和情境化，为学生创造良好的学习环境。

3. 聘任管理人员

高校劳动教育与创新创业教育融合并非单一学院、教学部门或特定职能部门的专属责任，而是需要通过整合校内外各类资源，形成协同合作的合力来共同推进。为了提升劳动教育与创新创业教育融合的实效性，还需依赖就业指导中心、共青团、教育处、财务处、教学实验设备管理中心等相关部门的资深行政管理人员，以确保教育的有效实施。管理人员负责后勤保障工作，涵盖教师培训、专家引进、教学管理、竞赛组织、项目孵化等多个方面。

管理人员需要负责教师队伍的培训，要注重教研室的建设，定期组织教师备课，明确课程教授的目标、定期更新教学内容；聘请相关领域专家为教师进行专题培训，提升教师的专业化水平；组织教师开展企业参观等实践活动，让教师熟知行业发展前景与企业运营脉络，不断提高教师的理论素养与专业知识，加强专业教育、劳动教育与创新创业教育融合的教学能力。在资源配置方面，管理人员需要合理分配和安排实验设备和教育资源，确保这些设施和资源得到充分利用，以支持劳动教育与创新创业教育融合教学实践的开展。此外，管理人员还需全力支持各类相关竞赛的开展，做好组织和服务工作，以促进学生在创新创业竞赛中取得优异成绩。通过这样的多角色协同，可以确保劳动教育与创新创业教育融合的顺利进行，从而培养出既具备理论知识又拥有实践能力的复合型人才。

二、高校劳动教育与创新创业教育融合的制度保障

制度通常被定义为要求所有成员必须遵守的一套规范和程序。高校劳动教育与创新创业教育融合发展中所涉及的制度旨在指导和规范高校在实施劳动教育与创新创业教育融合过程中的教育教学行为，包括政策措施、规章制度、考核激励、操作规程和指导手册等构成强制性和自律性相结合的教育管理工具。建立和完善相应的教育管理制度体系是至关重要的，通过制度的规范可以确保劳动教育与创新创业教育活动的有效性和连贯性，同时促进教育目标的实现。制度体系的完善包括两个方面：一是完善高校劳动教育与创新创业教育融合系统的运行规则，二是完善高校劳动教育与创新创业教育融合发展的管理制度。

（一）运行规则

为了实现高校劳动教育与创新创业教育的有效整合，必须构建一套健全的运行机制。需要通过制定相应的政策、规章、条例和章程等，来推动高校劳动教育与创新创业教育协调发展。在设计教育计划时，必须充分考虑课程内容、教学策略、管理方式和发展规划等方面，以适应不同高校的实际情况。在国家层面制度文件和省级层面制度文件的指导下，制定符合各高校实际情况、具有高校及高校所在地特色的运行规则。完善的运行规则要能够从培养目标、课程设置、资源配置、师资组成、实习实训、教学科研、平台基地等多个方面回答高校、企业和其他相关组织机构如何共同促进高校劳动教育与创新创业教育融合、协调发展这个关键问题。具体可通过修订完善教育教学方案、完善各级管理制度、明晰职责权限、协同资源配置、强化师资建设、加大保障力度、设置科学的激励和奖励政策、构建考核评价机制等方面来实现。

（二）管理制度

在构建高校劳动教育与创新创业教育融合系统时，首要任务是优化管理制度，以协调各相关部门之间的权责关系，并改善目前存在的组织间分离、缺乏合作或合作不充分的问题。完善的管理制度可以清晰界定每个岗位的职权和责任，优化部门间的结构联系，确保行政、人事、财务、监管等各项工作都有明确的制度可依，从而提高教育管理工作的规范性。为此，必须根据具体的工作需求和各部门的职责范围制定相应的管理制度，这将有助于推动各部门朝着提升协同发展水平的共同目标前进。管理制度的建立不仅要有助于促进劳动教育与创新创业教育的整合，还要确保这一整合过程能够提高教育的整

体质量和效果。

管理制度要凸显劳动教育和创新创业教育融合的育人成果，要从学生、教师、社会三方面建立健全激励机制。科学的激励机制既可以保障师生的既定权益，又能有效调动师生的积极性。对于专兼职教师，首先需要提供政策上的支持，调整工作量的计算标准，并将教学时数和科研成果作为职称评定和岗位设置的重要参考，在制度层面解决教师的职称和待遇问题。此外，通过表彰和宣传优秀教师的典型事迹，可以增强教师的责任感和荣誉感，提高他们的归属感和成就感。为了增强教育教学工作的吸引力，激励保障机制应当发挥其杠杆作用，鼓励教师全身心投入教学工作，从而提升劳动教育与创新创业教育的融合质量。为了确保劳动教育和创新创业教育融合的有效性，必须建立激励学生参与的管理制度，提供学时学分保障，确保学生必须通过综合考核才能获得学分。还可以采用问题导向或项目化教学等方法，鼓励学生参与自己感兴趣的实践教学任务，并为优秀的实践成果设立奖励机制，提供物质和精神上的奖励，以提高学生的参与积极性。高校应积极与社会各类团体、组织合作，共同构建管理制度，利用各自的优势资源，实现互利共赢的目标。

三、高校劳动教育与创新创业教育融合的物质保障

充足的物质资源投入是劳动教育与创新创业教育融合有序推进的重要保障，为教师教学和学生学习提供各种资源，使师生在参与劳动教育和创新创业教育融合过程中，能够获得必要的信息、工具、材料、场地、设施等学习要素。同时，良好的物质条件还能激发学生的参与热情，促进理论与实践相结合，为学生的全面发展打下坚实基础。劳动教育与创新创业教育的融合需要政府、高校、企业等主体发挥共同育人的资源优势，政府提供政策和经费保障，企业和社会机构提供资金和实践平台支持。

（一）经费保障

高校是大学生劳动教育与创新创业教育融合工作的主阵地，是大学生劳动观形成的重要教育场所。为了实现劳动教育与创新创业教育的深入融合，高校必须提高站位，从教育链对接创新链、创新链重塑教育链的视角，构建劳动教育与创新创业教育融合育人体系，加强学校教育与社会生活、生产实践的直接联系，除了保证必要的课堂教学之外，还要组织数量庞大的学生开展实践教学、实习实训、创新创业第二课堂活动等，经费支持对于确保教育质量至关重要。随着劳动教育与创新创业教育融合教学时空的不断扩展，对资金支持的依赖性也随之增加，无论是教育资源的完善、实践教学基地的建设、师生参与实践的经费、教学课题的研究，还是优秀作品的评优奖励，都需要充足的资金保障。

为了确保劳动教育与创新创业教育融合工作的顺利进行，高校应将教育经费纳入学校年度财务预算，为劳动教育与创新创业教育融合的课程、实践、设施、平台等工作提供充足经费支持，确保经费投入。设立大学生劳动与创新创业融合教育资金支持和保障工作小组，明确责任分工，细化教育任务，聚焦关键领域。根据学校的具体情况，优化

经费支出结构，确保资金的专门用途，加大对校内教育场所、校外实践基地建设及师资培训的支持。

此外，学校应多渠道募集资金，与政府合作申请专项政策扶持，利用国家和地方政府关于大学生劳动教育和创新创业相关的资金支持、科研立项等优惠政策，积极进行实践基地建设、科研项目申报等。除了政府拨款，高校还应通过校企联合等方式，引入企业资助基金，推动劳动与创新创业融合校企合作实践项目的实施，争取更多的资金支持，提高经费保障水平。高校应建立和完善大学生劳动教育与创新创业教育的社会资金引入机制，鼓励社会组织、公益团体和企业设立专项基金，形成劳动教育与创新创业教育融合的合力。鼓励社会组织、企事业单位、杰出校友、社会人士在校内设立劳动教育与创新创业教育融合基金，为劳动教育与创新创业教育的融合注入更多外部力量，全方位强化物质保障，确保劳动教育与创新创业教育融合育人工作有序运行。

（二）设施保障

除了教室、公寓、校园等传统教育场所之外，还应结合劳动教育与创新创业教育的特点，提供必要的创新实验场地、拓宽创业实践场所，不断改善教学条件、优化教学手段。充分搭建、利用、完善劳动教育与创新创业教育融合教学示范基地、劳动教育与创新创业教育协同培养中心、虚拟仿真实验教学场所等平台。在此基础上，高校应根据实际情况，依托物联网、大数据等现代信息技术，建设符合本校办学目标和专业特点的劳动教育与实训基地、创新创业基地、专业实验室、创客空间、创新创业孵化基地或产业园等资源扶持平台，这些场所不仅能够为学生提供劳动实践操作的机会，还能激发学生的创新思维和创业精神。鉴于大学生的劳动教育与创新创业教育往往与其他教育活动相结合，高校需要配备不同规模的会议室、报告厅，以便举办讲座、座谈会和报告会，同时也需要室外的公共活动空间，以便开展大型活动。

高校在开展劳动教育与创新创业教育融合工作时，应密切关注社会的实际需求，根据新技术、新要求和新变化，积极拓展劳动教育与创新创业教育融合育人实践新领域和新形态，这有助于提升学生将理论知识转化为解决实际问题的能力。高校应充分利用政府、企业和社区等资源，与企业、社区等共建劳动实践基地、实习实训基地和社会实践基地，为学生提供更多接触社会的机会。通过参与社会实践，学生可以在实践中进行创新，为将来更好地适应社会做好准备。此外，高校还应重视实践教学场所的管理和运营，确保这些场所能够高效、安全地服务于学生的劳动教育与创新创业教育。包括定期对实践教育场所进行检查和维护，确保设施设备的安全和适用性，以及对实践教育活动进行有效的沟通协调、组织管理，推动各类平台有序开放共享。

四、高校劳动教育与创新创业教育融合的服务保障

高校劳动教育与创新创业教育融合系统的服务保障机制能够为学生提供必要的信息支持、技术支持和相应的咨询服务，学生能够更好地在了解专业前沿、行业发展、国家

需求的过程中运用劳动技能开展创造性的工作，在创造性劳动实践中，将理论知识与实践相结合，提升解决实际问题的能力，激发创新精神和创业热情，为今后的职业生涯打下坚实的基础。

（一）技术服务

高校应当充分利用现有学科基础，发挥高校自身技术优势和人才优势，为学生提供必要的技术资源、智力支持、仪器设备、实验室和实践场地等软硬件资源，发挥学校自主创新与科学研究在服务大学生劳动教育与创新创业教育融合中的积极作用。教师在进行科研创新活动时，应鼓励并吸收本科生加入教师的科研团队，在组织学生开展相关科研实践的同时，指导学生积极参加创新创业竞赛与社会实践活动，特别是在科研成果的转化和专利转让方面，应优先考虑那些有创业意向的学生。引导学生在专业学习实践过程中，锻炼勤动手善操作的能力、形成热爱劳动尊重劳动的意识、锤炼不畏困难百折不挠的意志、弘扬精益求精一丝不苟的工匠精神、塑造奋力开拓追求卓越的创新精神。高校应努力为学生创造物质条件、打造科研平台、引入科研导师、提供技术支持，帮助学生提高劳动技能、培养创新思维、实现创新创业目标。在科研、实践活动中，高校应关注学生的个体差异和发展需求，提供定制化的学习方案和指导。根据学生的学习进度和反馈情况，及时调整教学策略和资源支持，以确保每个学生都能获得最佳的学习效果和发展机会。

（二）咨询服务

为更好地支持学生开展劳动与创新创业活动，高校应建立专门的咨询服务中心，为学生提供专业的咨询和指导服务，满足学生在更新知识、掌握技能、提升能力，以及个性化发展方面的需求。咨询服务在促进学生劳动能力与创新创业能力发展中扮演着至关重要的角色。在劳动与创新创业课程的学习过程中，学生可能会遇到各种新问题，此时咨询服务中心的教师可以提供专业的解决方案，帮助学生克服困难，解决在实践中遇到的问题。除了提供一对一的咨询服务外，还可以通过举办创新创业沙龙、研讨会等活动，针对教学中的常见问题或学生在提升劳动能力过程中遇到的现实挑战，结合不同主题，有针对性地邀请来自不同领域、具有不同学科背景的专家参与，以促进知识交流和经验分享。通过这种方式，学生不仅能够获得个性化的指导，还能在讨论和交流中拓宽视野，增强团队合作能力，这对于学生的全面发展和未来的创新创业活动具有重要意义。咨询服务中可结合实际情况组建创新创业社团，通过社团的方式聚集校内对创新创业活动感兴趣的学生，打破院系分割、使之能够结交志同道合的同学，并交流创新创业的想法。通过定期的学术会议、研讨会议、集体备课等形式，促进成员之间的交流与合作；通过组织各类创新创业竞赛、项目实践、创业培训等活动，激发学生的创新思维、拓宽视野、增强团队协作能力。设立创客空间，配备各种工具、设备和材料，为学生提供一个实验创新、实现创意的平台，学生可以自由地尝试自己的想法，进行原型开发、产品测试等活动，将创意转化为实际的产品或服务。咨询服务中心通过社团、创客空间的打造，对全校的创新创业活动起到示范引领作用。同时，应当鼓励教师参与到咨询服务中心的指导工作中，为学生提供专业的指导和技术支持。教师的参与不仅能够提升学生项目的学术水平和实践质量，还能够促进师生之间的交流与合作，增强劳动教育与创新创业教育的互动性和实效性。

（三）信息服务

高校要积极建立大学生劳动与创新创业信息化服务平台，将劳动教育与创新创业教育信息资源进行整合，为学生的劳动与创新创业活动提供全面、及时的信息支持。对内高校应加强各个部门之间的信息资源的沟通与整合，在校内建立信息交互系统；对外加强与企业的联系，利用互联网、大数据等科学技术构建有效的校企信息沟通平台，实现信息的有效流动。平台应设置有效的信息收集机制，确保能够覆盖到所有与大学生创新创业活动相关的最新资讯，包括行业报告、市场分析、政策更新等，以帮助学生把握市场脉搏和政策导向。平台应具备强大的信息处理能力，对收集到的信息进行分类和整合，以便于学生能够快速找到所需信息。不仅涉及信息的数字化管理，还包括对信息进行深度加工，提供分析报告和趋势预测，帮助学生更好地将信息资源融入自身的学习、科研和实践活动之中。平台应具备多渠道的信息发布功能，包括校园网站、电子邮件订阅、移动应用程序等多种方式，统一发布有关的劳动与创新创业信息与政策，以及有关未来发展导向、社会生产需求、合作企业资源等信息，以便学生能够根据自己的习惯和需求获取信息。为了确保信息服务的有效性，高校应当定期对信息平台进行评估和更新，确保信息的真实性、准确性、相关性、有效性。同时，还应鼓励学生积极参与信息平台的建设和维护，提高他们的信息素养和自主学习能力。通过持续的数据监测和反馈机制，高校不仅能够为学生的创新创业活动提供大量的信息支持，还能够支持学生的个性化成长，培养他们成为信息时代的主动学习者和创新者。

（四）安全服务

安全是教育顺利开展的前提条件，在劳动教育与创新创业教育融合过程中，确保学生的人身安全是首要任务，只有安全得到保障，学生才能更好地投入劳动与创新创业教育实践中。高校应制定详尽的安全管理制度，并成立专门的劳动教育安全工作领导小组，以确保劳动教育与创新创业教育融合的安全管理工作有明确的指导和依据，确保各项安全制度得到有效执行，并定期对制度执行情况进行检查和评估。必须明确各方的安全责任，组织劳动教育与创新创业教育融合的院系承担总体安全责任，指导教师作为安全第一责任人，参与的学生则需遵守法律法规、学校规章制度以及实践教学课程的具体规定，预防可能遇到的安全问题，并认识到因个人疏忽导致的安全事故需承担相应的责任和后果。学校在与校外的教育实践基地建立合作关系时，应针对可能发生的安全问题，共同制定具体的安全预案和应对措施。保证在学生遇到紧急情况时，学校和企业能够迅速启动应急预案，确保问题得到及时妥善的处理。

第四节　高校劳动教育与创新创业教育融合系统的评价反馈机制

构建科学的评价反馈机制，是确保劳动教育与创新创业教育融合目标得以达成的关键。科学的评价可以检验劳动教育与创新创业教育融合工作的实施效果，充分发挥系统的激励、监督、甄别、调控功能，通过以评促改、以评促建，为高校劳动教育与创新创业教育融合科学化发展提供不竭动力。高校劳动教育与创新创业教育融合的评价反馈是一个“评价－反馈－改进－再评价”的循环过程，它涉及设定评价目标、符合评价标准、找出存在问题、优化评价流程，以及重新设定目标的动态的制定、执行和修正过程。通过定性评价与定量评价相结合、过程性评价与结果性评价相结合，及时将评价结果反馈给组织决策机构与教育管理机构，进一步优化劳动教育与创新创业教育融合系统的运行，不断推动高校劳动教育与创新创业教育的深度融合。构建科学合理的评价反馈机制，不仅对促进劳动教育与创业创新教育的融合工作具有积极作用，而且为高校深化、优化劳动教育与创业创新教育的融合发展提供了坚实的测评基础。本节从高校评价反馈机制的价值、原则、架构、方法、路径等方面探讨评价反馈机制的建构逻辑。

一、高校劳动教育与创新创业教育融合的评价机制

评价是从特定的目的出发，根据一定的标准，通过特定的程序，对已经完成或正在从事的工作进行检测，从而对工作质量做出合理的判断。教学评价是教学发展方向的指挥棒，对高校劳动教育与创新创业教育融合具有鲜明导向作用。建立科学的评价机制，是高校劳动教育与创新创业教育融合系统开发、管理和使用的前提。科学合理的评价机制可以对劳动教育与创新创业教育融合的质量做出有效的调查与判断，及时发现问题、诊断问题、解决问题，通过不断改进提升教育方法来实现教育目标。客观的考核结果既能为劳动教育与创新创业教育融合顺利开展提供决策依据，又能对教育主体起到激励、督促作用。

（一）评价机制的构建原则

高校劳动教育与创新创业教育融合评价机制是一个包括评价主体、评价对象、评价方法等元素的有机系统，要素间相互关联共同构成了全面的评价框架。评价既是一种导向和激励，也是一种保障，通过科学的评价高校能够更准确地识别劳动教育与创新创业教育融合中的优势与不足，对于促进教学改革，提高教学质量具有重要的意义。为确保评价的客观性、准确性，高校应明确评价机制构建原则，确保评价过程与评价结果的真实性和科学性，提高评价工作的质量和效率，为优化劳动教育与创新创业教育融合系统提供方向引领。

1. 可行性原则

可行性原则是评价机制与各高校劳动教育与创新创业教育融合发展实际情况具有适配性，评价结果可有效促进劳动教育与创新创业教育融合工作的优化以确保教育目标的实现。可行性原则要求评价指标的选取应直接、易于获取，并且保持各指标之间的独立性，避免同一层次指标的重复或重叠。评价体系适用对象要清晰明确，选取指标时需紧密结合实际情况，以确保评价结果能够全面、客观、真实地反映高校劳动教育与创新创业教育融合发展情况。评价过程需注重评价的可靠性与有效性，只有具备高信度和效度的评价指标，才能为高校劳动教育与创新创业教育的融合提供持续健康发展的方向指引。在设计评价体系时，应着重考虑并遵循高校发展的内在规律、劳动教育与创新创业教育融合的发展特点、学生的成长规律，以及社会实践活动的运作规律。通过构建科学合理的评价指标体系，客观准确地评估高校劳动教育与创新创业教育的融合效果以期能够有效地推动高校劳动教育与创新创业教育的融合发展。

2. 全面性原则

全面性原则要求高校应全面考虑评价方法、评价主体及评价内容的设置，多角度、全方位地审视高校劳动教育与创新创业教育融合的成效。首先，要保证评价过程的全面性，在关注教育成果的同时，也应关注教育对象的长远发展。评价应覆盖高校劳动教育与创新创业教育融合的各个阶段，包括教学前、中、后各个阶段，评价中需重视教育对象的显性成果与隐性收获，以促进教育对象的全面发展。其次，要保证评价主体的全面性。高校劳动教育与创新创业教育融合的评价内容极为广泛，它不仅包括高校劳动教育与创新创业教育融合发展的指导思想、培养目标、育人理念、顶层设计，还涉及组织领导、工作机构、实践平台、条件保障、激励政策、管理制度、师资队伍建设，以及教育对象的理论知识素养、创造性劳动素质、创新创业成果、实践应用能力等多个方面。为了确保评价主体的全面性，评价活动不应仅限于教育者对教育对象的评价，还应包括教育对象的自我评价和朋辈评价。最后，要保证评价内容的全面性。在构建评价机制时，应确保各评价指标的全面性，真实反映劳动教育与创新创业教育融合的各个部分和环节，覆盖教育教学评价的全过程。全面性原则可以确保评价体系能够真实、准确地反映劳动教育与创新创业教育融合的实施情况，从而为高校劳动教育与创新创业教育的融合提供有效的评估和指导。

3. 科学性原则

科学性原则一方面要求每条指标都与目标保持一致，体现目标的整体优化；另一方面指标体系的设计要遵循教育的外部规律和内部规律，使每条指标都能真实客观、科学地反映出评估客体的本质。科学性原则是评价工作的基石，决定了评价机制是否能够合理地应用于劳动教育与创新创业教育融合的研究之中。科学性原则主张在确保评价方法符合实际情况的基础上，选取恰当的方式以获得可靠的评价结果。在设计评价机制时，不仅要注重方法的科学性和创新性，还要综合运用各种先进的测评工具，打破传统单一定性的评价模式，通过多维度、立体化的评价方法，实现各种方法之间的优势互补，以确保评价结果的全面性、准确性和可靠性。评价方法主要包括量化评价和质性评价两种基本类型。量化评价侧重于使用数学工具进行评价，强调分析因果关系；而质性评价可以弥补量化评价的不足，侧重于收集和分析定性信息，对教学中的个体动机、自我感受、主体评价、教学接受度等主观因素进行考核。量化评价与质性评价之间具有补充、交融与整合性，将质与量的评价方法相结合可以全面、系统、动态地考核劳动教育与创新创业教育融合的效果。同时，将具有重点性、代表性、实用性和针对性的观测点纳入评价指标体系，并根据不同观测点的作用，赋予它们相应的权重系数，可以确保评价过程和评价结果的科学性和精准性。

4. 动态性原则

动态性原则是指在进行评价时，应考虑到评价对象的发展性和评价效果的持续性，使评价成为一个动态、持续的过程，主要体现在指标的动态性、权重的动态性、考核层次的动态性及方案本身的动态性四个方面。强调在评价过程中不仅要关注评价对象当前的状态和水平，还要考察其过去的存在状况及未来的发展趋势。劳动教育与创新创业教育融合评价机制的动态性原则，强调采用发展性思维来审视教育教学问题，将社会发展需求与学生的成长需求相结合，不仅要考虑学生的发展性指标，而且要敏锐地捕捉学生成长过程中的动态变化。通过纵向比较，这些变化可以用来衡量劳动教育与创新创业教育融合的成效，并在过程性评价中不断调整评价方法，以提高评价结果的准确性和适应性。此外，评价体系还应考虑高校与社会的发展性指标，有助于引导高校对相关指标内容的投入和关注，依据评价过程中的反馈信息及时调整教育内容，提升教育教学的适宜性和有效性。同时，评优指标体系的构建还应关注劳动教育与创新创业教育融合发展的未来趋势，以此推动劳动教育与创新创业教育融合育人工作的可持续健康发展。动态性原则要求评价体系能够灵活适应教育对象和社会的发展变化，将评价融合到教育教学的整个过程之中，不断优化评价方法和内容，确保评价指标体系的科学性、合理性和前瞻性。

（二）评价机制的指标维度

高校层面建立劳动教育与创新创业教育融合评价体系，需要参考教育部发布的相关指标体系，结合高校人才培养和课程建设目标，科学合理地设置考核指标，并确保评价体系的可操作性和监督评价机制的有效性。对于高校劳动教育与创新创业教育融合效果的评价是一个包括计划准备、实施管控、考核总结的循环过程，可以分为开发、实施、保障、成效四个指标维度。通过细化评价指标，确立评价的依据、内容和标准，通过组织教师、学生、管理者及教育合作伙伴等评价主体，运用多维度、综合性的评价方法开展评价工作，确保评价结果的全面性和精确性。

1. 评价机制的开发维度

在开发维度，指标设置的主要目的是评价教育教学目标的合理性和可行性。在设置评价指标时，应结合教育目标制定的背景和相关环境因素，在明确教育需求、教育条件、现存问题的基础上，评价教育教学目标的合理性和实施的可行性。同时，评估过程中还需识别出在教育教学目标制定过程中可能存在的问题，以便能够及时进行调整，为教育决策提供依据。开发维度的评价指标包括培养目标、教育内容、能力需求三项二级指标。培养目标指标关注教育活动的具体成果，教育内容指标则涉及实现这些目标所需的理论与实践相关教育内容，能力需求指标则着眼于学生为适应未来劳动市场和创新环境所需具备的关键能力。这三个维度相互关联，共同构成了开发维度的评价框架，科学评价劳动教育与创新创业教育融合目标设置的科学性和可行性，为高校劳动教育与创新创业教育融合系统的有效运行做好前置准备。

2. 评价机制的实施维度

在实施维度，指标设置的主要目的是为管理者提供关于实施阶段的详细信息，通过监控教育活动的执行情况，评估其是否按照既定计划进行，并分析实际执行的效果。不仅有助于对教学系统运行进行必要的调整和完善，而且还能指导管理者根据实施过程中发现的问题，进一步优化系统构建。实施维度的评价指标涵盖了组织决策和教育实施两个关键的二级指标。组织决策指标关注决策过程中的效率和效果，而教育实施指标则侧重于教育活动的执行质量和效果。

此外，实施维度的评价不仅能为管理者提供信息反馈，还可以向评价对象传达评价结果。有助于评价对象识别自身的不足和问题，激励他们不断提升个人能力和专业水平。同时，评价过程中还应积极听取评价对象的意见和建议，形成全面的考核意见报告，并及时反馈给评价管理部门。通过这样的反馈机制，可以不断修订和完善评价程序，推动评价体系逐步走向制度化和规范化。在评价实施中，应不断创新评价模式，以提高劳动教育与创新创业教育融合教育评价机制的有效性和适应性。

3. 评价机制的保障维度

保障维度的评价目的是为选择最优实施方案提供信息支持，同时最大限度地减少资源的浪费和降低实施失败的风险，为劳动教育与创新创业教育融合的顺利开展做好充分的准备。在这一过程中，保障评价的实施是基于教育资源的合理配置，以确保每项资源都能发挥其最大的效能。保障维度的评价具体包括条件保障、专业支持两项二级指标。条件保障指标主要评估劳动教育与创新创业教育融合是否具备充足的教学资源和适宜的教师队伍。在构建这一指标时，进一步将条件保障细分为教学资源和师资队伍两个方面。专业支持指标则关注于提供必要的专业知识和技能，包括教研制度、相关部门间的沟通交流、组织间的资源共享、特色课程开发等方面的政策、信息、资源支持。

4. 评价机制的成效维度

成效维度的评价属于一种终结性评价，主要作用是为教育决策的持续改进提供依据。评价的目的在于衡量劳动教育与创新创业教育融合的成效，即教育活动的实际成果与既定目标之间的一致性。评估结果主要用于指导高校劳动教育与创新创业教育融合方案的调整和教育策略的实施，以确保教育活动能够适应快速变化的行业需求和技术发展。通过持续的监控和优化，评估机制不仅能提高自身的适应性和有效性，也促进了整个劳动教育与创新创业教育融合系统的长期发展和质量提升。高校劳动教育与创新创业教育融合成效是对教育目标达成度的判断，需要学校、师生、社会和家庭四方共同参与，共同对教学结果进行全方位的评价。评价内容应重点关注学生创造性劳动观念的形成与实践转化，增强学生对劳动价值观、劳动主体观、劳动过程观和劳动关系观的理解和应用，以及提升在劳动精神和创新精神方面的培养成效。成效维度的评价包括结果评价和过程评价两项二级指标。结果评价通常在学期结束时通过考试成绩和分析报告等形式进行；而过程评价则侧重于日常的学习和实践活动，将课堂学习、劳动实践和科研竞赛等表现纳入评价范围，以确保评价内容的全面性。为确保评价工作的全面性和有效性，领导机构在评价实施过程中应发挥关键的督导作用，确保评价不流于形式，真正反映教育活动的质量和效果。通过综合性评价，更准确地评估劳动教育与创新创业教育融合的成效，为教育决策提供有力的支持。

新时代高校劳动教育与创新创业教育融合的成效评价不仅要继承以往工作中的好经验和好做法，还要积极利用数字化技术，创新评价方法与评价载体，通过建设大数据评价信息平台、提高评价主体的信息素养、加大数据评价的宣传力度等途径，着力破解当前评价工作中存在的问题与短板，提高评价工作的信度和效度，使评价机制切实发挥应有功能，促进高校劳动教育与创新创业教育融合的全面发展和提升。

二、高校劳动教育与创新创业教育融合的反馈机制

为了实现有效的决策和管理，每个系统都需构建一个精确的反馈系统，用以校正因内外因素影响而偏离预定目标的系统运作。反馈是任何系统中都普遍存在的重要机制，它在不同领域和不同层面发挥着关键作用。通过反馈机制的调整可以优化系统的行为和功能，减少外部干扰，确保系统的协调、稳定和科学发展。

为了实现对控制对象的实时监控和精确控制，系统通常会集成多种终端传感器，以加强对控制对象状态的实时跟踪。这些传感器收集的数据将被控制系统用于生成反馈信号，依据预设的控制逻辑，系统会对控制对象施加特定的激励，以期在下一个控制周期中实现状态的调整，从而实现控制目标。加到系统上的激励分为有效激励和无效激励两种类型，有效激励对控制对象的变化趋势起着决定性作用，而无效激励则可能干扰控制效果。当控制对象受到外部激励的影响，导致其状态偏离预定值时，控制系统会生成相应的反馈激励，以纠正偏差，确保控制对象的状态尽可能地与系统设定的目标值相吻合，进而实现控制目标。

基本的反馈调节模型是一个循环系统，它通过将部分输出作为初步反应结果有控制地反馈到输入中，实现对特定变量的自我调节或引导系统向预期目标发展。在反馈一纠偏一再反馈一再纠偏的循环中，高校能够有针对性地调整其教育方案，以便在新一轮的运行周期中，提高劳动教育与创新创业教育融合系统的运作效率，形成一个向上螺旋发展的良性循环育人过程。

(一) 反馈机制的模型建构

一般而言，在反馈机制中均会涉及物质、能量和信息的反馈，而其中最关键的是信息反馈。系统的反馈回路本质上是信息通道，它能够对系统的实际输入和预期输出进行比对，并自动进行补偿，以纠正不可预见的外部干扰和系统自身的性能偏差，对系统的结构、功能和行为进行调节，确保系统能够实现预期的目标。在实际的劳动教育与创新创业教育融合反馈机制中，由于涉及众多子过程和控制对象，其模型也呈现出复杂性和多样性。下面将重点探讨反馈机制的总体架构和反馈平台的组织结构。

1. 反馈机制的总体结构阐释

反馈机制的总体结构是实现有效信息反馈的基础，要求高校清晰界定系统的输入、处理和输出环节，并通过信息反馈来不断优化这些环节。依据反馈控制理论，高校可以将教育目标视为系统的输入条件，教师扮演控制器的角色，教学环境是执行器，学生是被控对象，学习成果构成输出，检测学习效果的手段则相当于传感器。反馈控制模型以决策部门提供的培养目标作为控制的目标，传输给管理部门，管理部门根据培养目标制订教学方案，教育者根据教学方案制定教学大纲、设计课程、实施教育教学活动、进行考核评估。教育管理机构以评价指标为基准，对评估材料进行深入分析审核，对各类异常指标及不足进行问题研判，并提出相应的解决方案。评估结束后，所有相关材料将反馈至领导决策部门，以便对高校劳动教育与创新创业教育融合系统的运行进行必要的调整、优化和提升。

基于反馈的目的和效果，反馈可被划分为正反馈和负反馈两种类型。正反馈可以加强系统的再输出，负反馈则是减弱了系统的再输出。正反馈能够促进系统的失稳和演化发展，但至于这种偏离对系统是否有益，取决于控制目标的具体要求。通常，正反馈在推动积极发展或形成新认识时是有益的；而在需要维持稳定和巩固现有状态时，则可能成为不利因素。相反，负反馈通过将系统的运动和发展方向引导至既定目标，直至达到稳定状态，是系统稳定性的关键。在高校劳动教育与创新创业教育融合过程中，负反馈能够纠正错误的认知或不良行为。正反馈与负反馈在系统中既相互对立又相互制约，它们共同作用、相辅相成，促进系统的协调发展，是系统演化不可或缺的组成部分。恰当选择反馈控制策略，可以促进高校劳动教育与创新创业教育融合系统的高效稳定发展。

2. 反馈机制的平台机构设置

在高校劳动教育与创新创业教育融合发展的前提下，反馈机制是推动教育质量持续提升的关键。反馈机制以评价结果为基础，通过控制主体对关键控制变量的调整，对控制对象进行纠偏，以实现系统管理控制的目标。反馈机制主要包括四个核心要素，分别为控制主体、控制对象、控制变量和控制流程。控制主体是执行控制活动的功能主体，是系统中最有主动性的要素；控制对象则是完成控制活动的目标，它们属于系统中的被动要素；控制变量是连接控制主体与控制对象的桥梁，是控制主体实施控制策略的途径；控制流程描述了反馈控制系统的运作模式和机制。其中控制主体是反馈控制系统的建立、实施和督导者，包括组织决策机构和与学校合作育人的相关社会组织。控制对象是实现劳动教育与创新创业教育融合目标的主要责任承担者，按照层次分为教育管理机构、协调配合机构与师生群体。控制变量是指与教育效果有重要关联，并较容易实施改变的影响因素，主要包括教育的资源配置、组织管理、监管控制和学生行为改变等。控制流程主要由教育效果信息报告系统、诊断程序和纠偏机制三个环节构成。高校劳动教育与创新创业教育融合系统反馈机制的设置也是基于这四部分之间的相互关联与信息传递来实现的。

根据信息所起的作用与传递层面的不同，整个反馈机制应包含三个层次的反馈回路。第一层是执行信息反馈回路。教育管理机构在领导决策机构的指导下，依据学校的实际情况，制订评估计划，建立学生学习表现的数据库，并定期对学生的表现进行量化评估，将结果存入数据库。同时，教育管理部门还负责对教师的培训和教学效果的评估，监控劳动教育与创新创业教育的实施情况，并向决策层报告教育现状和存在的问题，协助领导决策层制订解决方案。第二层是基本信息反馈回路。教育管理部门根据既定方案开展教育教学活动，并与教师紧密合作，教师直接与学生接触，负责实时跟踪学生的学习情况，识别教学过程中出现的问题，并进行记录。每个部门都设有专门的信息反馈人员，他们不仅传达劳动教育与创新创业教育融合的政策和措施，还要对教育活动的实施情况进行监督，根据评估标准及时向教育管理部门和领导决策机构反馈结果。第三层是目标反馈回路。领导决策机构在制订决策方案和提供支持的同时，通过各层级的反馈信息来加强对教育活动的指导和监督。利用反馈信息评估劳动教育与创新创业教育融合的实施效果、教育目标的达成情况，以及教育教学过程中存在的问题，并据此为后续工作提出具体指导，确保下一轮劳动教育与创新创业教育融合工作的有效进行。

（二）反馈机制的作用过程

在高校劳动教育与创新创业教育融合系统的实际运行中，反馈机制的运作原理根据教育过程的不同阶段可分为前置反馈、中程反馈和后继反馈三个连续的阶段。这些阶段在时间轴上是连续不断的，在逻辑顺序上是逐步深入的，共同构成了一个向上发展的螺旋式循环。它们之间相互依存、相互激发，共同构成了高校劳动教育与创新创业教育融合系统的反馈机制。在教育实践过程中，优化反馈流程并实施及时反馈措施可以提升教育质量评价的效率和有效性，进而提高整体的教育成果。

1. 前置反馈

高校劳动教育与创新创业教育融合系统中，前置反馈扮演着教学准备的指导者、干扰因素的预防者等角色。该阶段涉及控制系统在受控系统产生输出之前，通过提前介入来预防可能出现的偏差。前置反馈具有前瞻性，能够提前预防潜在问题的发生。在劳动教育与创新创业教育的融合系统中，前置反馈主要聚焦于教育活动启动前的规划与准备阶段，确保教育目标与教育对象需求的一致性，以及资源的优化配置。通过这种预防性控制，前置反馈旨在在教育活动实施前消除潜在问题，从而要求高校在每个学期开始时，对劳动教育与创新创业教育的融合要素进行评估，并提供反馈，以实现有效的预防。对于任课教师和管理者而言，有效的前置反馈有助于减少教学结果与教学目标之间的差异，提升教学质量。

为了提升高校劳动教育与创新创业教育融合系统的效能，强化前置反馈机制至关重要。首先，在制定教学决策前，教师应深入调查学生的特征，包括他们的认知水平、理解能力、需求关注和情感体验等，以获取定量分析数据。这些数据的收集和分析是教育活动开始前的必要准备工作。其次，教师需根据反馈信息，有针对性地调整教学内容，以增强或减弱教学信息的影响力。在学前调查的基础上，教师应利用测试结果来分析学生当前的知识水平、学习风格、学习动机和需求，从而明确学生现有知识与期望知识之间的差距，并据此设定总体教学目标。同时，管理者需考虑协调部门间的配合程度、学校的资源保障能力等客观因素，据此制订子目标和教育计划以便精确地指导教育活动，确保教育活动能够有针对性地满足学生的学习需求，从而提高教育质量和效果。通过前置反馈，可以有效缩小教育目标与实际教育结果之间的差距，促进劳动教育与创新创业教育的深度融合。

2. 中程反馈

中程反馈则侧重于教育过程中的实时监控和调整，通过收集和分析学生学习过程中的数据，及时调整教学策略和方法，以提高教育效果。中程反馈有助于加速学习过程，使学生能够及时识别并纠正自身的错误，并且促进对新知识的掌握和运用。中程反馈的目的在于构建一个多维度、分层次的网络化反馈体系，拓宽反馈途径并确保信息流通无阻。在教育过程中，中程反馈能够实时监控系统各要素的动态，及时发现并通报任何潜在或已发生的行为偏差。相关责任部门能够据此动态调整教育教学策略，有效应对教育实践中遇到的问题，逐步减少与既定教育目标之间的差异。在一线教学层面，授课教师可以通过定期组织教学交流会议、抽查学生的学习效果、搭建师生交流平台等手段，深入了解学生的思想动态和学习成效，并将发现的问题迅速反馈至教学管理团队。管理团队一方面持续跟踪学生的最新情况；另一方面密切关注教师的课程开展、实践活动、科研创新等活动的情况，以及相关部门的协作和资源配置情况，从整体角度对教学过程进行综合调整。由于涉及的部门人员较多，管理部门很难独立完成中程反馈，因此，应引导各层面的教育参与者养成自我监督和自我修正的意识，以确保教育过程的持续优化和质量提升。通过自我反馈和自我矫正，可以提高教育教学管理的效率和效果，促进教育目标的实现。

3. 后继反馈

构建反馈系统的重要目的是对评价结果进行即时性反馈，保证评价结果的时效性。如果评价结果的反馈出现延迟，那么其效用将随着延迟时间的增加而减少，即延迟时间越长，评价结果的效用就越低。因此，在设计评价反馈机制时，必须给予处理评价结果及其后继反馈环节以足够的重视。这种即时性反馈不仅能够确保评价结果的时效性，还能够促进评价体系的持续改进和优化。后继反馈环节是反馈链条中的最终阶段，即在对学生的思想状况和学习效果进行分析、评价之后，将劳动教育与创新创业教育融合效果与预期目标进行比对，并对劳动教育与创新创业教育融合系统产生的具体效果进行评估和分析。后继反馈机制的优势在于，它将焦点集中在已经取得的成果上，通过总结经验与教训，为后续的传播策略、教育形式、教学方法等教育要素的选择提供依据。后继反馈将最终教育成果反馈至信息输入端，并与教育目标进行比较，以便发现问题并纠正偏差。后继反馈的核心是强调教育的最终成效，并对未来劳动教育与创新创业教育的融合进行预测和指导。后继反馈将关注点放在刚刚完成的教育结果上，并将这些结果作为调整后续教育过程的基础。高校劳动教育与创新创业教育融合系统通过后继反馈，从有效性和长效性角度，在宏观上对整个教育过程进行有目的的把控，对于提升教育质量、增强教育成效、促进教育活动持续发展具有积极的推动作用。

为了确保教育者能够有效地利用反馈信息，对劳动教育与创新创业教育融合系统的各个组成部分进行动态的监控、调整和指导，后继反馈的实施应从建立信息接收系统、完善信息处理流程、强化信息调节机制三个维度开展具体工作。具体而言，建立信息接收机制能够及时捕捉到来自劳动教育与创新创业教育融合过程的反馈信号，包括学生的表现、教学效果的评估，以及教育环境的变化等。完善信息处理机制涉及对反馈数据的分析、整合和解释，以便教育者能够准确理解当前劳动教育与创新创业教育融合实践的状况和存在的问题。强化信息调节机制可以根据反馈信息对教育策略和方法进行适时调整，以确保劳动教育与创新创业教育融合工作能够持续适应学生的需求和社会的发展。通过这三个层面的高效协同，尽量保持系统中各个子系统之间相互作用和相互关联的紧密性，以引导后继反馈最大限度地发挥其作用和优势，推动劳动教育与创新创业教育融合体系向最优化方向发展。

第五节　高校劳动教育与创新创业教育融合系统的环境机制

高校劳动教育与创新创业教育融合系统的外在环境是一个多维度的概念，作为兼具自然和社会双重属性的耗散结构系统，高校劳动教育与创新创业教育融合系统无时不在与外部环境进行物质、能量和信息的交换，在摄取系统发展所需能力的同时，也隐含着环境变化对系统带来的机遇与挑战。因此，创设优越的教育环境对高校劳动教育与创新创业教育融合系统的优化十分重要，应依据系统发展的客观要求，选择、组构、调控和优化环境的相关因素，挖掘利用有利因素，抑制消除不利因素，使外部环境得到强化改善，保障高校劳动教育与创新创业教育融合的顺利进行。要以“和”力促“活”力，从实践层面，政府、社会、高校、家庭共同树立培养创新型劳动者的育人理念，引领全社会形成崇尚劳动、尊重创新的新风尚，促进全社会形成协同育人的价值认同，共同营造尊重劳动、敢于创新的社会文化氛围。

一、高校劳动教育与创新创业教育融合系统与环境协同育人的机理分析

高校劳动教育与创新创业教育融合系统与环境协同育人，既可以是一种超前于现实的整体谋划，也可以是一种立足于现实的系统改进。既可以被视为以协同规划为核心的外部适应需求逻辑，通过超前的思维和策略，应对未来的挑战和机遇。又可以被理解为以反馈和自我调整为核心的自组织优化需求逻辑，专注于根据外部环境的现实反馈，不断调整和优化系统自身的结构和功能。具体可以从系统内外部两方面需求进行解析。

（一）高校劳动教育与创新创业教育融合系统外部环境的协同适应需求

在系统或系统各要素之间相互影响、相互制约的本质规律前，高校劳动教育与创新创业教育融合系统与外部环境构成了一种无可剥离的普遍联系。高校劳动教育与创新创业教育融合系统在应对外界环境变化时的功能发挥，直接决定了系统应对环境变化的理论逻辑。

1. 基于系统稳态运行的求变需求

熵增定律指出，一个系统如果没有外力做功，必会因熵增而最终走向消亡。从这个意义上看，具有一般系统特性的高校劳动教育与创新创业教育融合系统，无论是否考虑外部环境变化，都需要在自身发展过程中主动开放系统以引入发展外力，进而以熵减来求得系统的运行稳态。

从本质上讲，主动寻求变革是包括高校劳动教育与创新创业教育融合系统在内的所有教育系统存在和发展的必经之路，也是所有教育系统在环境未发生剧烈变化时，提前准备并必须采取的基本策略。在高水平智能化的生产条件下，劳动过程趋近马克思所预见的从简单的劳动过程向科学过程的转变。在这一过程中，劳动者通过劳动知识和其他要素直接参与生产，逐步打破了传统生产活动中劳动、技术和机器体系之间的异化关系，劳动者的主体性得到了加强，劳动者个体越来越成为生产的主导者。为了推动科技创新，必须完善科技与教育的协同育人机制，调整和优化高校的学科布局和人才培养方式，从而充分激发创新和创造的潜力。因此，高校应加快劳动教育与创新创业教育融合系统的构建，不断提升大学生的创造性劳动能力，并在劳动教育与创新创业教育融合实践中激发他们对于劳动与创新创业的积极性、创造性和主动性。

2. 基于重塑系统发展生态的积极应变

系统论指出，无论是纯粹意义上的生态系统，还是人为创造的社会系统，都有其耐受性并在耐受范围内存在系统优化发展的最适点。对于高校劳动教育与创新创业教育融合系统而言，在外部环境的演变中寻找新的发展最适点是至关重要的。通过在最适点上不断积累和发展，系统能够提高其适应能力，并最终实现发展生态的转型。积极应变是自然界和社会系统中所有系统自我修复和发展的重要策略，对于高校劳动教育与创新创业教育融合系统而言也是应对环境变化不可或缺的基本途径。面对外部环

境的挑战系统必须积极寻找并确定新环境下的最佳发展点，以此作为提升系统适应性和推动系统持续发展的基石。同时，辩证法强调变化既是单个事物的永恒属性，也是系统存在和发展的必然趋势。系统在与外部环境进行物质、能量和信息的交换过程中，潜在的变化可能性便开始显现。这种变化不仅可能带来系统发展的挑战和危机，同时也可能孕育新的发展机遇。

随着新质生产力逐渐成为推动社会进步的关键力量，教育领域面临着培养新时代所需新质人才的紧迫任务。新质生产力以创新为核心，以数据为关键要素，以智能化为主要特征，对现有的经济结构、劳动力市场乃至生产关系产生了深远的影响。面对知识和技术的快速增长，高校劳动教育与创新创业教育融合发展的核心目标也必须是培养适应未来社会需求的新质人才，构建优化模式、提升内容质量和提高资源效率的融合系统，以培育具备明显新质特征的可塑之材和后备力量。

（二）高校劳动教育与创新创业教育融合系统内部环境的自组织优化需求

从系统内部的运作机制来看，高校劳动教育与创新创业教育融合系统是一个集资源要素输入、内部自为生产、外部输出反馈、输入端口调整的循环演替过程。基于人造社会系统固有的操作封闭性和环境开放性特征，高校劳动教育与创新创业教育融合系统能够在环境开放的输入和输出环节与操作封闭的生产过程之间，实现内部的自组织优化与外部的适应性协调演化，最终形成应对环境变化、推动实践进程的逻辑机理。

1. 基于开放接纳的输入逻辑

高校劳动教育与创新创业教育融合系统的顺畅运行依赖于持续的资源输入，尤其是条件性资源、主体性资源和发展性资源的耦合支撑，而环境的变化无疑会导致人力、物力、财力等资源的输入变化。从宏观角度来看，无论外部环境如何变化，高校劳动教育与创新创业教育融合系统都应以开放的姿态接纳这些变化，这是系统适应环境变化、实现自我发展的基础。通过这种开放接纳的输入逻辑，高校劳动教育与创新创业教育融合系统能够不断吸收新的资源和信息，为系统的生产和输出环节提供支持，从而推动整个系统的持续发展和进步。这种逻辑不仅有助于系统内部的自我优化，也有助于系统与外部环境的有效协调，是系统实现可持续发展的关键。通过接纳外部环境变化，系统能够灵活调整其输入策略，确保教育资源的质量和多样性。同时，开放性的输入逻辑也鼓励系统内部进行创新和改进，以更好地满足教育目标和社会需求。

2. 基于循环优化的生产逻辑

在高校劳动教育与创新创业教育融合系统中，生产环节是连接输入与输出的关键纽带，它通过知识创造、传播和应用，构成了高校劳动教育与创新创业教育融合系统运作的核心。系统在面对外部环境变化带来的教育输入变化时，能够通过内部的自组织优化对知识生产环节进行相应的调整。外部环境变化所引发的教育资源输入要素的变动，系统均能通过遵循教育的基本规律和劳动教育与创新创业教育融合的独特属性，以知识操作为纽带，推进劳动教育与创新创业教育融合系统的生产活动。

生产环节涵盖了知识生产、知识传播和知识应用三个方面，共同构成了系统优化的基石。知识生产是系统优化的起点。通过不断探索和实践新的教育模式与方法，系统能够创造和更新知识内容，以适应社会和科技发展的需求。这种创新不仅包括理论知识的深化，也包括实践技能的提升，确保教育内容的前瞻性和实用性。知识传播是系统优化的关键，系统采用丰富多样的教学手段，以确保知识的广泛传播和有效接收。这种多样化的传播方式能够满足不同学生的学习习惯和学习需求，扩大教学的覆盖面，提高教学的影响力。知识应用是系统优化的落脚点，劳动教育与创新创业教育均鼓励学生将课堂所学的知识运用到实际情境中，通过实践项目、实习实训、创新创业活动等方式，提升学生的实际操作能力和解决问题的能力。对于知识的应用不仅可以加深学生对知识的理解，也培养了他们的创新精神和创业能力。在生产环节，系统不断地吸收外部变化，通过内部的自我调节，实现教育资源的优化配置和利用，确保劳动教育与创新创业教育融合的质量与效率。这种基于循环优化的生产逻辑，使劳动教育与创新创业教育融合系统能够在动态的外部环境中保持稳定发展，同时促进了劳动与创新创业教育的创新和新质生产力背景下高校人才培养的质量提升。

3. 基于反馈联结的输出逻辑

系统反馈的联结作用体现在通过输出环节，教育成果被传递回外部环境，并从外部环境接收反馈信息，以此优化系统的输入和生产环节。这种双向的互动确保了教育活动能够紧密地与社会需求相对接。人才培养目标的服务功能通过输出端实现，它作为教育与社会之间的桥梁，确保高校劳动教育与创新创业教育能够满足社会对创新型人才的需求。系统通过输出环节来评估教育成果，并根据社会反馈来调整未来的教育策略。创造性劳动人才的供给是系统的核心目标，旨在培养能够为社会带来创新和变革的人才，他们不仅需要掌握熟练的专业技能，还应具备创新思维和实践能力，以便在社会生产中发挥重要作用。为了提高系统的运行效率，建立评价反馈机制是至关重要的。涉及收集毕业生的就业数据、社会对毕业生的评价、行业发展趋势等信息，所有这些信息都用于指导劳动教育与创新创业教育融合内容和方法的改进。基于反馈联结的输出逻辑，高校劳动教育与创新创业教育融合系统能够最大化教育成果的社会价值，并借助社会反馈推动系统持续改进和发展。

二、充分发挥高校劳动教育与创新创业教育融合系统外部环境的育人功能

高校劳动教育与创新创业教育融合系统的开放性特征，意味着该系统及其子系统与外部环境之间存在着物质、能量和信息的互动。各类资源的交换和流动，一方面依赖于系统内部各子系统的协调与合作，另一方面取决于外部环境的健康度和活跃度。外部环境不仅为高校劳动教育与创新创业教育融合系统提供教育、制度和市场环境，还为劳动精神和创业精神的培养提供了肥沃的土壤。要充分发挥环境育人的功能，让高校劳动教育与创新创业教育融合系统的发展更有支撑、更有动力、更有活力。

环境对人的行为具有重要的影响，不同的环境特性会对人产生不同的影响。在高校劳动教育与创新创业教育融合系统构建中强化环境的育人特性，积极营造大众创业、

万众创新的浓厚氛围，在全社会大力弘扬尊重劳动、尊重创造的理念，倡导敢为人先、敢冒风险、宽容失败的新风尚，使一切有利于社会进步的劳动观念与创业创新愿望得到鼓励、行动得到支持、成果得到尊重，不断提升环境对高校劳动教育与创新创业教育的融合系统的影响力，形成劳动与创业创新教育融合的前进导向与环境氛围。

（一）强化自然环境的育人特性

自然是人类赖以生存和发展的宝贵物质基础，任何劳动实践均应以促进人与自然的和谐共处为目标。作为劳动教育和创新创业教育融合的实践场所，强化自然环境的育人功能对于培育具有创新精神和劳动技能的高素质人才至关重要。要充分发挥高校劳动教育与创新创业教育融合系统的育人作用，首先必须重视自然环境教育特性的挖掘。

自然环境是劳动教育和创新创业教育融合的宝贵资源。它不仅提供了丰富的劳动材料和广阔的实践空间，而且通过与自然的互动，能够培养学生对生态环境的尊重和保护意识，这对于培育具有社会责任感的创造性劳动能力的人才至关重要。劳动教育与创新创业教育着重于培养学生的劳动技能、创新意识和创业能力。自然环境为学生提供了丰富的创新资源和实践机会。通过观察自然界的生态平衡、物种多样性等现象，学生可以激发创新思维，培养解决实际问题的能力。同时，自然环境中的丰富资源和环境保护中存在的问题也为学生提供了创新创业的灵感和机会。将自然环境蕴含的教育元素融入劳动教育和创新创业教育融合中，设计相关的课程内容和实践活动，让学生在实践中学习自然知识，体验自然之美。建立与自然环境相关的劳动教育和创新创业教育实践基地，如生态农场、自然保护区等，为学生提供实践平台。加强教师的自然教育能力，使其能够更好地指导学生在自然环境中的学习和实践。鼓励不同学科之间的合作，如生物学、环境科学、经济学等跨专业合作，共同探讨自然环境在育人过程中的作用和价值。在960多万平方千米的广袤土地上，以美丽中国、美丽大自然为契机，让学生在改造自然的实践过程中寻找自我价值、提升劳动能力、实现自我完善，形成尊重、顺应、保护自然的生态理念，最终实现人与自然的和谐发展。发挥自然环境的育人功能，不仅可以培养学生的劳动观念和创新创业能力，还可以增强学生对自然环境的保护意识和责任感，为培养具有创新精神和社会责任感的高素质人才奠定坚实的基础。

（二）突出社会环境的育人优势

高校是实施劳动教育与创新创业教育的主体，但同时，也需要政策、资金、文化等外部资源的动态支持，使高校劳动教育与创新创业教育融合系统能够良性演替。社会环境不仅促进了高校劳动教育与创新创业教育融合系统的动态发展，也是影响其进步的关键因素。良好和谐稳定的社会环境能够激发高校劳动教育与创新创业教育融合系统的自我调节能力，促进其向更高层次的演进。新时代高校劳动教育与创新创业教育融合，需要汇聚多方位的劳动教育资源，政府、企业、高校作为融合工作的重要成员，需要联合建立劳动教育与创新创业教育实践制度，以确保外部环境的和谐统一，并推动系统的稳定发展。

首先，高校劳动教育与创新创业教育融合应与地方经济的发展紧密结合，地方政府可以通过提供扩大政策支持的范围、增加资金投入等方面的帮助，确保劳动教育与创新创业教育融合的实际效果。在资金方面，可以通过基金会、企业投资、校友捐赠等多种渠道提供资金支持，为劳动教育与创新创业教育融合打造实践教学平台，帮助学生理解理论与实践之间的差异，提高对市场动态的敏感度，进而提升学生的创新创业能力。从政策角度来看，对大学生创新创业的倾斜政策有助于激发大学生参与创业实践的积极性。应大力实施创新战略，重视劳动教育与创新创业教育的融合，鼓励学生开展创新创业活动，通过形成多方联动机制，促进资源的整合和共建模式的发展，不断提升大学生的创新创业能力。政府及教育部门应鼓励企业积极参与到高校劳动教育与创新创业教育融合之中，汇聚社会资源。政府可根据实际情况制定相关激励性政策，重点扶持具有劳动教育与创新创业教育融合潜力的试点企业，共建劳动与创新创业实践基地，把培养学生的职业技能、创新能力、创业素养等作为共建育人培养的核心内容，让劳动教育和创新创业教育融合成果可以回归社会、回归实践，引导大学生将个人发展融入国家发展，在劳动、创新创业实践过程中实现专业技能素质、劳动精神及创业能力的可持续发展。

其次，为了营造一个宽容失败、敢于开拓的环境，需要形成全社会支持创新创业的生动局面，增强学生的抗挫能力，培养他们的坚韧性和独立性等优良品质，不断激发学生的创新创业活力。应在全社会弘扬尊重劳动、尊重创造的理念，倡导敢于创新、敢于冒险、宽容失败的新风尚。鼓励所有有利于社会进步的创新创业愿望，支持大学生的创新创业行动，并尊重他们的劳动成果，在社会层面形成推动创新创业的正面导向。

（三）发挥校园环境的育人作用

与社会环境相比校园环境对高校劳动教育与创新创业融合系统的影响更为明显。强化校园环境的育人功能是提升高校劳动教育与创新创业教育融合效果，提高学生创造性劳动素养的关键。校园环境育人是一项复杂的系统工程，在校园环境建设中，高校必须坚持系统性原则，从整体上进行规划和设计。坚持以学生为中心，观照物质和文化两个层面，通过建筑、植物、视觉识别系统和人文景观与育人载体全方位实现环境育人功能。

首先，需要塑造具有特色的校园文化景观。景观是校园环境育人的核心，蕴含着学校的历史、传统和特色。独具匠心的校园文化景观能够在潜移默化中传递学校的文化精神和教育理念，对学生产生深远的影响。高校应深入挖掘自身的历史和文化，将学校的发展历程、杰出校友和重要事件融入景观设计，使每一处景观都成为学校精神的体现。高校还应结合专业特色设计相关的文化景观，如农技类高校的农业科技园区或艺术类高校的创意产业园，以此增强学生对专业的认同和对学校的归属感。

其次，应加强校园基础设施建设。校园基础设施不仅为师生提供了学习和交流的场所，也是培养人才、传播知识和弘扬价值观的物质基础。高校应加强校园基础设施的建设，增强其实用性，并利用这些基础设施开展各类教育活动，如图书馆的阅读推广活动或实验室的科技创新活动，以培养学生的阅读习惯、科学素养和创新创业能力。

再次，高校应将劳动教育、创新创业教育与校园活动紧密结合，拓展教育渠道，营造积极向上的创新创业文化氛围。可邀请各领域的优秀企业家、科研人员、创业者和劳动模范到校园举办讲座，通过与优秀人士的交流，学生可以建立正确的劳动价值观，提高创造力和创业精神，继承并发扬企业家的奋斗精神。积极组织科研竞赛、技能比赛等活动，搭建创新创业实践平台，让学生在活动参与中提升自我、锻炼能力、形成科学的创新思维与创业意识。

最后，高校需要加强校风、学风和教风的建设，突出其在教育中的重要性，确保劳动教育与创新创业教育的融合发展。高校应注重培养学生的劳动精神和创新精神，使学生在校园文化的熏陶下得到精神上的引导和成长。

（四）聚焦信息环境的育人特质

随着互联网、大数据和人工智能等前沿技术的迅猛发展，高校劳动教育与创新创业教育的融合获得了前所未有的新工具与新平台。新兴技术环境极大地丰富了学生获取知识和技能的途径，并为他们提供了更广阔的实践舞台。教育部部长怀进鹏指出，推进教育数字化是新时代加快建设教育强国的总体方向和重点任务之一。以数智化转型推动高等教育的高质量发展是新时代赋予高等院校的历史机遇，也是高等院校贯彻国家战略的应有之义。聚焦信息环境的育人特质，充分运用现代科技手段，构建外部智慧环境，与内部教学精准结合，是高校劳动教育与创新创业教育融合系统时代化发展的必然选择。充分利用现代科技手段，打造一个智慧化、个性化、互动性强的教育环境，不仅能够提升教育质量，还能激发学生的创新精神和实践能力，为他们的未来职业生涯打下坚实的基础。

首先，高校应优化智慧教学环境，加强物联网等新型基础设施的建设。创造出多样化、互动性强、个性化的虚实结合教学空间，基本构建起能够满足学生旺盛求知欲的、体系化的数字化资源库。数据驱动的智能系统能够实现教学过程的动态调整和资源的最优配置，从而增强教育教学的个性化和适应性。这种智能系统能够根据学生的学习进度和需求，提供定制化的教学内容和方法，确保每个学生都能获得最适合自己的教育体验。在满足不同学生的学习需求的同时，激发学生的学习兴趣和创造力。其次，高校应引入人工智能等尖端技术，旨在提升劳动教育与创新创业教育融合的教学效果和学习体验，同时培养学生的数字素养与科技创新能力。利用人工智能大模型技术，可以构建具身化、泛在化、智慧化的劳动教育与创新创业教育融合环境，使学生在沉浸式体验和互动交流中，促使劳动教育与创新创业教育融合更加深入和扎实。通过实现全方位贯通和场域一体化，促进学生成为学习的主体，强调师生互动、协同共创，以探索和发现为中心，鼓励并帮助学生进行更多的自主选择，构建个性化知识体系，提升自主学习能力，真正做到学会学习、终身学习。

三、培养学生的环境管控能力

在高校劳动教育与创新创业教育融合系统中，学生同教师一样，都是利用、保护、优化教育环境的主体，优化教育环境的一切工作，都离不开学生的参与支持。在当前的教育体系中，学生的环境调控能力的培养往往被忽视，但实际上，这是学生适应未来社会发展的关键能力之一。随着信息技术的飞速发展，学生面对日益复杂的信息环境，要求他们必须具备筛选、处理和应用信息的能力。因此，国家和高校在加强对劳动教育与创新创业融合教育环境控制的同时，必须培养学生管理和调节环境的能力，特别是识别、利用积极信息和抵制、处理不良信息的能力。

第一，应引导学生充分理解环境与个人发展之间的密切联系。学生必须认识到环境对个人劳动观念、创新意识、创业能力等综合素质培养的重要性，以及他们在改造教育环境中的积极作用。这种认识能够培养学生对维护和优化教育环境的责任感，并激发他们的内在动力去主动优化和控制教育环境。通过教育引导学生意识到环境既有促进其发展的积极因素，也存在诸多不良信息阻碍其发展的消极因素。

第二，应帮助学生提升对环境中各类信息的识别能力，培养他们的自我调节意识。在提高自我约束、自我反省和自我提升的能力的同时，学生也应增强对环境的控制和管理能力，包括维护现有的教育环境，挖掘潜在的优势环境，以及自觉地摒弃和清除不良的教育信息。通过这些措施，可以确保各类教育环境的协调发展，并保障高校劳动教育与创新创业教育环境的维护与优化。高校可以采取多种措施来培养学生的环境调控能力。例如，通过课程设计和实践活动，学生可以学习如何识别和评估信息的可靠性和价值；通过模拟决策和问题解决的场景，学生可以练习如何在复杂的环境中做出明智的选择；通过建立校园网络监管系统，教育学生如何安全地使用网络资源，以及如何识别和防范网络欺诈和虚假信息。

第三，应重视培养学生的环境伦理意识。教育引导学生理解他们自身的行为对教育环境产生的影响，并鼓励他们增强环境保护的责任感。例如，通过参与校园绿化和节能减排项目，学生可以亲身体验到自己对环境的积极影响。通过劳动实践活动，学生不仅学会了具体的环境管理技能，还培养了对环境的尊重和保护意识。此外，高校可以通过跨学科合作，将环境管理的理念融入不同专业的课程中。例如，工程学的学生可以学习如何设计环保的工程项目，而商业管理的学生可以探讨企业的社会责任和可持续发展策略。通过这种方式，环境管理不仅被视为一个独立的领域，而是成为所有专业学生必须掌握的基本技能。

第四，应注重培养学生的创新思维和创业精神。面对快速变化的社会环境，学生需要具备创新能力来适应新的挑战。高校可以通过创新创业教育课程和创业孵化项目，鼓励学生开发新的解决方案来应教育对环境变化带来的新问题。在实践中学生不仅应学会如何管理现有的教育环境，还应学会如何创造一个更好的教育环境。

第五，应建立一个支持性的环境，通过提供导师指导、同伴支持和资源获取等方式鼓励学生在环境管理方面进行自我探索和自我发展，学生可以更有信心地面对环境挑战，并在实践中不断提高自己的环境调控能力。通过加深学生对环境的认识，提升他们的信息识别和管理能力，可以有效地促进教育环境的优化，为学生的全面发展和创新创业能力的提升提供良好的环境支持。通过这些措施，高校可以培养出既能够适应现有环境，又能够积极投身实现中华民族伟大复兴征程，创造美好未来的新时代追梦人。

参考文献

一、著作

［1］刘建锋，刘有为，李咸洁. 高校劳动教育理论课教学模式路径创新研究［M］. 成都：西南交通大学出版社，2023.

［2］同济大学高等教育研究所编. 教育与创新、创业［M］. 上海：同济大学出版社，2022.

［3］冯丽霞编著. 新时代的大学生创新创业研究［M］. 北京：经济日报出版社，2022.

［4］吴娟，夏懿娜. 高校创新创业与劳动教育［M］. 上海：上海交通大学出版社，2022.

［5］檀传宝. 劳动教育论要［M］. 北京：北京师范大学出版社，2020.

［6］刘向兵编. 新时代高校劳动教育论纲［M］. 北京：社会科学文献出版社，2019.

［7］陈永志等. 劳动价值论的创新与发展研究［M］. 福州：福建人民出版社，2010.

［8］常卫国. 劳动论《马克思恩格斯全集》探义［M］. 沈阳：辽宁人民出版社，2005.

［9］马克思，恩格斯. 马克思恩格斯全集：第 42 卷［M］. 北京：人民出版社，1995.

［10］胡杨. 新时代劳动教育观研究［M］. 北京：光明日报出版社，2024.

［11］徐汝州译. 怀特海. 教育的目的［M］. 北京：生活·读书·新知三联书店，2014.

［12］王治河，樊美筠. 第二次启蒙［M］. 北京：北京大学出版社，2011.

二、期刊

［1］张刘，陈化水. 高校劳动教育与“双创”教育融合育人困境及突破［J］. 湖南农业大学学报（社会科学版），2024，25（6）：107－112.

［2］刘柏岩，任增元，李一博. 新时代高校劳动教育的定位及实施路径［J］. 黑龙江高教研究，2024，42（2）：27－31.

［3］张刘，高玉梅，陈治均. 大学创新创业教育需要培养劳动精神［J］. 湖南师范

大学教育科学学报，2024，23（6）：91－97＋121.

［4］庞瑞华，芮鸿岩．五育融合视域下高校劳动教育的功能指向、达成路径与评价体系研究［J］．江苏高教，2024（10）：101－106.

［5］赵彦，王艳辉．劳创融合理念下大学生创新创业实验室建设与探索［J］．实验室研究与探索，2023，42（9）：245－249.

［6］罗亮，杨思清．系统论视域下把高校劳动教育纳入人才培养全过程路径探析［J］．思想理论教育，2023（4）：106－111.

［7］赵荣生，唐华山．“五育”并举背景下的劳创融合研究［J］．学校党建与思想教育，2022（19）：61－63.

［8］余娟，钱贞熹，陈珑丹．劳动教育视域下大学生创业品格的培养［J］．学校党建与思想教育，2022（2）：37－39.

［9］施永川．劳动教育如何融入高校创新创业教育［J］．国家教育行政学院学报，2021（7）：38－45.

［10］吕艳娇，姜君．新时代高校劳动教育与创新创业教育融合：价值、困境与路径［J］．当代教育论坛，2021（4）：116－124.

［11］檀传宝．劳动教育的概念理解——如何认识劳动教育概念的基本内涵与基本特征［J］．中国教育学刊，2019（2）：82－84.

［12］胡君进，檀传宝．马克思主义的劳动价值观与劳动教育观——经典文献的研析［J］．教育研究，2018（5）：9－15.

［14］李铭，张燕斌，陈晓军．新时代劳动教育的理论基础、价值意蕴和实践进路［J］．辽宁农业职业技术学院学报，2024（1）：64－68.

［15］许为宾．高校劳动教育与创新创业教育融合发展研究［J］．高等教育，2022（2）：62－67.

［16］杨亚星．徐奕涵．新时代背景下高校创新创业教育与劳动教育的融合及其实践路径［J］．思想政治教育研究，2022（2）：125－133.

［17］赵永嵩．邓小平“教育与生产劳动相结合”思想的伟大意义［J］．教育研究，1994（11）：21－23.

［18］李德丽．高校创新创业教育与劳动教育融合模式创新研究［J］．黑河学刊，2003（3）：1－6.

［19］杨天平，狄伟锋．中国共产党教育方针100年——一部马克思主义教育思想中国化的创新发展史［J］．浙江师范大学学报，2021（3）：9－18.

［20］单盈．课程思政视域下新时代大学生劳动教育的探索［J］．高校后勤研究，2023（8）：77－80.

［21］刘胜．论马克思劳动观的四重结构及其理论渊源［J］．华北理工大学学报，2024（2）：1－6.

［22］国家发展和改革委员会．全力推动构建新发展格局取得新突破［J］．求是，2023（8）：16－22.

三、报纸、网站

［1］刘睿，吴超．高校创新创业教育与劳动教育协同育人的路径［N］．黑龙江日

报，2024-11-07（007）.

［2］匡中霞，黄显敏．把劳动教育融入双创型人才培养实践［N］．新华日报，2024-09-12（015）.

［3］高翔．提升校企协同育人的劳动教育质效［N］．新华日报，2024-06-21（015）.

［4］范俊峰．高校“思劳创”三位一体教育路径与辅导员的核心作用［N］．中国青年报，2022-02-17（007）.

［5］中共中央，国务院．关于全面加强新时代大中小学劳动教育的意见［N］．人民日报，2020-03-27（001）.

［6］教育部办公厅．关于做好深化创新创业教育改革示范高校2019年度建设工作的通知［EB/OL］.（2019-03-28）．http：//www．moe．gov．cn/srcsite/A08/s5672/201904/t20190408_377040．html.

［7］中华人民共和国教育部．教育部关于印发《大中小学劳动教育指导纲要（试行）》的通知［EB/OL］.（2020-07-09）．http：//www．moe．gov．cn/srcsite/A26/jcj_kcjcgh/202007/t20200715_472808．html.

［8］中共中央、国务院．关于全面加强新时代大中小学劳动教育的意见［EB/OL］.（2020-03-20）．https：//www．gov．cn/gongbao/content/2020/content_5501022．html.

［9］中央人民政府教育部．关于实施高等学校课程改革的决定［EB/OL］.（1950-09-15）．https：//www．gd．gov．cn/zwgk/gongbao/1950/4/content/post_3352069．html.

［10］赵京．新中国成立初期高校课程改革研究［EB/OL］.（2011-09-22）．http：//www．hprc．org．cn/gsyj/whs/jys/201109/t20110922_156012_1．html.

［11］北京日报客户端．温故丨那些年，勤工俭学为国添“家底儿”［EB/OL］.（2022-07-21）．https：//baijiahao．baidu．com/s？id＝1738915678550983877&wfr＝spider&for＝pc.

［12］中华人民共和国教育部．关于大力推进高等学校创新创业教育和大学生自主创业工作的意见［EB/OL］.（2010-05-13）．http：//www．moe．gov．cn/srcsite/A08/s5672/201005/t20100513_120174．html.

［13］教育部、中宣部、财政部等七部门．关于进一步加强高校实践育人工作的若干意见［EB/OL］.（2012-01-10）．http：//www．moe．gov．cn/srcsite/A12/moe_1407/s6870/201201/t201200110_142870．html.